The Global Financial Crisis

Challenges and Opportunities for Sustainable Development

国际金融危机与
可持续发展

刘　明◆著

中国社会科学出版社

图书在版编目（CIP）数据

国际金融危机与可持续发展/刘明著 . —北京：中国社会科学出版社，2016.3
ISBN 978 - 7 - 5161 - 7701 - 3

Ⅰ.①国⋯　Ⅱ.①刘⋯　Ⅲ.①国际金融—金融危机—研究
Ⅳ.①F831

中国版本图书馆 CIP 数据核字（2016）第 041316 号

出 版 人	赵剑英
责任编辑	卢小生
特约编辑	林　木
责任校对	周晓东
责任印制	王　超

出　　版	中国社会科学出版社
社　　址	北京鼓楼西大街甲 158 号
邮　　编	100720
网　　址	http://www.csspw.cn
发 行 部	010 - 84083685
门 市 部	010 - 84029450
经　　销	新华书店及其他书店

印刷装订	三河市君旺印务有限公司
版　　次	2016 年 3 月第 1 版
印　　次	2016 年 3 月第 1 次印刷

开　　本	710×1000　1/16
印　　张	15.75
插　　页	2
字　　数	264 千字
定　　价	59.00 元

前言：我从日内瓦带回了什么

2008年8月，北京奥运会闭幕的那个夜晚，我站在前门大街，仰望绚烂的礼花在天安门的夜空绽放。那是中国改革开放30年发展成果与日益上升的国际声望集中展示的瞬间。

次日，我离京赴瑞士日内瓦工作。

对于西方世界来说，这无疑是一个惊心动魄的夏秋之交。一年前发端于美国的"次贷"危机持续发酵，以不可阻挡之势向全球各主要经济体扩散。就在我抵达欧洲仅仅约20天，有着158年悠久历史的美国第四大投资银行——雷曼兄弟正式宣布申请破产保护。雷曼兄弟这一金融巨头的轰然倒塌，被视为西方金融体系的核心遭到撼动，标志着世纪性、全球性的金融风暴进入高潮。

此后的6年，我在西方工作、生活、游历，同时观察、思考、写作。或许这就叫机缘巧合，我有机会几乎恰好是从头至尾，在西方世界传统的心脏地区，而且是"零距离"地"亲密接触"着这场高潮不断、持续演进的国际金融危机；我的工作性质和特点，也使我常有机会与众多国际组织有关负责人，各国政要、议员、企业家、学者，以及社会其他各界精英人士进行广泛接触和交流。

今天，如此"机缘巧合"所形成的写作成果，将汇集在本书中。相信我的观察和写作，将有助于推动对这场重大的国际危机进行更深入的思考。

金融界的人士常常自嘲：你从事这一行业越久，你越不相信金融预测。原因在于，太多的预测以失败告终。但是，真理往前跨过一步有可能就是谬误。事实上，科学预测的价值和意义远远超出一般人的想象。

在西方一些企业中，一个经典的"年度游戏"是规划人员被要求对某项投资进行预测，一年之后，他们再次聚集一堂，对自己当时所做的判断进行评估、验证。当然，事实的发展与他们的预测常常并不完全吻合。

那么，这是不是意味着当年的预测就没有意义呢？答案显然是否定的。因为问题的关键已经不在于"准"还是"不准"——经济学家并不是算命先生。更重要的是，你可以借此思考为什么会出现这样的偏差？当时的考虑是什么？从而去修正你的模型，使你未来的预测更进一步趋近事实的真相和发展的逻辑。

唯其如是，本书基本保持了所有文章写作时的原貌。无论是形势判断、原因分析，还是趋势预测、对策研拟，那都是基于当时的背景、环境、条件，包括信息掌握情况等所做出的。这些判断、分析、预测、研拟，更重要的价值可能倒是其中所蕴含的逻辑和方法，而不仅仅是某个简单的、具体的结论。

你如果在本书中看到了作者当年的若干"先见之明"，请小心，它或许今天仍然具有价值，但或许明天就会，甚至或者昨日已经成为过去。你如果在本书中发现作者当年的若干看法多少有点"言过其实"，甚至"大胆的预测"与事后的发展似乎也并不是那么"完全一致"，且慢离开，不妨再想想为什么，阅读的意义没准反而就在这里。

目　　录

第一部分　国际金融危机：缘起、性质、判断

第二部分　经济刺激与泡沫经济

第三部分　长期停滞趋势及其出路

第四部分　系统性风险与超越防范风险

第五部分 战略新边疆

第六部分　中国的国际环境与战略选择

结束语

第一部分

国际金融危机：
缘起、性质、判断

国际金融危机五年回眸：美国房地产泡沫如何触发金融危机

题记

本文主要内容原载中共中央党校《中国党政干部论坛》2012年第11—12期。中共中央党校权威刊物连续两期，分上、下两部分，长篇连载某篇文章，这种情况的确不多见。该文刊发后，大量媒体也随即进行转载。

关于本文所受的"优待"，笔者的理解是，美国房地产泡沫直接触发金融危机的事实和教训受到了广泛的关注——尽管有关这个问题的反思还远远谈不上深入。

总体来看，在过去的一百多年里，美国房地产业基本保持了平稳向上的发展趋势，并呈现出与宏观经济发展密切相关的显著的周期性特征。伴随美国总体经济水平的不断跃升、金融体系的不断完善，美国的房地产市场也不断发展成熟。

特别是第二次世界大战结束以后，美国经济迅速恢复并进一步扩张，消费水平提高，生活质量改善，再加上美国政府一系列有利于房地产业发展的政策措施，以及"婴儿潮"的出现与人口的增长，美国的住房需求相应地也在不断扩张，土地与房产价格则呈不断上涨态势，直至1973年达到一个顶峰。

20世纪70年代以后，美国房地产业尽管不断出现周期性波动，但是总体来看仍然呈现稳定发展态势。20世纪90年代以来，美国房地产业出现了新一轮兴盛，这轮房地产兴盛甚至帮助美国度过了"9·11"事件和"新经济"泡沫破灭形成的危机。当然，正如本文所要讨论的那样，美国房地产市场的过度膨胀，也最终导致2007年"次贷"危机的爆发，并进而形成一场重大的金融危机。

近年来，美国房地产市场复苏态势明显。随着美国经济逐步摆脱危机影响，房地产再度超过黄金的储蓄和购买，成为美国人长期投资的首选。2011 年以来，美国房屋销量一直持续增长，其中旧房销量在 2013 年创下近 5 年的高位，2014 年销量有所回落，但此后仍然有望再度攀升。与此同时，美国的房屋价格也呈现持续上涨的态势。到 2015 年 2 月，美国全国房价水平仅比 2007 年 3 月的峰值低 2.9%，比 2014 年同期则高出 5.4%。① 相应地，美国房屋总价值不断攀升，居民财富效应明显。

当然，美国房地产市场仍然存在诸多不确定性因素和挑战。例如，美国经济复苏、就业形势改善是否可持续，总体的货币政策以及更具体一些的住房金融政策是否可能转向，家庭收入能否如预期不断提高，机构买家和国际买家能否继续看好、持续进入美国房地产市场等，都将影响美国房地产市场的下一步走向。

毋庸讳言的是，本文所受"优待"同样关乎中国。在中国，房地产与泡沫经济问题近年来的确得到了高度重视——尽管我们不得不承认，甚至直到今天，这个问题在理论上也没有完全厘清，在实践中也没有完全得以解决。在本文发表前后的几年里，而且迄今为止，有关这个话题的讨论，甚至可以说是激烈的辩论，持续长期占据着有关中国经济形势讨论的显著位置。

最后需要强调的是，本文所受"优待"更关键的原因或者问题在于，无论是在美国还是在中国，房地产业其实都已经远远超出了房地产业本身。至少在某一特定时期，它已经成为一国总体经济增长的引擎，甚至支柱，因而牵动着决策者最敏感的那根神经。

毫无疑问，房地产业可以造就巨大财富，但在某些时候，它也可能变成沉重的包袱。然而，不管你把它视作财富，还是包袱，它都在那里；也不管你想，还是不想，说，还是不说，它都在那里。

如果不深刻反思本轮国际金融危机的形成，就无法真正走出这场迄今仍在持续演进的危机，更无法有效防止未来发生类似的危机。本轮国际金融危机的前导是美国"次贷"危机；房地产泡沫则是危机积聚、形成、触发的关键。回顾这段不远的"历史"，对于认识、思考今天的美国经济

① 《美国房地产市场持续复苏》，《中国证券报》2015 年 4 月 25 日。

乃至全球经济具有重要意义。

一 寻找增长出路如何埋下危机种子

20世纪80年代，美国总统里根、英国首相撒切尔倡导对金融市场的"去监管化"（deregulation），自由市场经济成为当时引领世界的潮流，甚至成为一种政治信仰。1991年，布什政府推出监管改革绿皮书。到1999年克林顿政府晚期，美国国会通过《金融服务现代化法案》（Financial Services Modernization Act，FSMA），结束了美国长达66年之久的金融分业经营历史，导致商业银行开始大规模从事投资银行活动。"去监管化"的直接后果是包括证券化债务在内的金融工程迅猛发展、日趋复杂，以令人瞠目的规模释放出流动性，并被认为最终直接导致本轮危机。

但是，截取某一时间段，其中事件的时间顺序并不必然是全部的因果关系。大规模释放流动性是美国等成熟经济体在传统经济结构固化、增长空间萎缩背景下寻找增长出路的结果，金融繁荣与创新（同时伴以大规模减税、低利率等政策措施），则是大规模释放流动性的机制设计或载体。只有在这样的大背景下来考察金融繁荣与创新，才可能更好地把握逻辑的本质。

问题的关键在于，大规模释放流动性的结果是不是引导资金进入了可持续发展的产业。担纲的相关产业如20世纪90年代的"新经济"、20世纪不到十年的房地产兴盛，等等，究竟能够带领美国经济走多远。

从克林顿到小布什，提高住房拥有率是两党共同的努力，支持住房贷款的激进政策既有实现"美国梦"的理想主义的一面，更有寻找增长发动机的现实考虑。此后发展表明，房地产兴盛使美国在21世纪初"新经济"泡沫破裂之后没有陷入长时间和大规模的衰退，仅仅大约8个月之后即告复苏；但房地产泡沫膨胀所带来的短暂繁荣，却也掩盖了并且继续积累着"新经济"泡沫破裂之后美国经济存在的结构性问题，为本轮金融危机和经济危机埋下了更深层的种子。本轮房地产泡沫的崩溃最终对金融系统和整个经济造成了远较"新经济"泡沫更为严重和持久的损害。

巴菲特曾说，2008年之前的几年，美国新增住房数量比美国家庭数量还多，最终泡沫的破裂将不可避免地冲击整个经济。从20世纪90年代末到2006年早期，美国房价大约上涨了130%。在这场非理性繁荣中，人们认为房价能够永远涨下去。自2006年起，房价开始下跌，此后跌幅超过30%。如果考虑进通货膨胀的因素，即使2%的年通货膨胀率，在此期间也会将房价推高 30%—40%。以此进行调整，则本轮金融危机后的房价大约已经回到了房地产泡沫开始之前。

早在 2005 年，随着美国利率的升高，美国"次贷"债务人开始出现违约。许多人的贷款超出了他们的支付能力，抵押贷款拖欠数增加。到 2009 年，超过 500 万笔贷款出现拖欠，大约占美国抵押贷款总数的 10%。最终银行只好没收房产，然后再予出售，这就是所谓的取消抵押品赎回权（foreclosure）。

房价下跌导致违约增加，并不必然是因为房主失业、破产，也可能是因为他们认为当时的房价已经不值得按原贷款支付（"资不抵贷"，underwater），他们拥有的已经是负资产（negative equity）。从 2007 年开始，负资产的抵押贷款数量急剧上升。美国全国不动产协会估计，截至 2011 年年底，有 1100 多万美国人房屋抵押贷款债务大于其房产价值，约占全部抵押贷款屋主的 22.8%。①

与借贷人和房主相对应的另一面，银行和相应的抵押贷款证券持有者，即这些贷款的制造者也遭受巨大损失，金融系统问题由此暴露出来。经济学家们最多预测房价下跌可能导致经济衰退，却无人预测房价下跌通过抵押贷款这样的媒介制造出连锁式恐慌，直至对整个金融系统的稳定性产生广泛、深刻影响。房价下跌仅仅是触发点，连锁式的雪崩才是这场危机的全貌。

2007 年 1 月，次级抵押贷款市场开始崩溃，3—4 月间跌去 40%。但是直到当年 10 月，股市才到达崩盘的临界点。这就说明，在次级抵押贷款市场崩溃后的 9—10 月间，人们并没有认识到事情的严重性。而当股市崩盘的时候，其螺旋式下降的急剧程度远超过房价和次级抵押贷款市场。金融海啸引发的经济衰退直到 2009 年中才暂告缓解，但此后迄今，复苏步伐仍然十分缓慢。

从地域角度看，美国的房地产投机行为最初集中在诸如加利福尼亚海岸、凤凰城、佛罗里达、拉斯维加斯等不大的地域，这些地区也是后来出现抵押贷款拖欠、违约和取消抵押品赎回权的高发地带；但是，雪球越滚越大，区域性的危机迅速波及全美国。

进一步说，按伯南克说法，亚洲金融危机以后，各国出于储备的需

---

① 《美国房市企稳但不少房子还是负资产》，《人民日报》2012 年 3 月 13 日。

要，对于安全的或者说被认为是安全的美元资产的国际需求上升，导致国际资本流向出现变化。无论是主权财富基金还是外国中央银行，都对固定收益证券有着巨大需求。这从一个侧面、一个角度解释了为什么围绕美国房地产价格构建的证券化债务能够在一定程度发行世界各地。

由于抵押贷款支持证券的投资者遍布世界各地，相应的，美国引爆的金融危机进而也蔓延至全球各主要经济体。欧洲持有了几乎一半的次级抵押贷款，这又从另一个侧面、一个角度解释了为什么美国房地产泡沫触发的金融风暴，在欧洲产生的影响更深，持续时间更长。

二 证券化如何大规模释放流动性

20世纪初美国"新经济"泡沫破裂后，美联储的货币政策在美国房地产泡沫形成过程中究竟发挥了多大作用，这一问题迄今仍然存在争议。从各国情况看，房地产泡沫的膨胀、破裂与利率、抵押贷款比率等因素当然相关，但没有完全、必然联系。相较而言，始于20世纪70年代的证券化是向房地产业大规模释放流动性的重要手段。

"次贷"危机爆发后名声大噪的"两房"（房利美、房地美）有股东、董事会，但不是简单的私营公司。他们由国会批准建立，目的就是支持房地产业，因而被称为所谓的政府赞助企业（Government – Sponsored enterprises，GSE）。"两房"自己并不制造抵押贷款，而是抵押贷款发起人与抵押贷款最终持有者之间的转手者。"两房"将抵押贷款打包放入所谓的抵押贷款支持证券（Mortgage – Backed Securities，MBS），再转售给投资者，这就是所谓的证券化。证券化的意义在于，发放抵押贷款的机构可以并不真正持有这些抵押贷款，而是一种类似债务安排者角色，因而可以迅速和毫无顾虑地将资金注入市场。这样的安排显然存在道德风险（moral hazard）。

"两房"形成一个巨大的转手证券池，从而在抵押贷款市场扮演着极其重要的角色。抵押贷款的偿付交到银行，银行则转手到证券池，证券池再把这些钱转给投资者。投资者也可以再转售债权。所以，最终贷款给房主的人是投资"两房"池子的人，银行实际只是中间商和服务者，并为此收取一定费用。

由于证券池中的贷款来自广大的地域，在风险管理理论上这就分散了风险，推动了流动性释放的进程。当然，危机的爆发使人们事后发现，他们忽略了风险分散理论中的一个基本前提，即各变量的独立性、不相关性。

　　最初，进入证券池的贷款都是有一定标准的，这也进一步降低了风险。20 世纪头十年中，尤其是 20 世纪头十年中期，发行具有较低信用债券的新的抵押贷款市场迅速发展起来，成为抵押贷款市场的前沿。要获得优惠级贷款（prime mortgage），需要有稳定的收入来源、良好的信用评级以及较好的贷款价值比，包括银行能够接受的贷款价值比评估方式。针对信用评级达不到标准但又相对具有较好信用的人，是"准优级"（Alt - A）市场或者其他种类的抵押贷款。最后，针对信用评级更低的人群、收取更高的利息的贷款是次级债市场（subprime mortgage）。从借款人信用度来说，次级贷款是最低质量的贷款。到 2007 年，次级债增长到约一万亿美元，相当于 500 万人平均贷款 20 万美元。

　　次级贷款人从前是要支付大量首付的，因为他们被认为风险很高，但是一旦将次级贷款打包成一个大证券，他们就变成了"更安全"的贷款。打包其中最好房子的证券甚至可以得到 3A 的评级。以 3A 级证券为抵押，又可以借到更多的钱从事房地产投资。这是分散的单个次级贷款人所无法想象的。同样很难想象，如果不能通过证券化将抵押贷款转手出去，抵押贷款发放者会将 20 万—30 万美元贷给那些没有收入、没有工作、没有固定资产的人，或者其工资水平远不足以支撑房贷的人，甚至几乎不需要他们提供什么资信文件。从这个意义上讲，如此反常的现象使它们的确堪称名副其实的"武士贷款"（ninja loan）。

　　通过收购次级债，"两房"的资产负债表迅速扩张。"两房"还使用自己的账户收购了大量的抵押贷款支持证券，包括自己发行的，也包括其他企业发行的，从而更加剧了自身面临的风险，并最后成为整个金融系统稳定性的威胁。

　　除"两房"外，许多其他金融机构同样从事着类似模式的证券化业务。例如，有钱人的大额贷款通过投资银行证券化，各类对冲基金实际也延续了投行的工作，购买，然后分割制造并出售更多的资产块，以稳定收益、分散风险。这些抵押债务债券（Collateralized Debt Obligations，CDO）将住房抵押贷款与其他类型的各种债务打包，比政府赞助企业的抵押贷款支持证券（MBS）更为复杂、不透明。有趣的是，不少大型金融机构并没有把这些看起来安全而实际并不那么安全的抵押债务债券转移给没有多少经验的中小投资者，而是自己持有它们，因而最终陷入困境。2008 年 9

月雷曼兄弟公司的破产就是很好的例子。

政府通过"两房"提供贷款，其目的是让可靠的中产阶级买得起房。与 20 世纪 30 年代的房主贷款公司（Home Owners' Loan Corporation, HOLC）比较，"两房"的对象、性质、运作方式等使之更加容易实现这样的政策目标。特别是证券化本身形成了一种机制，使资金去向和权益更为清晰，从而提高了人们的借贷意愿。这一方式远比银行放贷更有效率。通过针对投资者量身订制的种类繁多的复杂切割，包括降低风险的切割等证券化操作，转手债券价格上升，抵押贷款利率降低，更多的人能够买得起房子。此一时期，美国住房拥有率的确明显提高。在当时，证券化帮助美国政府实现了释放流动性、促进增长和就业，以及增进社会福利等政策目标，可谓成功的金融工程（financial engineering）；但是，实现政策目标的另一侧面是，风险在不断积聚。

三　杠杆运用如何急剧放大市场规模

关于抵押和杠杆比率的研究在传统经济周期理论中被普遍忽略，但是抵押和杠杆的存在却并非新的经济现象。简单地说，相对于某一单位资产作为抵押，你可以借贷多少，这就是所谓的杠杆问题。高杠杆比率使美国房地产业的问题更加严重。

在非机构、非优级住房买卖领域，2000 年时美国的首付大约为 14%，即 7:1 的杠杆比率。此后，杠杆比率一路上升，到 2006 年，有的住房抵押贷款首付已经小于 3%，杠杆比率大约为 33:1。从证券资产角度看，如果银行购买 3A 级抵押贷款证券，它只需要从自己的资本金中拿出所购买资产价格 1.6% 的现金，而借贷 98.4%，杠杆比率超过 60:1。如果看大约 2.5 万亿的所谓有毒抵押贷款证券，在金融危机爆发前夕的 2006 年，平均杠杆比率大约也达 16:1。正是这些"资产"在金融危机中压垮了不少大型金融机构。

危机前大约 20 年里，美国经济发展相对稳定。所谓的"大缓和"（the Great Moderation）使美国人的风险承担意愿上升，更加愿意负债。而如果购买房产很少或什么也不用付出，众多的美国人当然更愿意大量借贷投资，房价也因此而飙升。房价的飙升使人们进一步确认投资房地产的乐观预期，也使借贷者的资产迅速扩张，从而使借贷者更加愿意借贷，也更加有资质借贷；贷款者则更加愿意出借，包括进一步提高杠杆比率，从而形成新一轮的借贷和资产价格上涨的循环。所以，资产价格的上涨并不是缘于债务收益上涨，而填补交易持续下去的这一缺口，就要靠不断提高杠杆比率。是杠杆支撑着资产价格，资产价格上升反过来刺激杠杆比率提高，如此往复，相互反馈，直至杠杆崩溃。

高杠杆比率的存在也使少数人更加可能操纵、控制价格，推动资产价格飞涨。原因在于他们可以通过大量借贷从事房地产投机，而不必或更少受到自有资金的限制。按照"次贷"危机爆发前的杠杆比率高点，在理论上，仅仅两三名像比尔·盖茨这样的美国顶级富豪，其全部资产就可以撬动美国整个"次贷"市场。

反过来，资产价格飞涨会促使人们"创造"更多这样的资产，不管是运用实际资源开展的真实房地产项目，还是通过金融创新产生的各种"虚拟资产"。证券市场和房地产市场双重高杠杆率相互推波助澜，最后形成双重杠杆崩溃。

本轮金融危机的最后触发、市场资金链的断裂，不仅仅是传统上的利率突然提高，而是在于放贷人急剧降低杠杆比率。负面信息的出现，促使放贷人突然要求更多的首付，这使得 2007 年次级贷款人无法对其贷款进行再融资，从而陷入困境。资产价格下降，甚至"资不抵贷"，则进一步降低了再融资能力，与杠杆崩溃进一步相互反馈。同样如此往复，形成与杠杆比率上升时期相反的循环。杠杆周期由此成为经济周期研究不可或缺的重要对象。

当金融危机来临之时，一旦出现损失，由于杠杆的存在，其损失也相应放大。这也进一步说明了房价的变动只是金融危机的触发点，而不是金融危机本身。计量经济学家运用自回归方法估计过去增长与未来增长的关系，会认为房价，包括房价的风险，其可预测性很强。按这样的模型在 2006 年推导此后的房价，过去的趋势似乎具有惯性，其结果是一条近乎水平的曲线，没有什么理由让人相信此后的三年里价格会下跌超过哪怕 20%。但事实上，房价最后跌穿了银行家们的信心底线。由于忽略杠杆的意义，计量经济学模型在这场危机中被证明为一场灾难。西方经济学因此也迅速滑向"心理学"，对危机做出"非理性繁荣"（irrational exuberance）这样的解释。

危机爆发以前，一些新奇的金融创新助推了过度的借贷，特别是将一些资质较差的借贷者纳入这一轮抵押贷款的狂潮，其中大多数贷款初期的偿付比率都较低，甚至不足以支付利息，有的没有首付。这些金融创新包括浮动利率贷款（Adjustable Rate Mortgage，ARM）、选择性浮动利率贷款（Option ARMs）、长期摊还（Long Amortization，LA）、负摊还浮动利率贷款（Negative Amortization，NA）、无档案贷款（No - Documentation Loans，NDL）、只付利息贷款（Interest - Only Loans，IOL）等。也正是由于这些贷款杠杆比率较高、借贷者自身并不具备较强的还款能力，因而此类贷款的偿付只能指望房价的持续上涨以及相应的再融资和杠杆比率的再提高，从而为杠杆崩溃埋下伏笔。

在此期间，面对这些日益复杂的金融契约、金融交易，金融机构自身以及监管金融机构的公共管理部门，其监控、测量、管理这些风险的能力却远远滞后。或者说，他们甚至根本就没有完全了解自己所面临的风险的性质和程度。

当然，我们很难说什么是绝对合适的杠杆比率，正如很难说什么是绝对合适的利率，也无法提供一套适应各种经济环境的一成不变的公式。成功的经济管理者随着宏观经济形势的变动对杠杆比率和利率实施动态调整，并运用适当机制保持相对稳定、形成合理的预期。

四　对冲违约风险如何将风险扩散至金融系统的纵深领域

违约降低支付，预期支付降低影响资产价格，所以违约概率是金融活动特别是资产定价过程中最重要的考虑因素之一。

"两房"在出售抵押贷款支持证券时还提供贷款损失的担保，但事实上"两房"并没有充足的资本来履行这样的担保。2008年9月，"两房"显然已经丧失清偿能力，美国政府被迫对其实行"监护"（conservatorship），实际就是有限的破产。当然，美国财政部最终从国会获得授权，为"两房"债务提供担保，这已经属于危机应对的后话了。

将"两房"模式复制到私人证券化中时，针对信用风险的政府担保不复存在，因而建立使人相信的统计模型、提供这些证券的风险程度的理论支撑，就成为这种担保的替代品。穆迪、惠誉、标准普尔等评级机构所做的评级实际上就是在提供一种信用担保。结构化的部分之和已经是一个新的整体，这可称为另一个意义上的整合营销（integrated marketing），也为评级机构提供另类信用担保提供了前提。当然，金融危机爆发的事实证明，这些机构并不那么高瞻远瞩，它们提供的理论支撑也并不那么可靠。

不过，抵押贷款证券的最前端还有作为抵押的房产。例如，美国有130多万个面临取消抵押品赎回权的住宅。问题在于，在金融危机中，抵押资产的实际价值已经大幅下降。例如，住房价格可能已经跌去30%—40%。衡量美国20个城市房价的凯斯—席勒全国房价指数2011年12月份仍在继续下跌，创下2006年年中以来新低。

即使如此，要把抵押资产变成实际现金收入也并非易事。在美国次级贷款中，大约需要18个月的复杂程序才可能把违约者赶出家门。在此期间，违约者既不偿还贷款，也不交税，否则也不叫"违约者"了，但是仍然住在原来的房子里，甚至可能破坏作为抵押品的房产。最后投资者得到的价值大概只有原价值的1/4。金融危机演化至今，美国的草根社会政治运动进而抗议华尔街的贪婪，要求华尔街承担应有的责任，停止取消抵押品赎回权，这使问题更加复杂。

满脑袋生意经的美国人当然也会想到抵押贷款证券所存在的这些风险并试图予以对冲，其直接的逻辑结果就是为自己所购买的债券进而再购买单一险种保险，以确保这些债券拥有评级机构所认定的价值。信贷违约互换（Credit Default Swap，CDS）由此应运而生，金融创新继续出现爆炸性增长。

信贷违约互换在20世纪90年代晚期出现在公司债券中，2005年后开始进入各种交易。它是针对某一或有事件的债券，实际就是对各种债务的保险。如果出现债务违约，信贷违约互换合同发行人承诺进行相应支付；如果经济运行良好，不出现债务违约，信贷违约互换合同发行人则赚取保金。2006年，美国还出现了信贷违约互换指数，相应地反映它所承保的债券的价值与风险。作为一种有效的金融工具，从信贷违约互换价格可以推算出市场认定的违约概率，从一国债的价格、远期利率与美国国债的价格、远期利率的相对关系，也可以推算出市场认定的该国债券的违约概率，等等。

从理论上看，信贷违约互换不失为一种对冲风险很好的金融创新。美国国际集团（AIG）金融产品部门或者其他抵押保险公司即使用这一金融衍生工具向投资者出售保险，用于他们持有的各种抵押贷款担保凭证（Collateralized Mortgage Obligations，CMO）或类似的复杂金融工具。雷曼兄弟公司也有很多信贷违约互换合同。

问题在于，这样的保险并没有改变它所担保债券的基本情况。由于美国国际集团是世界最大的保险公司之一，它所提供的对冲金融工具无形中相当于给予这些债券3A级的通行证。如果证券池出了问题，债券赔了钱，那么承保人也将蒙受巨大损失，一个直接表现是应予赔付的发行有关单一险种保险的机构股价大跌。而如果承保人不能偿付保险，许多银行，包括与此相关的欧洲金融机构也就处于风险之中。在债券保险存在高杠杆率情况下更是如此。美国当时的次级债市场大约1万亿美元，对次级债的高杠杆保险放大了市场规模。因此，原本设计来对冲风险的金融创新，反而将房地产领域的风险扩散至包括保险行业在内的整个金融系统。

更糟糕的是，一些投资次级债的机构常常也是发行承保合约的金融机构自己。也就是说，进行承保的金融机构，其自身赖以发行各种抵押贷款担保凭证保险的资产，在某种程度上就是这些处于风险中的高估价债券。因此，当危机来临时，他们的赌注全在风险的同一侧，因此承担双重的损失。

五　市场预期如何触发自我实现式的预言

今天美国的金融系统，其复杂程度与金融行业初级的存储关系相比高出何止百倍千倍；但是，金融机构非流动性的长期资产与流动性的短期负债之间的基本矛盾并没有改变，金融恐慌的本质与基本模型相应地也没有改变。即：短期信用的提供者在短时间内可能对借贷者所持有的长期资产质量失去信心，从而对借贷者的偿付能力失去信心，因而迅速撤出资金。这完全可能是自我实现式预言（self-fulfilling）的连锁反应。

金融市场中，人们对细小的信息反应十分敏感、迅速，因此市场信心十分重要。常常是未来的预期，而不是当时的经济基本面在左右资产市场的价格。一些西方学者甚至质疑经济基本面、资产的基础价值这样的概念及其可计量性，这固然走向了另一个极端，但也的确部分揭示了市场变动的真相。

金融市场的波动当然会导致损失，但是问题并不在于或不止于损失本身。本轮金融危机爆发前夕，次级抵押贷款的违约损失并没有人们想象的那么大。即使把美国所有的次级抵押贷款加上并假定它们毫无价值，其损失也仅仅相当于股市若干天暴跌的规模。问题在于，这些次级抵押贷款已经分散到不同证券和不同地方，没有人知道它们在哪里，谁会承担潜在的损失，这就在金融市场上形成了巨大的不确定性。

在特定情形下，例如，当投资者的确看到了情况逐步变坏且加速变坏趋势，负面信息，甚至可能并非完全真实的负面信息，就能急剧放大对不确定性、波动性的预期。这种预期所营造的紧张情绪促使投资者迅速从被认为可能出现损失的金融机构抽回短期资金，借贷人则在保证金方面更为严格，在借贷时要求更高比率抵押，急剧地、大幅度地提高利率等。

以银行间隔夜拆借利率为例。正常情况下，这一利率远低于1%。2007年年中后，银行间互信降低，隔夜拆借利率上升。2008年9—10月，特别是在雷曼兄弟公司破产后，甚至在最大的金融机构之间，信任都突然消失了，因为谁也不知道你的真实资金状况，谁也不知道下一个倒闭的是谁，隔夜拆借利率迅速飙升数倍。即使利率如此之高，借贷活动也仍然低迷。无法承担的投资者被迫迅速出售资产，推动资产价格进一步下降并导致更大损失。如此往复，金融市场在短时间内形成急剧下降的螺旋，这就是市场崩溃。市场崩溃在很大程度上是因为人们预期未来将发生一系列负面的相互反馈。

反过来，2008年10月华盛顿峰会召开、各主要经济体对国际金融危机进行全球性协同应对后，经济基本面并没有，也不可能立即发生根本性改变，但是银行间隔夜拆借利率却在数日之间迅速回落，年底前即重回1%以下——因为市场预期发生了实质性改变。这就表明，自我实现式的预言的确对经济有着真实的影响。

在本轮金融危机中，优级贷款池的损失也曾经达到40%，这是从前人们不可想象的。大多数人在危机爆发之前都低估了有关未来负面相互反馈所具有的冲击力。当然，优级贷款证券的价格很快又有所回升。这就说明，经济基本面、资产基础价值没有那么糟糕的时候市场也可能暴跌；相反，经济基本面、资产的基础价值没有那么好的时候市场也可能反弹。杠杆与资产价格之间相互反馈的循环，不管是螺旋式上升还是螺旋式下降，其联结点正是市场乐观或悲观的预期。

2008年秋，雷曼兄弟公司所拥有的抵押贷款关联证券和商业房地产价值下降，导致雷曼兄弟公司债权人失去信心并开始撤出资金。无法融资的雷曼兄弟公司被迫申请破产，其发行的商业票据失去价值或者流动性，一家持有雷曼兄弟公司商业票据的大型货币市场基金（Money Market Fund，MMF）因而突然间无法保持原有股价，这导致投资者连带对其他货币市场基金也迅速失去信心，并在这家，然后也在其他货币市场基金投资者中形成突发性赎回浪潮。雷曼兄弟公司破产数日内，货币市场基金就跌破了面值，日资金流出量高达约千亿美元。当美联储（实施支撑流动性计划）和财政部（提供临时担保）干预市场后，这场挤兑和恐慌又在数日内即告结束。这是市场预期发生实质性改变在微观层面上形成急剧上升或下降螺旋的经典案例，也是金融市场中"传染性"（contagion）形成恐慌的经典案例。

这就说明，即使负面信息是无法控制的，也应当尽量控制负面信息所引发的波动性，这种控制行为既是必需的，也是可能的。纯粹的负面信息并不必然是能够引起恐慌的负面信息，二者有着本质区别。恢复并巩固市场信心，对于稳定的复苏具有重要意义。在本轮金融危机演进过程中，信息披露的制度设计、方法与时机，政府干预的所谓"建设性模糊"（constructive ambiguity）与"建设性清晰"的界限、干预与不干预的标准，等等，都颇受争议，值得进一步深入研究和反思。

在金融市场中，每个人的行为可能是理性的，但是理性的个人组合的群体行为却可能是非理性的，其对宏观政策的反馈作用也难以预料。美国理性预期学派代表人物罗伯特·卢卡斯提出"卢卡斯批判"认为，传统政策分析没有充分考虑政策变动对人们预期的影响。他指出，各经济主体在做出经济决策之前，会根据掌握的各种信息对与当前决策有关的经济变量的未来值进行预测，并且根据这种预测而修正他们的行为。行为的改变会使经济模型的参数发生变化，而参数的变化又使经济模型的构建更趋复杂，甚至出现裂变式的反应。"卢卡斯批判"被称为理性预期革命，其主旨是对凯恩斯主义把经济当作机器来调节提出质疑，认为经济模型预估经济活动和经济政策效果的功能是有限的。但是，其思想的火花对于我们更深刻理解金融领域里的重大变动也不无启发。

六 金融危机和经济危机如何联结成"双危机"模型

雷曼兄弟公司倒闭导致货币市场基金大规模赎回，这是经典的银行挤兑模型，只不过发生在当时的非银行金融机构——货币市场基金身上。进一步看，这一故事并未到此结束。货币市场基金在面临赎回浪潮时被迫抛售商业票据或者不再购买包括商业票据在内的短期资产，商业票据利率飙升，商业票据市场动荡，信贷随之萎缩；信贷萎缩则冲击关联公司、金融机构的正常运转和融资。金融危机从抵押贷款、投资银行、保险等领域进一步向人们难以预料的方向扩散，并最终形成一场自大萧条以来最严重的经济危机。

从国别经济角度看，同样经历着金融风暴，美国式危机的根源与冰岛等案例存在明显差异。冰岛人口约 30 万，GDP 约 100 亿英镑，而当时其金融机构的债务却高达 500 亿英镑，其金融兴盛与本国真实经济远不匹配，也缺乏重要关联。那里所发生的是一场典型的、狭义上的"金融危机"。在美国，事实却是不计后果式地寻找增长出路直接导致了金融危机，金融危机也必然会进一步演化为全局性经济危机。

金融危机与经济危机在逻辑和事实上的联结点，或者说"双危机"的触发点，正是房地产价格的崩溃与房地产兴盛的终结。例如，一定程度上，把"两房"视为美国政府有目的地予以利用的放款工具也并不为过。紧随放款之后，资产价格攀升、投资扩张、经济增长。反之，金融危机从信用危机开始。楼市、债市价格崩溃，股市暴跌，银行挤提。"银行间风险"（counterparty risks）被急剧放大。贷款市场，特别是银行之间的贷款市场，在相当程度上陷入停顿。与信贷紧缩相伴的是消费锐减、增长停滞甚至负增长、失业率飙升。经济萧条席卷各主要经济体。这是金融危机和经济危机"双危机"的基本模型。

金融危机对真实经济的传导，最直接的就是融资困难，中小企业尤甚。资产价格大幅下跌，新发行债券不可能获得更高的发行价格。借贷保证金攀升。相应地，借贷和整个经济活动陷入停顿。尽管美国经济管理当局通过两轮量化宽松政策等措施向市场大量注入流动性，但是，由于继房地产之后，新的经济增长点尚不明确或尚不成熟，所以市场中大量流动性的存在并未完全转化为有效的投资和消费活动，至少说投资和消费活动仍然不甚活跃。

从危机应对角度看，首当其冲当然是恢复金融系统的稳定。短期内的紧急救助，重新回归和加强金融监管，等等，都是解决这一问题的药方。解决从前"去监管化"所形成的金融体系自身的问题，包括金融机构追求短期高收益、高杠杆率放大的金融风险，表外金融工具（the off - balance sheet vehicles）的大量存在，评级机构、会计机构等责任和能力的缺失以及明显的利益冲突，等等，也相对简单。事实上，15—16 个月后，或者说到 2009 年年初，美国股市开始恢复，金融危机开始得到控制。到 2010 年春天，在 2008 年秋季危机高峰时期开始实施的若干救助计划也大都逐步停止，或者是因为项目结束，或者是因为市场利率回归正常等因素的影响，这些项目对金融机构不再具有吸引力。

但是，又是两年过去了，美国经济却复苏缓慢。为刺激经济，美联储将联邦基金利率从 2007 年秋季超过 5% 的高峰削减至 2008 年年底几乎为零的低谷，并维持 0—0.25% 的区间，至少持续到 2014 年。在传统货币政策已无余地的情况下，美国先后于 2009 年和 2010 年两度实施大规模资产采购或者通常所称的量化宽松（Large – Scale Asset Purchases，LSAP，或 Quantitative Easing，QE），美联储的资产负债表急剧增加超过 2 万亿美元，2011 年宣布实施扭转操作（Operation Twist），然而效果有限。按美国国家经济研究局（National Bureau of Economic Research，NBER）说法，本轮经济衰退始于 2007 年 12 月，2009 年 6 月已告结束，但是到 2012 年为止平均经济增长率也就是 2% 强，且并不稳固，失业率则始终高居 8% 以上。与战后历次衰退的平均复苏速度相比，本次衰退后的复苏明显更慢。

特别是抵押贷款利率降低并没有带来房地产行业预期的回暖。进入 2012 年，美国房市出现企稳迹象，第一季度房价意外上涨，凯斯—席勒指数比上年四季度上升 4.6%，而去年四季度则下降 6.7%。但是 2012 年第一季度与上年第一季度同比，该指数仍然下降 1.9%，同 2006 年的峰值比较下降幅度超过 32%。① 所以，一些经济学家认为，美国房市正缓慢迎来拐点，房利美更预测美国房地产业有望在年内出现，自 2005 年以来首次对经济增长起到正面拉动作用，这些说法还有待进一步观察、确认。大动荡之后的美国房地产业，其前景恐怕难言如此乐观。

也就是说，金融危机类似"急性病"，是标，稳定金融相对容易实现；经济危机则类似"慢性病"，是本，支持经济复苏，更不用说实现经济的可持续性发展则远非易事。

单一的金融危机论将导致一种误解，即美国经济本身运行良好，是过度金融创新或金融操作失误拖累了实体经济。美国不少经济学家长时间在金融危机对实体经济的负面"溢出效应"里打转，就是这一误读的表现。本轮国际金融危机的演进说明，理解危机的根源以及寻找危机的出路，最好方法还是要从金融领域事件与表象回到支撑金融体系的经济体系。

七　小结：美国经济的困境与出路

短期利率、长期利率降低，甚至直接大规模释放流动性，并未能迅速拉升美国经济，这一事实表明，根本问题不在于美国"没钱"。

尽管美国没有走出危机的阴影，但并不妨碍华尔街的公司、银行坐拥高达数以万亿美元计的现金。2009 年后的银行压力测试表明，就资本而

---

① 《影响当前美国经济发展态势的因素》，《中国社会科学报》2012 年第 337 期。

言，美国主要银行的状况甚至好于危机之前。这样的测试增强了市场信心，使美国主要银行进而筹集了大量私人资本。事实上，美国主要银行在大规模救助中就获得了大约数千亿美元，在金融危机中仍然创造了数十亿美元的利润，现金在全部资产中的占比反而从历史平均的 3% 强上升到 10% 强左右。但是，极其不相称的是，它在 2009 年和 2010 年对联邦税收的贡献却几乎为零，金融危机以来对小企业的借贷也大幅削减。

2008 年起，美国家庭着手"去杠杆化"。纽约联邦储备银行发表的家庭债务和信用报告表明，美国居民负债和抵押贷款余额都在减少，储蓄率上升，财务状况有所好转。2012 年 1 月麦肯锡全球研究院发表的报告也称，虽然美国家庭债务比率依然偏高，但是，去杠杆化过程看来已完成一半。另外我们看到，消费者信心指数持续低迷，显示出美国民众对未来个人财政及就业前景的担忧依然存在，总需求不足。

所以，根本的问题在于，大量的流动性如何转化为消费、投资和就业，而不是在金融体系内自我循环。所谓的"流动性陷阱"（liquidity trap）说，即使中央银行将利率降低为零，它也不足以刺激借款和贷款，而中央银行总不至于将利率降低为负数。你可以向银行注入资金，但你无法强迫银行借贷。借贷的一个核心问题是你借给谁，什么产业，以及它们是否具有清偿能力。这是与资金是否充足、利率是高是低等没有绝对关系的另一个问题。而这恰恰是美国主流经济学家长期忽视的问题。不认识美国这场危机的"双危机"本质，而仅仅在金融危机的圈子里打转，美国经济将长期徘徊。

结论显然是，美国需要重新寻找增长出路；或者，美国需要在经济结构、增长模式、生产与生活方式等关键领域出现革命性变革。新一轮产业革命的隐然出现为此提供了可能性；世界各主要经济体正在为占据新一轮产业革命的制高点进行日趋激烈的博弈。

关于国际金融危机形势的
若干基本判断

题记

本文主要内容原载中共中央党校《中国党政干部论坛》2008年第12期。此外，中共中央宣传部《时事报告》以及新华社、光明日报社、中国外文局等有关部门媒体也以不同形式进行了转载。

雷曼兄弟正式宣布申请破产保护，标志着本轮世纪性、全球性金融风暴进入高潮。国内的反应除震惊之外，便是纷纷表示希望知道西方世界到底发生了什么，更重要的是，接下来还会发生什么，我们应该怎么办。

此时我抵达欧洲不过大约20天，只得马不停蹄，搜集资料、了解情况、约谈交流，当然，同时调动我大脑中大约20年学习、研究以及从事新闻、经济、政治等多领域工作所形成的复合型积累，在短得无法再短的时间内，仓促形成了这份关于国际金融危机形势的若干基本判断的报告。

如果说，这些基本判断在事后看来并不完全准确或者完美无缺，那是十分自然的事情。事实上，本轮国际金融危机背景之深远、演进之复杂、应对之困难、前景之不确定，对于那些数十年长期浸淫在"自己的"政界、商界、学界、媒体、法律界的西方人来说，都是超出其想象的事情。可以毫不夸张地说，我接触的几乎所有西方社会精英，他们可以说清楚这样那样的具体问题，也可以侃侃而谈这样那样的具体主张，但是很难完整地说清楚"自己的"那段关乎金融危机缘起与发展的"过去"，也很难透彻地想明白"自己的"这段关乎后金融危机时代演变与延伸的"未来"。对他们几乎所有人来说，甚至雷曼兄弟的轰然倒塌，如果倒退若干"天"，而不是"年"和"月"的话，那都是不可想象的事情。当然，事后披露情况表明，雷曼兄弟尽管困难缠身，但也并非绝对地无可救药，其命运的确不是早就"天注定"，而是直到最后一刻才被若干核心决策者——"人决定"的。

需要说明的是，新华社《瞭望》东方周刊以《定义美国已经处于走向"衰落拐点"为时尚早》为题，摘要编发了本文的部分内容，引发了围绕"美国衰落论"展开的新一轮辩论。

其实，"美国衰落论"是一个辩论了几十年的老话题。约翰·肯尼迪1960年竞选总统时就说："相对于苏联，美国的力量一直在下滑，共产主义在世界各个领域稳步推进。"20世纪70年代，美国主导的布雷顿森林体系崩溃，保罗·肯尼迪明确发出美国衰落的警告。埃兹拉·沃格尔1979年在其《独占鳌头的日本》一书中也表达了人们对日本崛起的警惕和恐慌。但是，里根经济学的成功以及苏联解体、东欧剧变使美国在20世纪90年代后反而成为全球唯一的超级大国，国家综合实力上升到新的顶点。

本轮国际金融危机爆发后，美国的硬实力、软实力均遭受重创。2013年1月28日，美国《华盛顿邮报》也加入"美国衰落论"讨论的"战团"。该报专栏作家罗伯特·J.塞缪尔森发表以《美国在衰落吗?》为题的专栏文章。他一方面引述高盛公司的报告说，"美国的实力被低估了"；另一方面又发出疑问："第二个美国世纪尽管有可能出现，但似乎还要再等待一段时间。更难回答的问题是，富有世界能否挫败政治和经济稳定面临的更深入和更持久的威胁。"也许这一次，狼真的是来了。

然而，不管狼是否真的来了，本文的核心思想依然是说，国际金融危机以及在此背景下各国力量的消长仍然在进一步的演进之中。我们与其急于去就"美国衰落论"这样辩论了好几十年，而且正反双方都能找出众多证据的"大话题"做出一个仓促的结论，不管是肯定还是否定的结论，还不如把更大的精力用于关心、研究、把握各主要大国应对金融危机、谋求未来发展的战略决策、战略走向。塞缪尔森引述的高盛公司报告也并不是"为未来提出完整的指南"，而是"旨在为投资者选择投资地点提供建议"。

从这个意义上说，我更赞同使用不少媒体在转载《瞭望》东方周刊文章时使用的标题：《揭开后危机世界秩序真相》。

愈演愈烈的美国"次贷"危机在全球掀起一场"金融风暴"。根据目前情况和资料看，尘埃尚未落定。在分析这场金融危机的性质、演变及其应对时，至少有以下五方面的"度"应予把握，以免出现形势的误判。

一　在这场金融危机中，美国进行了空前规模的政府干预，但这并不意味着美国打算放弃自由市场经济的基本理念，自由市场经济仍将是美国国家"软实力"的核心组成部分

"次贷"危机一年前爆发后，美联储一直通过向市场注资的方式增加流动性、刺激经济增长，但收效甚微。2008年秋，"次贷"危机发展为全面的金融危机后，美国被迫通过了空前规模的7000亿美元救市计划。作为这项计划的具体举措，美国总统布什宣布，美国政府动用其中的2500亿美元直接购买金融机构股权，以促进金融市场尽快恢复正常运转。

2008年10月，作为7000亿美元救市计划的一部分，美国政府实施斥资1250亿美元购买美国九大银行股份的交易。根据美国财政部公布的数据，花旗集团、富国银行和摩根大通分别向美国财政部出售了250亿美元股票，美国银行则出售了150亿美元股票，高盛集团、摩根士丹利和美林公司分别出售了100亿美元股票。另外，道富银行、纽约梅隆银行分别出售了20亿美元和30亿美元股票。美国保险、汽车等其他一些行业也将从救市方案中得到援助。

美国政府的思路是：金融机构在无法获得巨额私人投资之前，只能通过向政府出售股权方式，换取政府直接注资，从而使信贷市场恢复运转，避免经济陷入深度衰退。美国政府此一应对危机的举措被不少人士认为是明显的"国有化"，"违背和颠覆"了美国此前奉行的自由市场经济理念，甚至被认为"彻底改变了美国和美国的金融体系"，在美国引发了激烈辩论。

其实，类似本次金融危机中的政府干预行为，美国历史上曾多次出现，只不过规模大小和程度深浅不一。例如，美国联邦政府于1984年接手了当时美国的第七大银行Continental Illinois Bank 80%的股份。至于20世纪30年代大萧条时期，在凯恩斯经济理论的背景下，美国政府走得更远。1932年，美国成立了重建金融公司（Reconstruction Finance Corporation，RFC），它不仅给处于危机中的金融公司提供贷款，而且花巨资购买了近6000家私人银行的股份。

事实上，美国政府现在再度入股银行及相关私营机构，同样只是过渡性安排。美国政府的救市，包括由国家购买私有银行股份，具有三重特性：一是在危机出现并且其他补救方式都无效时，政府才采取行动，属于

"两害相权取其轻"的无奈之举；二是政府持有股份的目的在于"注入流动性"及保护来自纳税人的资金安全，政府并不参与企业、银行的直接经营和日常管理；三是待市场信心恢复并进入正常运行后，美国政府将撤出在这些银行、金融机构中所持股份，美国政府并设计了相应的鼓励私人或私营企业接盘，包括促使本企业回购的政策和机制。

为平息外界对"国有化"举措的不满，美国财政部长保尔森一方面承认政府拥有私有企业股份违背"包括我在内的大多数美国人"的意愿，另一方面又表示，要恢复投资者对金融市场的信心，政府此举是不得已而为之。布什总统也强调，此举是重要的"短期措施"，并不意味接管美国的"自由市场"。在谈及即将举办的华盛顿金融峰会时，布什也强调，"我们有必要保留民主资本主义的基础，即致力于自由市场、自由企业和自由贸易"。

所以，有观点认为美国等西方国家要走上"国有化"的道路，甚至是社会主义道路，这是对美国等西方国家政府干预性质的误解。其实，美国离真正的"国有化"还差得很远，而"国有化"也不等于社会主义，它仍然属于资本主义制度自我修复的范畴。从目前情况看，没有证据表明美国打算放弃或从根本上改变其所标榜的自由市场经济体制；相反，美国将继续"扛起"自由市场经济的"大旗"。

二 本次金融危机重创了美国经济，特别是高度发达同时投机过度的国际金融行业，但是，就此判断美国已经处于走向"衰落"的"拐点"为时尚早

金融危机改变了华尔街的历史，并使美国经济面临一场罕见的衰退，这是不争的事实。2008 年 10 月 30 日美国商务部公布的初步数据显示，当年第三季度，美国经济按年率计算下滑 0.3%，为 2001 年第三季度以来的最大降幅。从目前情况看，第四季度美国经济仍会延续这种下滑态势，美国经济难逃衰退命运。

但是，在危机不断加深、恐慌进一步蔓延之际，一个看似矛盾的现象却引起了人们的注意：不少人曾预计，政府对金融业的救助行动将导致政府开支不断增加，再加上美国经济不断下滑，美元和美元资产将严重削弱，甚至存在崩盘的风险。但从近期看，实际情况却相反。

一则美元正因全球资金从高风险资产中流出以及融资套利交易的解除而获益。美元对欧元、英镑等主要货币出现大幅升值，对人民币也出现了短期的止跌现象。也就是说，美国引爆的金融危机反倒促进了美元的稳定。国际清算银行的数据显示，美元依然是最受全球银行界欢迎的货币，占这些银行外币资产和债务的55%。

二则美国政府的公债和那些有政府直接担保的按揭贷款债券也普遍出现升值，包括美国政府接手"两房"后的若干住房按揭贷款债券，因为美国政府的救市行动实际上提高了这些债券的信用等级，使之成为"准政府公债"。数据显示，美联储代其他国家央行持有的美国国债数量也出现了大幅增加的迹象。

这就说明，尽管金融危机始作俑者是美国，但当危机出现了全球性扩散后，美元的国际储备货币和国际交换手段地位反而得到了强化；同理，在股市以及其他投资领域出现全球性恐慌后，美国政府公债反而作为稳健的投资工具而受到投资者的追捧；而对美国政府公债的追捧又进一步导致美元的回流并巩固美元的地位。甚至美国证券市场也出现了企稳迹象。"坏孩子得益"现象虽太过滑稽，但却是严酷的现实。

其实，美元和美元资产价值在市场上一定范围的涨或是跌皆属正常，也不存在绝对的"好"或是"坏"。但是，一定程度而言，美元和美元资产的抗跌性表明了投资者信心，避免了美国资产抛售、美元汇率暴跌、通货膨胀加剧和美国利率飙升，对于美国金融体系逐步走向稳定，推动疲弱的美国经济逐步复苏，具有关键性的意义。这也是美国经济具有良好弹性的征兆之一。

美联储拥有足够的空间持续降息也说明了这一经济逻辑。10月29日，美联储将联邦基金利率即商业银行间隔夜拆借利率从1.5%下调至1%，这是10月第二次降息，也是自上年美国"次贷"危机爆发以来第九次降息。与此同时，第三季度美国经济 -0.3% 的降幅低于市场预期的0.5%。受此影响，当天纽约股市开盘后，三大股指即迅速攀升。

当然，美国政府的救市行动究竟能产生多大效果以及能走多远，至少尚需 2—3 个季度时间段的观察，美国经济也仍然面临着加速下行的巨大风险。但从长期看，美国作为当今世界唯一的超级大国，其经济基本面和大国根基仍然没有受到根本性的毁伤。

值得注意的是，美国自身幅员辽阔、资源丰富、人口众多，具有强大的工业经济基础和领先世界的科学技术水平，特别是军事技术水平，也具有灵活的体制设计和传统的企业创新精神，在国际制度，包括国际经济制度领域也更具有应对风险甚至转嫁危机的优势和能力。从美国崛起为世界性大国后历次应对危机经历来看，美国经济以及美国"软"、"硬"实力恢复和进一步发展的弹性惊人。在这个问题上，美国与近500年来主要依靠殖民扩张获取全球大国地位的"前任"如英国等，有着截然不同的性质和特征。对此，我们必须保持清醒的头脑。

三　美国是本次国际金融危机的发源地，遭受损失首当其冲，但并非损失最重，在相对意义上，美国可望保持甚至可能在危机中巩固其所谓的全球"领导"地位

金融危机已经对全球许多国家的经济造成了严重打击，而遭受损失最严重的可能倒是"震中"之外的地区，比如传统的西方大国和新兴经济体。

作为欧洲第二大经济体，2008年第二季度英国经济增长意外停滞，第三季度GDP环比下降0.5%，为1992年第二季度以来首次出现萎缩，降幅也达到1990年以来的最高水平。英国——而不是美国——已经在事实上成为第一个进入衰退的主要发达经济体，且在2010年之前不会出现复苏迹象。有报告预计，英国国内生产总值次年将下降1%，为1992年以来第一次出现负增长，且2010年英国GDP将仅增长1%。受疲软的GDP数据打击，英镑对美元汇价持续下跌。

同时，法国、德国和西班牙可能将陷入衰退。法国经济2008年第二季度出现了0.3%的负增长，预计第三季度和第四季度也将出现0.1%的负增长。法国10月有接近85%的人认为未来一年内可能面临失业风险，而在2008年4月，这一比例还不到55%。欧洲其他主要国家经济前景也同样黯淡，整个欧元区都在苦苦挣扎，2008年第二季度该地区经济折合年率下降0.8%，主要经济体德国、意大利同法国一样已出现收缩，第四大经济体西班牙也只有轻微增长。根据欧盟委员会的预计，2008年意大利、法国、德国的经济增长率分别为0.1%、1%和1.8%。各国还纷纷调低了2009年的增长预测。

全球第二大经济体——日本的日子也不好过。因出口下滑、投资放缓和食品燃料价格上涨削弱了消费者信心，2008年第二季度，日本经济折合年率收缩了3%。就业前景恶化、通胀超过工资增长速度以及股市暴跌持续缩减日本国民的财富。预计日本经济停滞不前的状态至少要持续到2009财政年度前半期。日本央行还预计，2008年日本经济将增长0.1%，增速大大低于该行此前预测的 1.2%。

复兴中的俄罗斯受到重创。石油以及镍、铝等大宗商品出口价格暴跌，导致流入俄罗斯经济的资金大幅缩减及俄罗斯基准 RTS 指数暴跌。经济学家已经将俄罗斯次年的经济增速预期下调至 3%—4%，远远低于 2008 年 1—9 月的 7.7%。投资者和普通民众抛售卢布，导致俄罗斯央行储备减少数百亿美元，卢布对美元汇率数年来也因而首次持续下滑且跌势加速、恐慌加剧。有消息说，自 8 月格鲁吉亚战争以来，已经有逾 300 亿美元的外资流出俄罗斯。经济学家警告说，油价加剧下滑，再加上次年年底前有 1800 亿美元的债务到期，资本加剧外流，俄罗斯可能会消耗半数以上的外汇储备，俄罗斯经济甚至可能停止增长。

新兴经济体正成为本次金融风暴下一轮的重灾区。主要体现在发达国家经济衰退导致外需减少，对各国的出口导向型经济产生严重影响，对外贸易萎缩；发达国家资金回撤影响新兴经济体吸引外资，并进而影响金融、证券市场稳定；投资意愿、消费意愿持续低迷。例如，大量持有美国债券的中东欧国家外资抽逃现象严重，无法偿还债务的风险巨大。2007 年，全球投资于新兴市场的 7800 亿美元中有 3650 亿美元流向中东欧，其中大部分购买银行债券等金融产品，因而损失惨重。受国际金融危机影响，匈牙利本国货币福林对欧元和美元等主要货币的比价大幅下跌，股市大幅缩水，金融市场陷入严重的流动性短缺。保加利亚、罗马尼亚、拉脱维亚、爱沙尼亚和乌克兰等国家也都存在类似情况。即使以前比较稳定的东欧货币如波兰兹罗提和捷克克朗等现在也受到了压力。再如，巴基斯坦、韩国、印度等具有较大规模经常项目赤字和短期外债比例较高的新兴经济体，其本币均大幅贬值，货币危机的可能正日益出现。巴西等资源类国家和俄罗斯情况较接近，随着能源和大宗商品价格的大幅回落，国家收入和外汇储备锐减，货币贬值、经济下滑现象出现。

证券市场是经济"晴雨表"。在这次金融危机中，面对更高风险，投资者们纷纷从新兴证券市场撤资，使之比"成熟市场"明显遭受更多损失；而在"成熟市场"中，欧洲传统大国又比美国遭受更多损失。

目前，多个国家的主要股指跌幅均超过了 50%。冰岛股市累计跌幅近 90%，"荣登"全球股指的跌幅榜首；俄罗斯股市一年以内累计跌幅达 76%，位列全球股指跌幅榜第二位；中国 A 股累计跌幅已经接近 72%，排在近期全球股市跌幅的第三名；越南从 2007 年 10 月的历史高点到 2008

年10月底，跌幅达到71.67%；韩国首尔综合股价指数从2007年10月的历史高点至今，跌幅达到52.22%。在金融危机引发的资金抽逃风潮中，拉美百强企业在资本市场的近半市值被蒸发，其中巴西企业在资本市场平均缩水47.4%。此外，秘鲁、墨西哥、智利、哥伦比亚和阿根廷企业也蒙受巨额损失。有调查说，这一金融资产缩水至少一半以上是在雷曼兄弟公司倒闭之后的一个月内急剧形成的。这是真金白银的国民财富蒸发。

与此同时，日本股市日经指数从2007年2月的历史高点至今跌至26年低位，本轮累计跌幅达54.85%；法国巴黎股市CAC指数、德国法兰克福DAX指数、英国富时100指数跌幅分别达到49.50%、40.40%、42.59%。

而具讽刺意味的是，美国股市道琼斯指数从2007年10月的历史最高点14093点到跌至2008年10月28日的9065.12点，跌幅仅达到35.68%，明显小于全球股市平均跌幅。

如果看金融危机影响最重的2008年10月，日本股市跌幅高达24%，创历史最大跌幅；中国香港股市，恒指跌幅扩大到22%，为当年以来最大月跌幅；中国内地上证综指累计下跌了24.6%，创14年跌幅之最；韩国股市下挫23%，为有史以来第二大单月跌幅。有意思的是，欧洲斯托克600指数10月累计跌幅为1987年股灾以来最大值，跌16%；美股道指为1998年8月以来最糟糕的月度表现，却仅下跌14.1%；标普500指数为1987年10月股灾以来最坏月度成绩单，下跌16.9%；纳指下跌17.7%，这也是该指数自2001年2月以来最差的月度成绩。

证券市场生态说明，资金仍从全球流向美国市场，未来美股仍有望成为全球股市的"领导者"。据美国财政部数据，美国投资者2008年7—8两个月卖出的外国股票和债券比买进的多570亿美元，资金回撤额创下历史之最。当投资者从这些资产中撤出时，他们往往会将变现资金兑换成美元。这种投资趋势的逆转，特别是对新兴市场投资的撤离，是美元汇率最近上扬的重要原因之一，反过来也是其他市场，特别是新兴经济体投资市场暴跌的重要原因之一。

面对如此局面，很难说其他国家和地区，特别是新兴经济体为"多极化进一步发展"提供了证据；相反，似乎加深了对美国及其主导的国际金融机构的依赖。冰岛、乌克兰、匈牙利、巴基斯坦等国已经同IMF达成紧急援助协议，寻求该组织救援，等在IMF门外的队伍还可能越来越长。众所周知，IMF自1997年亚洲金融危机后因救援条件苛刻已经臭名昭著，如今可能再次"焕发生机"。此外，韩国央行 10 月 30 日宣布，与美联储签署了上限为 300 亿美元的货币互换协议，协议有效期将持续到 2009 年 4 月 30 日。巴西、墨西哥和新加坡三国的央行当天也分别与美联储签署了类似的货币互换协议，以获得美元资金。

综上所述，国际金融危机的"震中"在美国，但财富损失和经济衰退最严重的地区却可能是新兴经济体和欧洲传统大国。如果说，我们遭遇了一场国际金融阴谋甚或国际金融战争，这种判断在目前固然无法证实，但也并非不可推断。

四 应对国际金融危机，国际货币与金融体系的改革已经势在必行，但从当今世界相互依赖的程度与大国关系基本格局看，提出"推倒重来"的理念与主张仍然缺乏现实依据

亚欧首脑会议已经提出国际货币与金融体系改革这一重大课题，即将召开的二十集团全球金融峰会更将对未来国际金融体系改革和全球金融格局产生深远影响。

目前，各国就国际金融新秩序和金融货币体系的改革问题积累了一些共识，例如谋求建立多极化的国际货币体系与协调机制，实现均衡发展，制约主导货币国家本币扩张，反对任何一个国家能够独占支配地位，以及加强国际金融监管，等等。随着国际经济形势的演变，特别是当前美国经济和金融实力严重削弱，美国的"领导地位"不可避免地将受到挑战，上述共识的确存在进一步推进的可能性，一个新的、多极的经济格局或经济新秩序也的确有可能逐步出现。

但是，未来针对国际货币与金融体系的改革仍然只能是一个渐进过程，国际货币与金融体系不是积木，可以随时"推倒重来"。在中国 2 万亿元左右的外汇储备中，6000 亿美元为美国政府的各种国债，4000 亿美元左右为"两房"的住房按揭贷款债券。日本、欧洲以及新兴经济体都存在类似情况。特别是从本次金融危机中美国一"重感冒"、欧洲就"休克"角度看，欧美经济特别是金融相互依赖的程度远远超出一般想象。所以，简单地"推倒重来"，或者说"彻底推翻"现行世界经济体系，建立"全新的第二代布雷顿森林体系"，其结果可能导致更严重的金融混乱；从技术上看也是难以操作的提法和观念。把这种状况称作"美国绑架全世界"也不为过。

从现实角度说，各国围绕国际货币与金融体系改革的利益角逐十分复杂。

美国当然力图维持在国际金融体系中的"领导"地位，包括美元作为国际货币的发行权和地位，我们不可低估其维持这一地位的决心和现实政治、经济力量。美国在同意改革全球金融体系的同时，也试图为这一改革限定调子和步伐。美国政府已表示将支持改革国际投资基金流动规则、增强对全球性金融机构的监管以及提高国际金融交易和市场透明度等。但美国政府同时反复强调其一贯奉行的自由市场经济原则。布什说，任何改革和新的国际监管制度应该改善，而并非阻碍自由市场。

欧洲则力图改变长期由美国主导的国际金融体系。按欧盟委员会主席巴罗佐的说法，欧洲"需要一个新的全球金融秩序"，萨科齐呼吁推倒现行的布雷顿森林体系，"不能再用20世纪的国际经济管理工具管理21世纪的经济，不能再用过去的观念考虑今天世界的问题"。欧盟成员国领导人普遍认为，应加强全球金融监管，对象征着旧国际金融体系的国际货币基金组织等全球经济机构进行大刀阔斧的改革。欧盟当然试图寻求欧元势力的上升，但是让欧洲传统大国始料不及的是，金融危机既终结了华尔街的投资银行时代、危及了美国领导世界金融的地位，也削弱了欧元和欧元经济的地位。如果说，金融危机增加了欧洲争取更大发言权的"道义基础"的话，却很难说增加了其"现实基础"。而且，出于自身利益的考虑，欧盟各大国，特别是英国、法国、德国三国相互间的关系也在发生微妙变化。

日本金融机构受美国"次贷"危机直接冲击较轻，当欧美资本市场信贷紧缩时，日本仍有充裕资金可动用，这使日本频频有人主张"抄底"欧美金融市场，甚至认为"日本地位特殊，能够拯救世界"。但日本的出口导向型经济面临严重衰退危险，自保仍然是首要考虑。

至于新兴经济体，其主张改变现行国际经济秩序的要求强烈，但在国际经济危机打击面前甚至可能进一步依附现行国际经济体系，改革国际货币与金融体系的声音也可能受到进一步制约。

其结果是，如果说全球金融体系在危机爆发的一瞬间因遭受重击而感觉到缺乏领导的"真空"状态的话，那么即将召开的二十国集团全球金融峰会可能标志着国际金融体系仍然不得不回到华盛顿体制中来。当然，这一体制将在总结本次国际金融危机教训的基础上展开若干重大的机制和制度上的调整。从力量结构说，包括中国、印度、欧洲和日本在内的有关各方将通过本次国际金融危机，在共同监管世界经济领域争得更多的发言权，但是这并不意味着其他国家有可能取代美国成为全球经济的"领导"。

与法国总统萨科齐等欧洲领导人会晤之后，美国总统布什宣布将召集全球峰会，邀请八国峰会国家领导人和中国、印度、巴西等国家领导人出席，共同探讨如何应对金融危机、改革金融体系。布什政府还"谢绝"了联合国秘书长潘基文的建议，即以纽约联合国总部为这次全球峰会会址并扩大会议规模。这样的行动本身就具有象征意义：一方面，布什政府在多年推行经济、外交等领域的单边主义之后，如今却为形势所迫，愿意在解决重大国际问题上寻求国际合作；另一方面，它同样显示美国不会放弃其"领导"地位，任何重大国际问题的解决，包括重要国际合作的达成，最终还都要"回到华盛顿来"。

五　中国改革开放 30 多年来，综合国力和国际影响力实现了由弱到强的巨大转变，但中国的"赶超战略"远没有结束，保持国民经济快速稳定发展，本身也是中国对国际社会做出的重要贡献

按国家统计局的报告，1979—2007 年，中国国内生产总值年均增长9.8%，中国经济占世界经济总量的份额已从 1978 年的 1.8% 提高到 2007 年的 6%。30 年来，中国 GDP 由居世界第 10 位上升到第 4 位，仅次于美国、日本和德国。中国与世界主要发达国家的差距迅速缩小。2007 年，中国 GDP 为 32801 亿美元，相当于美国的 23.7%、日本的 74.9%、德国的 99.5%。

同一报告也指出，中国仍然仅仅由低收入国家跃升至世界中等偏下收入国家行列。中国人均国民总收入 2007 年为 2360 美元，在世界各国中大约排在第 100 名。中国仍将长期处于社会主义初级阶段，社会主义市场经济体制还不完善，结构矛盾和粗放型发展方式尚未根本改变，农业基础仍比较薄弱，城乡贫困人口和低收入人口还有相当数量，面临的国际形势日趋复杂多变。

从近期看，中国经济第三季度较 2007 年同期增长 9%，增速低于第二季度的 10.1% 和第一季度的 10.6%。中国 2008 年截至第三季度的平均经济增长率为 9.9%，鉴于经济增长放缓的势头仍在持续，中国 2008 年的经济增长率有可能自 2002 年以来首次低于 10%。许多经济学家预计，中国 2009 年的经济增长率将进一步降至 8%，这将是中国自亚洲金融危机爆发以来的最低水平。这就说明，美欧金融危机对中国经济影响的"滞后效应"正在逐步显现。至少在短期内，中国的国内需求尚不足以取代美欧市场对中国经济的巨大推动作用。中国 13 亿人 2007 年的消费额约为 1.2 万亿美元，而美国 3 亿人的消费额就达到了 9.7 万亿美元。

结论是，以中国经济的规模，它无力"拯救"全球经济；办好自己的事情，保持国民经济快速稳定发展，力所能及地参与国际经济合作，既是应对国际金融危机的第一选择，本身也是对国际社会做出的重要贡献。

在 20 世纪 90 年代初中美关系十分敏感、复杂的环境下，邓小平同志高瞻远瞩，有针对性地提出了"冷静观察、稳定阵脚、沉着应付、韬光养晦、有所作为"的外交方针，为中国抓紧时间壮大自己赢得了宝贵时间。今天，中国改革和现代化事业取得了新的重大进展，国力蒸蒸日上。在这样的形势下，我们仍然不能头脑发热。

当然，中国在当前金融危机中可做的事情仍然很多。不少专家提出，购买美国和其他国家的企业股权，购买大宗商品，特别是战略性资源类产品，还可以推动世界主要市场对中国产品和中国企业的进一步开放，包括美国对中国金融企业的开放等，这些措施都可以尝试。但从长远看，按照科学发展观的要求，进一步深化改革，切实改变经济增长方式，既可以为中国人民带来切实的福利，更可以为未来数年间中国的发展提供强劲的动力和稳定的社会政治环境。发端于国际金融危机的应对，中国的改革开放事业反而可望进一步出现崭新的局面。

国际金融危机的全球应对及其影响

题记

本文主要内容原载中共中央党校《中国党政干部论坛》2009年第5期。

国际金融危机需要全球应对，因而也在全球范围内引发了一场有关国际合作、全球治理以及可持续发展等问题的辩论。一个直接的"受益者"则是，1999年在华盛顿成立的二十国集团（G20）借此实现了一次"华丽转身"。

二十国集团是一个国际经济合作论坛，成员为原西方八国集团加上其他十二个重要经济体。二十国集团成立的宗旨是推动发达国家和新兴市场国家就实质性问题进行开放和建设性讨论，以寻求合作，促进国际金融稳定和经济可持续增长。按照惯例，国际货币基金组织与世界银行列席二十国集团会议。

二十国集团会议最初只是由各国财长或中央银行行长参加。国际金融危机爆发后，二十国集团决定，从2008年起开始举行首脑会议以商讨对策。当年11月，该集团第10次会议在美国华盛顿举行，这也是该集团首次举办峰会。本文将重点分析的二十国集团领导人伦敦峰会则于2009年4月召开。也正是从2009年起，该集团决定每年举行两次峰会。

可以这么说，二十国集团峰会就是为应对国际金融危机、重建国际金融秩序而建立的，也因此备受世界瞩目。然而，7年时间转瞬即逝。当初全球关注的经济增长与主要国际货币币值稳定问题、国际货币基金组织改革与国际最后贷款人问题、统一监管标准与规范国际金融活动问题等，都很难说取得了决定性的进展。随着形势的发展，一系列新情况、新问题、新危机又摆在了各国决策者的面前。国际金融危机的持续蔓延与全球经济复苏的迟缓，使人们甚至对二十国集团所建构的全球治理机制的有效性开始提出质疑。

直到今天，如果需要对有关形势做出某种分析和判断，或许仍然不得不继续套用本文所给出的基本框架：国际合作不断取得新进展，但仍然存在局限性；全球治理继续展示出新动向，但仍然存在矛盾性；可持续发展再度面临难得的新机遇，但仍然存在复杂性；权力转移可望维持朝向更加均衡的方向演变的新趋势，但仍然存在长期性。

需要特别介绍的是，2014年11月，中国国家主席习近平在二十国集团领导人第九次峰会上进一步提出了完善全球经济治理的主张。他说："今年是布雷顿森林会议70周年……我们要以此为契机，建设公平公正、包容有序的国际金融体系，提高新兴市场国家和发展中国家的代表性和发言权，确保各国在国际经济合作中权利平等、机会平等、规则平等。要加快并切实落实国际货币基金组织改革方案，加强全球金融安全网。金砖国家宣布成立开发银行和应急储备安排，亚洲20多个国家发起建立的亚洲基础设施投资银行，这是对国际金融体系的有益补充。"[1]

也许，我们还是更应当期待即将由中国主办的2016年二十国集团领导人峰会。

二十国集团领导人伦敦峰会前后一系列应对国际金融危机的措施表明，"一场全球性的危机，需要全球性的解决方案"；[2] 发端于国际金融危机的全球应对，世界经济形势、全球治理模式、国际关系格局等都将出现新变化，并将产生远远超出危机应对本身的影响。

一 国际合作的新进展及其局限性

随着国际金融危机不断加深，各国进一步认识到，"我们面临着现代世界经济的最大挑战"，这一挑战已经"影响到每一个国家男女老少的生活，所有国家必须携手进行解决"。美国总统奥巴马对比说，以往面对类似全球性经济难题时，世界反应迟缓，人们付出了巨大代价；20世纪30年代大萧条时期的情况就是如此。

与此相比，这次各国采取了前所未有、全面的协调行动。伦敦峰会同

---

① 《习近平在二十国集团领导人第九次峰会第一阶段会议上的发言》（全文），新华网，2014年11月15日。

② 除特别说明外，本文引文均摘自《G20伦敦峰会公告》，London Summit—Leaders' Statement, 2 April 2009。

意：将国际货币基金组织的可用资金提高两倍，至 7500 亿美元；支持 2500 亿美元的最新特别提款权（SDR）配额；支持多边发展银行（MDB）至少 1000 亿美元的额外贷款；确保为贸易融资提供 2500 亿美元的支持；为最贫穷国家提供优惠融资。这些协议共同组成了一万多亿美元的扶持计划，将为全球经济注入新的动力。事实上，在推出上述扶持计划以前，各国已经采取了各种措施，其财政政策、货币政策以及其他各项举措的国际合作程度也日益提高。所有这些行动，共同组成了史无前例的全球经济复苏计划。

在伦敦峰会上，促进全球贸易和投资，拒绝贸易保护主义，继续成为各国共识。峰会重申：不得针对投资或商品及服务贸易设置新的障碍，不对出口施加新的限制，不得推行违背世贸组织规则的措施来刺激出口。各国承诺，以"合作的、负责任的态度来实施所有经济政策，顾及这些政策对其他国家的影响"，防止货币竞相贬值，努力把包括财政政策和支持金融业行动在内的国内政策行动对贸易和投资的任何不利影响降至最低程度，继续致力于达成一个积极和兼顾各方的多哈谈判协议。

当然，国际合作远不能代替主权国家自身复苏经济的努力。即使是引人注目的超过万亿美元的注资计划，它基本上也是通过国际组织给受影响最大的不发达国家使用的，在解决特定国家非常紧迫的银行危机和财政危机方面具有一定实际意义。但是，对于各主要国家有毒资产的剥离、金融体系的稳定和重建，特别是世界主要经济体的复苏，目前国际合作的新进展和现实水平，其意义也更多在于向市场注入信心而非资金。

另外，国际合作并未消除国际竞争。在伦敦峰会召开前夕，各国诉求和利益的冲突被一览无余：美国和英国希望各国政府增加刺激经济的支出，德国、法国等欧洲国家希望对金融部门实施更严格的监管，新兴经济体则希望获得更大发言权。尽管峰会期间与会者做出了几乎是具有历史意义的妥协，但是没有人会相信大国的分歧自此烟消云散。

面对这次罕见的全球性衰退，保护主义也更具滋生土壤。伦敦峰会后，欧美国家仍然可能利用技术壁垒、绿色壁垒、社会责任，以及世界贸易组织允许的例外条款等各种不同形式保护本国贸易。2009 年 4 月 8 日，美钢管企业和有关协会正式要求对中国出口的油井管产品进行反倾销反补贴合并调查。4 月 17 日，中国政府就美国 2009 年综合拨款法案"727 条款"提起世界贸易组织争端解决项下的磋商请求，指称该条款导致中国禽肉产品对美出口受限，损害了中国禽肉业界的正当权益。

值得注意的是，伦敦峰会领导人声明在承诺不会退而奉行保护主义的同时，特别强调，"不能采取限制世界范围内的资本流动——特别是流向发展中国家的资本——的措施"，相对而言，世界范围内的"劳动力"流动——特别是向发达国家的"劳动力"流动却没有受到相应的关注。这样的细节也反映了当今世界话语主导权的现实，对于处于不同发展阶段的经济体来说，也的确具有深意。

二　全球治理的新动向及其矛盾性

"冷战"结束后，随着全球化进程的加速以及国际关系格局的重大调整，全球治理（global governance）问题逐步浮出水面。

但是，全球治理与国家主权存在内在矛盾。例如，国际货币基金组织等国际金融机构称，为确保受援国偿还贷款的能力，受援国必须推进私有化、市场经济体制和自由贸易，甚至建立与之相应的"社会政治结构和社会政治状态"，包括政治合法性、社会秩序和行政效率，等等。国际货币基金组织多年来实行的"（贷款）条件性"（conditionality）要求，事实上将全球治理与特定意义的"善治"或"良治"（good governance）由此挂上了钩。问题在于，这样的挂钩非但没有带来"善治"，反而常常加剧借款国家的危机深度，甚至造成社会动荡。20世纪90年代，这样的理论和实践引发了广泛争议，国际货币基金组织等国际金融机构也一度因此在发展中国家臭名昭著。

由于各国普遍认为，金融业的重大衰退，以及金融监管措施的重大失误，是导致当前国际金融危机的根本原因，因而，在构建更加强有力的本国监管系统的同时，为全球金融系统建立更加强有力的、更加具有全球一致性和系统性的、通过国际社会一致认可的、高标准的监管框架，以重建信任，走出危机，就成为各国领导人的共识。由此，全球治理思想可能再次受到青睐。

请看伦敦峰会领导人声明的这些表述，便可以一窥全球治理在国际经济领域未来发展的方向和力度："签署实施金融稳定论坛（FSF）严格的有关支付和补偿的新原则，以支持所有公司的可持续补偿计划和公司对社会采取负责任的态度"；"采取行动抵抗不合作行为，包括避税"；"我们时刻准备着通过制裁来保护公共财政和金融系统"；"拥有银行保密系统的时代已经过去了"；"呼吁会计标准制定者与监管人员通力合作，以改善评估和准备措施的标准，取得一套具有针对性的高质量的全球会计标准"；"加强对信用等级评估机构的监管与登记体制，确保它们符合国际惯例，特别是要防止不可调和的利益冲突"；等等。有的条款从内容到文风简直就是全球治理的宣言书。

作为伦敦峰会后的一项直接行动，不久前经济合作与发展组织（OECD）发布最新税收表现评估报告，将菲律宾、马来西亚、哥斯达黎加和乌拉圭4国列入"避税天堂"的"黑名单"，认为它们拒绝履行国际通用税收标准，包括金融信息及税收体制不透明，税率极低甚至不征税，为其他国家和地区的企业、组织和个人避税、洗钱提供方便，损害国际金融体系的稳定等。该报告还将38个国家和地区列入"灰名单"。① 由于伦敦峰会同意对拒不合作的"避税天堂"实施强硬的制裁措施——包括撤回国际货币基金组织和世界银行的投资，所以该报告在国际社会引起不小震动。作为目前银行保密最严格的国家，列支敦士登和瑞士也不得不表示，将逐步适应伦敦峰会的决议。

伦敦峰会决定建立一个新的金融稳定工作组（FSB），作为金融稳定论坛继任者，这个工作组包括所有二十国集团的国家，金融稳定论坛成员，西班牙和欧盟委员会。金融稳定工作组的职能是与国际货币基金组织合作，就宏观经济和金融风险提出预警，并提出必要的解决方案；尤其是要加强对所有重要的金融机构、金融工具和金融市场的监管与监督，这里首要的是对重要的对冲基金的监督与监管。

当然，正如英国《金融时报》所言："在围绕G20会议展开的政策论战中，IMF是少数几个确定无疑的胜利者之一，该组织正一边获取更多资金，一边降低贷款申请的难度。"② 在国际货币基金组织大幅增强贷款能力的同时，伦敦峰会决定大力巩固国际金融机构，尤其是国际货币基金组织，并对这些机构进行现代化改革，包括其授权、规模和治理，增强其长期相关度、执行效力和合法性，使之适应世界经济变化和全球化的新挑战，有效帮助成员国和股东管理危机并防范未来的危机。峰会决定，通过提高战略远见和决策水平来增强这些机构的信誉和责任，国际货币基金组织官员也可能被给予更高的参与度。

---

① 《避税天堂的罪与罚》，《中国经济时报》2009年4月16日。
② 《分析：G20相争IMF得利》，FT中文网，2009年4月3日。

从国际货币基金组织取得的最新进展看，包括它新推出的灵活信贷安排（FCL），以及它对贷款和限制条件框架的改革等，都有助于它适应各国的需求，尤其是外部资本从银行和企业部门回撤时面临的问题。伦敦峰会表示支持墨西哥寻求灵活信贷安排的决定，其实，排在国际货币基金组织大门口的队伍可能还会加长。

如同"新干涉主义"理论曾经为失去对手的"北约"赋予新的使命一样，再度受到青睐的全球治理思想也可能为失去"革命方向"的国际货币基金组织带来新的生机。随着国际货币基金组织等国际金融机构，包括新建立的金融稳定工作组，以及被赋予监督各国摈弃保护主义情况的"老牌"国际贸易机构——世界贸易组织——履行各自全球治理职能的展开，全球治理与国家主权之间的内在矛盾性可能会有新的表现。

伦敦峰会领导人声明，一方面是"基于市场原则"的"开放型世界经济"，另一方面是"强有力的全球机构"的"有效监管"，这是"可持续性全球化发展和所有各国日益繁荣增长的唯一可靠基础"。照此看来，设想中对于国际金融危机始作俑者的"全球监管"，搞不好最后变成了大国通过全球治理来"监管全球"。

三　可持续发展的新机遇及其复杂性

伦敦峰会领导人声明有一段充满感性的表述："我们相信，繁荣是不可分割的；这种增长，如要持续下去，就需要共享；我们的全球复兴计划，其核心包括那些勤奋工作家庭的需求和就业，不仅在发达国家，而且也在新兴市场和世界上最贫穷国家；不仅要反映今天人们的利益，而且要考虑子孙后代的利益。"

这就是说，应对国际金融危机，适应全球化新挑战，促使各国领导人就有关经济活动可持续性的一些关键价值和原则，达成某种全球性共识。各国领导人表示，将支持就经济活动的可持续性问题进行讨论，以期形成一个"宪章"，并就此问题在下一次会议上做进一步讨论。这是一个常常被人忽略，其实相当重要的动向。

从目前情况看，美国是本次国际金融危机的发源地，遭受损失首当其冲；但遭受损失最严重的可能倒是"震中"之外的地区，比如传统的西方大国、新兴经济体和世界上最贫穷国家。特别是最贫穷国家在这场危机中遭受了过重冲击，促使各国领导人承认，"共同负有减轻本次危机对社会影响的责任"。

在伦敦峰会上，各国领导人重申在千年发展目标会议上做出的历史性承诺，各自的官方发展援助（ODA）承诺，包括促进贸易援助、债务减免及格伦伊格斯（Gleneagles）会议上做出的承诺，特别是对撒哈拉以南非洲国家的承诺，决定提供 500 亿美元来支持低收入国家的社会保障、促进贸易和安全发展，加大对低收入国家、其他发展中国家以及新兴市场的扶持力度。

作为对国际金融危机的应对，各国在不断推出大规模经济刺激计划的同时，还特别强调，"以最佳方式使用资金，以达成帮助经济有活力、可持续且绿色复苏的目标"，"进行变革，转用清洁的节省资源和低碳排放量的新技术及基础设施"。在伦敦峰会上，各国领导人重申"在化解气候不可逆变化威胁方面的承诺"，重申"各国负有共同但有区别的责任"这样的原则，并表示将致力于在 2009 年 12 月哥本哈根联合国气候变化会议上达成有关协议。

伦敦峰会结束后，全球各主要经济体纷纷推出新一轮经济刺激方案或举措。值得注意的是，各国的经济刺激方案并不仅仅着眼于传统产业的救助或同质的重复，而是试图借此机会进一步推动产业升级；或者说，各国的经济刺激方案并不仅仅着眼于目前的脱困和走出危机，而是试图在救助之中为各自经济的可持续发展和持久繁荣奠定基础。

早在美国总统奥巴马近 8000 亿美元的经济刺激方案中，相当部分资金即投向了"绿色产业"。美国财政部近日告诉通用汽车公司，在 2009 年 6 月 1 日前为可能提出的破产做好各种必要准备。从一个侧面说，美国政府在投入 134 亿美元的援助款之后，意识到为救援而救援可能没有出路；对于陷入困境的传统产业，要么升级、转轨，要么壮士断臂，如此也许才能获得新生。

2009 年 3 月，英国首相布朗推出一项低碳排放工业战略，声称这将有助于在未来 8 年里创造 40 万个就业机会。他表示，政府将在未来几年内使英国环保产品和服务业的相关产出增加 50%，达到 15 亿英镑。4 月 8 日，布朗又表示即将公布一项"绿色振兴计划"。与此相呼应，英国政府 4 月 13 日宣布，将可能为每辆车提供 2000 英镑的补助，以鼓励驾车人士购买电动汽车。按照布朗的说法，深层的意义在于——"如果我们准备好为未来投资，那么一种新的经济模式将随着经济复苏而产生"。①

从国际机制角度看，不仅主要国际金融机构在可持续发展领域的作用得以凸显，各国还设想联合国和其他国际机构建立有效机制，监控当前危机对最贫穷和最脆弱国家的影响，包括设想国际劳工组织和其他相关机构共同工作，对涉及促进就业的各项行动进行评估。伦敦就业会议和罗马社会峰会发布的公报和它们所提出的基本原则也得到了各国领导人的认同。哥本哈根联合国气候变化会议及其可能达成的有关协议也蕴含深意。联合国"全球契约"近日甚至在中国部分城市和企业取得进展。

迄今为止，对于类似国际机制安排，对于相关国际文件中的"社会责任"、"可持续发展"一类看似原则性的表述及其背后可能暗含的实质内容，我们的认识和研究相当不够。如果放在更大的视野中，一个涉及政府、国际组织、国际公民社会等各方在内的全球治理结构正在隐然形成。这样的全球治理结构对于国际事务的处理，甚至对于传统上属于主权国家内部事务的处理，都将以我们不曾料想的速度、产生我们可能不曾料想的重大影响。

四 权力转移的新趋势及其长期性

在协调应对国际金融危机的过程中，新兴市场和发展中国家，包括穷国在内，必须有更大的话语权和代表权，这样的观点得到了进一步的确认。各国承诺坚决执行 2008 年 4 月达成的国际货币基金组织配额和话语权改革的方案，并要求国际货币基金组织在 2011 年 1 月之前完成下一次配额审查；承诺大力实施 2008 年 10 月通过的世界银行改革方案，争取在2010 年春季会议上，就发言权和会议代表改革的问题有进一步的推进；同意国际金融机构的首脑和高级领导层必须履行公开、透明的选举过程；就提高国际金融机构的反应速度和适应能力进行深入改革；等等。一项直接结果是，世界银行和国际货币基金组织只由欧美国家执掌的惯例在理论上将被打破，新成立的金融稳定机构也可望具有更广泛的代表性。

但是，权力转移将是一个漫长过程。例如，舆论注意到国际货币基金组织在伦敦峰会获得增资，大量分摊注资义务的国家肯定会提出在该组织扩大发言权的诉求，并要求加快改革进程。事实上，中国在伦敦峰会前就发出了一系列改革的声音。按目前国际货币基金组织的表决规则，对重大

---

① 《英拟推出"绿色振兴计划"应对衰退》，新华网，2009 年 4 月 8 日。

事项的表决必须得到85%以上的赞成票才能通过。作为该组织最大的份额拥有者，美国拥有16.77%的投票权。这意味着美国事实上享有一票否决权。美国、日本、德国、英国、法国五国共计达到了近40%。中国仅为3.66%。伦敦峰会决定的注资是否和投票权挂钩、如何挂钩，目前还没有细节性东西。包括中国在内，即使一些国家的投票权因此有所提高，现存的权力分配格局在可见的未来也很难出现根本性改变。针对份额和投票权的改革将是一个漫长的过程，更不可能因此而迅速从根本上撼动现存国际金融秩序。

如果这样的判断成立，那么国际货币基金组织的功能越强大、地位越提高，实际上，美国以及西方大国对于世界经济，特别是国际金融领域的控制力也就越强化，只不过这样的控制和"领导"是在应对国际金融危机的新形势、大背景下得以增强的，而且打着全球治理旗号。新兴市场国家的发言权并没有得到多大改善。

除发言权问题外，创立超主权储备货币的呼声在伦敦峰会前后也一度成为舆论跟踪热点。美元一定意义上堪称"世界货币"，但美国的货币政策却过多地考虑自身利益，而不顾及美元币值变动或美国国债收益率变动可能对其他国家，特别是美元资产的债权较多的国家，产生的严重负面影响。美国政府采取定量宽松的货币政策，大量增发美元，在市场上一度引发恐慌。在这样的背景下，中国和新兴市场经济体呼吁改革美元垄断的国际货币体系，甚至提出超主权国际储备货币设想，这当然具有其合理性，也起到了让世界各国更加重视这一问题的作用，提出了国际货币体系必须改革这样的方向。

不过，美元的地位短期内依然无法被取代，这是我们必须正视的现实。从理论上说，美联储大规模扩张基础货币当然会转化为美元贬值压力，进而可能危及美元地位。但是，货币供应量只是货币币值的决定因素之一。在当前形势下，美元仍然为世界唯一超级大国的政治、军事霸权所支撑，在全球危机之中仍然比其他货币具有更强势的地位，得到更多的追捧。从长期角度看，如果美国和世界经济进一步复苏，则包括美国以外国家的经济增长、全球贸易的增长、对储备资产的选择等，都会不断产生庞大的美元需求，并对美元形成支撑。从国际政治角力的角度看，西方大国对超主权储备货币基本上持抵制态度，这和新兴市场国家对中国一定程度的呼应形成了对比。

由于形势尚在急剧演变之中，因而去做关于美元地位的判断，无论结论如何，都多少有些"不明智"。不过，考虑到中国庞大外汇资产的结构，即使我们判定美元的最终崩溃不可避免，现实的和明智的博弈策略也仍然是在"维稳"之后再择机化解风险，而不是急于"推倒重来"。试设想，就算我们真能迅速建立一种超主权国际储备货币，不管是以特别提款权还是以别的什么方式，对于中国式的庞大外储来说，它意味着什么？这是我们不得不面对的尴尬局面。套用最近一本畅销书的书名来说，中国人可以"不高兴"，但中国人不可以"不理智"。

事实上，中国有着很多更具现实性的选择。中国与东盟建立的自由贸易区可望从 2010 年启动，其规模将超过欧共体和北美洲，成为全球第一。这样的机制安排当然有助于推动中国与东盟各国的货币互换，也会有助于亚洲各国有效规避金融风险。类似格局如果进一步向亚太地区或者更广的区域扩展，则中国的回旋余地和整个国际经济环境可望大大改观。近一时期以来，推动周边贸易使用人民币结算试点，推进人民币和有关国家货币互换等进展顺利，证明上述路线图是可行的。

结论是，从基础性工作做起，渐次推进区域货币合作，稳步扩大人民币地区影响力，不断推动人民币的国际化进程，逐步形成国际货币体系多元化的格局，直至水到渠成，最终从根本上改造旧有的国际货币体系，既可以为我们化解外储风险赢得更大的回旋余地，也从根本上有利于实现国际金融体系改革的"软着陆"。

第二部分

经济刺激与泡沫经济

国际金融危机与泡沫经济学

题记

本文主要内容原载中国国际问题研究所《国际问题研究》2011年第4期，原题为《从国际金融危机看泡沫经济》。

1992年，日本经济新闻社出版野口悠纪雄的《泡沫经济学》一书。该书阐述了有关泡沫经济的一系列问题，例如泡沫的原因、膨胀、崩溃；泡沫经济的影响；泡沫后的经济萧条；资产价格、实体经济、宏观经济政策与泡沫；如何防止泡沫的再次发生；等等。该书还回顾了荷兰郁金香事件、劳氏体系及其崩溃、南海泡沫事件以及20世纪20年代的美国等历史上著名的泡沫事件或泡沫经济时期，对日本自己的泡沫经济历史也进行了深入思考。[①]

野口悠纪雄先后在日本东京大学、美国耶鲁大学就读，获经济学博士学位；工作经历则涉及日本大藏省以及东京大学、斯坦福大学、早稻田大学。该书由生活·读书·新知三联书店于2005年3月出版了中文版。2010年1月，东方出版社又出版了他的《日本的反省》一书，对本轮百年一遇的经济危机进行了分析。但可惜的是，野口悠纪雄的作品似乎并没有引起学界和决策者的多大注意。

笔者在本轮金融危机持续演进的进程中撰写了这篇长文，试图立足国际经济、金融领域的最新实践，从国际金融危机与泡沫经济相互关联角度，对泡沫经济的一系列问题做一尽量完整的阐述。《国际问题研究》在刊发本文时曾经整理一段"提要"，照录如下：

"泡沫经济的发展早已经超出了国别经济范畴，全球泡沫经济使得泡沫经济学进入更广阔的领域，需要更宏大的全球意识和国际眼光。在泡沫

---

① 南海泡沫事件与密西西比泡沫事件、郁金香狂热并称欧洲早期的三大经济泡沫，经济泡沫一语即源于南海泡沫事件。

经济的不断演进中，'主权债务'和'国家破产'成为21世纪最为抢眼的经济学热词。我们需要把握一个平衡：经济活力需要市场开放，政策目标需要市场控制。这种平衡对于市场的动态把握能力提出了更高的要求。市场与政府都是不可或缺、极其重要的，但可能都是存在缺陷和局限的。仅仅从公共债务规模无法判断美国或美元是否已经确实形成了巨大的泡沫，或者这个泡沫是否即将破裂。美国作为国际货币的发行国，再加上美元自身的发行方式，使得它与普通国家存在着根本区别。国际金融危机从美国引爆，但欧洲和转型经济体等国家却出现远为剧烈的经济和社会动荡，一个重要原因就在这里。"[1]

1992年野口悠纪雄写作的目的是反省20世纪最后若干年的泡沫时代。但是作者大概没有想到，这若干年的泡沫经济破裂之后，竟是日本至今仍然看不到隧道尽头光亮的"失落的二十年"。当然，美国的泡沫经济及其破裂跟着来了。这就叫"秦人不暇自哀，而后人哀之；后人哀之而不鉴之，亦使后人而复哀后人也"。

泡沫经济既是一个综合性概念，也是时间和地域上的相对概念，其局部性与系统性掺杂其间。从商品泡沫经济、行业泡沫经济，到系统泡沫经济、国家泡沫经济，直至全球性泡沫经济，泡沫经济展现出多样式、多成因、多效应的复杂生态。

一　泡沫经济全球化和"国家破产"

全球化的加速发展使泡沫经济崩溃所形成的冲击力更具世界意义。2007年肇始于美国的"次贷"危机迅速发酵，一年之内即已演化为一场自大萧条以来最为严重的国际金融危机。但是，超级泡沫的积聚和破裂往往在宏大的历史场景中与多层级、一系列的次级泡沫产生或隐或显的逻辑关联。这些或大或小的危机可以归纳出若干值得深刻反思的模式，帮助我们理解泡沫经济。

（一）泡沫经济可能源自特定经济活动

美国出现过并购泡沫。兼并、收购本是经济活动的常态。通过大规模并购，美国培植出汽车、钢铁、电子、石油、计算机、网络、电子信息等优势产业，大大提高了美国企业的竞争力。通过19世纪末和20世纪初的

---

[1] 《从国际金融危机看泡沫经济》，《国际问题研究》2011年第4期。

大规模并购，杜邦公司、通用电气、柯达胶卷、美国烟草公司、美国钢铁公司等国际巨头走上历史舞台。通过 20 世纪 20 年代的并购，时至今日仍然是世界顶级公司的 IBM、通用汽车等加速发展。20 世纪 60 年代末和 70年代的并购即所谓联合并购，产生了诸多跨行业的联合大企业，目的是谋求生产经营多样化，降低经营风险。

并购增强盈利预期，推动股票价格上涨。但是，被并购掩盖的问题最终浮出水面。从 20 世纪 70 年代末开始，不少超大型联合企业走上了分拆之路。并购浪潮的结束也伴随着股市暴跌。20 世纪 80 年代，一些所谓的"企业狙击手"出现，其并购目的就是再度将并购企业全部或分拆卖掉，方式则包括所谓的杠杆收购，动机常常是追求短期暴利，这就更可能蕴含泡沫破裂的风险。短期的股价上涨制造了巨大收益，但由于大量资金游离在生产领域之外，从事着高风险的"击鼓传花游戏"，并购的最终结果往往是财务困难和再度破产重组，经济和社会损失惨重。

（二）泡沫经济也可能源自特定国家发展模式和国际资本流动

20 世纪 60 年代后，广大发展中国家大都通过举借外债发展经济。1973 年的石油危机导致产油国出现大量盈余，这些盈余通过商业银行流入信贷市场。70 年代后半期，信贷宽松至实际利率为负数，发展中国家进一步掀起了借款热潮，其中拉丁美洲地区所占比重最大。这些国家财政赤字攀升，债务资金也没有用在有效的生产领域。

随着发达工业国家经济增长放慢、消费缩减、大幅度提高利率，借款国贸易条件迅速恶化，出口受阻，还债能力急剧降低。1982 年 8 月，墨西哥宣布失去偿债能力，打破了"国家不会破产"的神话。继墨西哥之后，巴西、委内瑞拉、阿根廷、秘鲁和智利等国也相继宣布终止或推迟偿还外债。在 1982—1983 年这场震撼世界的拉美债务危机中，近 40 个发展中国家要求重新安排债务。国际货币基金组织迅速提供援助，各债权银行额外提供融资。根据国际货币基金组织贷款条件，拉美国家则实施紧缩政策，导致投资萎缩，失业攀升，通货膨胀率居高不下，进入所谓的"失去的十年"。

1984 年后，国际资本进一步形成了由发展中国家向发达国家净流出的现象。1994 年 12 月至 1995 年 3 月，墨西哥再度发生汇率和股票价格暴跌的金融危机。阿根廷、巴西、智利等其他经济结构和经济问题与墨西哥相似的拉美国家，其股票也被外国投资者抛售，导致拉美股市暴跌，同时波及欧洲及全球股市。迄今为止，拉美大部分国家因国际债务危机而丧失了发展基础，它们曾经有过的"债务繁荣"再也未能出现。

（三）泡沫经济还可能产生于僵硬和扭曲的货币和汇率政策

1990 年，英国决定加入西欧国家创立的欧洲汇率体系（ERM），维持 1 英镑兑 2.95 马克的汇率水平。1992 年《马斯特里赫特条约》签署后，索罗斯等投资者认为一些欧洲货币如英镑、意大利里拉等显然被高估了。由于经济长期不景气，英国试图降低利率，以刺激出口，提振本国经济。由于欧洲汇率体系关于汇率浮动的限制，英国请求德国央行同时降低马克的利率，以免削弱英镑，迫使英国退出该体系。但是统一不久的德国正面临严重的通货膨胀，为维护国内经济稳定，德国央行拒绝了英国降息的请求。市场是无情的：英镑对马克的汇率不断下跌，迫使英国政府干预市场，下令英格兰银行大量购入英镑。1992 年 9 月 15 日，所谓的"黑色星期三"，索罗斯等投机者大规模攻击英镑、意大利里拉等"疲软货币"，迫使这些国家中央银行支持各自货币。在这场"狙击战"中，仅索罗斯一人就动用了约 100 亿美元狙击英镑。索罗斯抛售巨额英镑，购入坚挺的马克，同时反向操作英国和德国的股票。形势逐渐变得失去控制。英国在德国再次拒绝降低利率的情况下，被迫在一天之中两次提高利率至 15%，但英镑最终未能站在对马克汇率 2.778 的低限上，被迫与里拉一起双双退出欧洲汇率机制。

（四）泡沫经济常常发端于某些特定产业

由于房地产业大多是一国经济增长的重要支柱，与国民生活和财富积累息息相关，再加上它所涉及的上游和下游产业众多，与其他产业之间的关联程度较高，包括作为一国经济核心的金融和保险行业，因而往往成为这样的"高危产业"。

经验表明，房地产泡沫是极常见的经济泡沫。战后日本迅速"起飞"，20 世纪 80 年代成为仅次于美国的世界第二大经济强国，但最终却兵败房地产泡沫。当时，战后的出口经济为日本积累了财富，大量资金"苦无出路"，最后或主动或被动地聚焦到不动产行业。再加上日本金融业从 20 世纪 70 年代开始尝试自由化，推动房地产投资者的融资条件进一步宽松，并出现了此后的房地产泡沫中反复看到的商业模式：连续降低利率，滥用杠杆作用，金融机构大面积违规，不动产抵押贷款膨胀，各类企业将大量资金投资房地产业，政府监管形同虚设，土地和税收政策推波助澜，大量农村人口迁移到城市，"地产不灭"的神话广为投资者所接受，商业用地和住宅用地价格飞涨，号称"卖掉东京就能买下美国"，股市、楼市双双飙升，等等。

实事求是地说，日本政府在意识到泡沫风险后也多次进行宏观调控，但收效甚微。1990 年 8 月，日本银行将贴现率从 4.25% 一次性上调到 6.0%，其结果却事与愿违，不但没有达到调控的目的，股市反而由此崩盘。大银行、大证券公司违法经营的丑闻随之曝光。1991 年，日本房地产泡沫破裂，迅速自东京蔓延至日本全境，此后开始漫长的经济衰退。如同拉美国家一样，日本也经历了所谓的"失去的十年"。事实上，亚洲金融危机再度给日本以沉重打击，致使日本经济迄今未能走出阴影。"失去的十年"成为所谓的"失去的二十年"。

（五）本轮国际金融危机具有全球性、综合性、系统性特征

不知是幸运还是不幸，日本房地产泡沫并未成为"绝唱"。本轮国际金融危机的起因同样源自房地产泡沫——以美国次级抵押贷款和相关"金融创新"为核心内容的房地产兴盛。低成本（甚至"零成本"）、易获取的宽松信贷推高房地产价格，房地产升值使信贷表现良好，反过来助推借贷标准进一步宽松，"金融创新"则使杠杆使用更为普遍、杠杆率进一步提高。在这一自我论证、自我循环怪圈中，房地产泡沫持续、加速放大，直至资金链断裂，泡沫破裂。

当然，美国的泡沫经济有其形成的内在必然性和自身发展轨迹。事实上，房地产泡沫的背后是一个在相当长时期内不断积聚的超级泡沫。早在房地产泡沫产生以前，一系列其他各类经济泡沫就已经相继产生。在房地产泡沫破裂以后，美国仍然存在超级泡沫继续膨胀的可能。

历史的考察可以发现：泡沫经济的发展早已超出了国别经济的范畴，全球泡沫经济使泡沫经济学进入了更广阔领域，需要更宏大的全球意识和国际眼光。

特别值得一提的是，在泡沫经济的不断演进中，"主权债务"和"国家破产"成为 21 世纪最为抢眼的经济学热词。在本轮金融危机演化的过程中，阿联酋第二大酋长国迪拜宣布其最大"国有企业"——"迪拜世界"590 亿美元债务延迟偿付，冰岛金融业危机则导致冰岛成为一个被称为"国家破产"的国家。这两个没有实体经济支撑的地方爆发主权债务危机，进而引发市场恐慌情绪的蔓延。迪拜模式是长期倚重外资与房地产

业拉动。冰岛模式则是在"捕鱼的地方"凭空从事金融投机。此后，希腊、爱尔兰、葡萄牙、意大利、西班牙、英国等形势的发展形成了一轮迄今仍在发酵的"欧债危机"。2011 年 1 月 25 日，国际货币基金组织一份报告称，低迷不振的欧洲构成了当前世界经济面临的主要风险。泡沫经济正以人们越来越难以预料的方向和方式延伸。

二 泡沫经济的可知性与不可知性

在实践中，泡沫经济唯一切实的标志是泡沫破裂；在泡沫破裂之前，我们难以确认它必然地会破裂。金融市场总体来说是难以预测的，因为它的前进方向取决于市场行为主体尚未做出的决定。这就要求我们在研究泡沫经济的时候，应特别注意其绝对性与相对性、可知性与不可知性以及泡沫经济标志的模糊性与可感知性的对立统一；在进行形势判断的时候要特别注意把握其两面性、多面性、复杂性、不确定性。

（一）如何理解"经济基本面"与泡沫经济

不断蔓延的国际金融危机，促使人们继续寻找资本主义周期性经济危机的答案。马克思认为，"经济危机本质上是一种制度现象，是资本主义生产相对于劳动者有效需求的过剩。导致危机的最深刻根源是资本主义经济的基本矛盾，即生产的社会性与生产资料资本主义私人占有制之间的矛盾"。① 这就要求我们从资本主义基本经济现实中去求得泡沫经济形成和发展的动因。这样的基本经济现实也是泡沫经济能够为人们认识和把握的基础。由此，对于经济形势的判断集中在"经济基本面"这样的概念上。小到一个经济实体，大到国别经济甚至全球经济，都存在这样的经济基本面，它也是进行经济研究的基础和出发点。

但是，决定经济形势走向的是无数市场行为主体；经济基本面只有一个，市场行为主体对经济基本面的判断和认识却并非必然地趋同。市场行为主体自身的利益需求、价值和信仰、先入为主的见解、教育程度、处境和环境、综合素质等均有区别，他们在这些因素影响下对于信息的选择、分析、反应也不尽相同，这就决定了市场行为主体的决策和反应的多样性和易变性。他们对所处经济环境的"正确"认识和"错误"认识，对市场未来的各种不同预期，以及由此产生的理性行为和非理性行为，都将影响经济走势。

---

① 《马克思经济危机理论的基本观点》，《人民日报》2009 年 6 月 19 日。

泡沫经济的全球化使上述问题变得更为复杂。全球层面市场参与者和市场信息的海量增加，市场参与者互动和市场信息传递的加速甚至全球化、即时性，使市场特别是国际金融市场更加具有易变性。

另外，市场并不仅仅被动反映经济基本面，同时也对经济基本面产生能动作用，甚至可能改变初始条件下的经济基本面，并由此成为经济基本面本身重要的组成部分。

根据市场价格的变动方向，市场改变初始条件下的经济基本面可区分为正向和负向两类。例如，目前全球粮食价格飙升，可能导致粮食供给增加，从而平抑粮食价格，这是市场价格正向改变初始条件下的经济基本面的基本模型。但是，粮食价格飙升也可能导致粮食供应商惜售，或者区外市场参与者因为粮食价格继续上涨的预期购入粮食，从而使粮食价格进一步飙升，引发粮食危机，这是市场价格负向改变初始条件下的经济基本面的基本模型。

无论正向还是负向改变，价格都可能出现拐点，并对经济基本面形成新的改变，或者叫改变的反转。如果在某一拐点出现急剧的、大规模的改变，我们事后会说，在拐点之前形成了经济泡沫。在引入做空机制后，从数学绝对值概念上说，无论正向还是负向改变，都可能形成经济泡沫。

超出经济领域以外的其他因素的影响，甚至包括偶然事件，在特定环境下常常成为大势出现方向性改变甚至反转的触发点，例如苏联解体、"9·11"事件等。1987年10月19日，道指暴跌508.32点，跌幅达22.62%，超过1929年10月29日纽约股市暴跌的纪录，损失大约5000亿美元的市值，相当于当年美国国内生产总值的1/8。但是至今没有人解释清楚这是个什么样的泡沫，这个泡沫怎么突然破裂了，罗列出的成因包括程式交易、股价过高、流动资金不足、"羊群效应"、英国风灾，等等。最搞笑的是有人把九星连环都扯了进来。

（二）现代信息技术如何改变传统市场模式

以互联网为核心的现代信息通信技术的迅猛发展，改变甚至颠覆了传统市场模式，它既可能使所谓的有效市场理论更有效，理性市场行为更理性；又不断侵蚀地缘的和文化的障碍，加快沟通的速度，提供爆炸性增长的信息，改变着传统市场的功能，影响着包括政府等市场监管者在内的所有市场参与者的决策和行为，全球市场的不确定性因而进一步增加。现代通信技术和现代通信模式的突破性进展具有至少两方面的特征：

一方面，它使市场信息的交流更加快速、便捷，具有全球性、即时性、互动性特征，有效促进了市场信息的开放。特别是所谓"社会化媒体"的兴起，使得媒体与受众的界限出现模糊。市场信息的接收者同时也是市场信息的传播者，在形成观点过程中受他人影响，同时也影响他人观点的形成。人们对于信息的接受和观点的形成开始日益处于一个范围不断扩大、程度不断加深的互动过程之中。

另一方面，它使市场信息控制手段更加复杂、精致，在特定情形中，市场信息的单向流动和传播以及组织化、群体化特征进一步强化。公众对大众传播媒介日益依赖。例如，他们对于市场信息的接受和观点的形成主要来自大众传播媒介，特别是若干"意见领袖"主导的传播平台。组织化的操控可能在极短时间内形成信息风暴，甚至进而引发现实的金融风暴、经济风暴乃至社会政治风暴。对于市场信息流的全球控制和博弈比以往任何时代都更趋激烈。

公众获取的市场信息常常是被操控的。例如，获取市场信息必须拥有相应的资源和渠道，控制这些资源和渠道就能够控制和操纵信息。在美国，市场信息来源传统上集中在几大主流电视网、通讯社和报刊。控制主流传媒就能够操纵美国人获取的信息并影响其对经济形势的判断。美国人在"次贷"危机，更不用说整个经济危机爆发前对于经济形势的误判等，都无法简单地用公众的"非理性"予以解读；相反，市场信息操控发挥着核心作用。这种核心作用为大多数具有不同内在和外在特征的市场行为主体群分别形成相当程度的一致判断并做出若干群体性反应提供了解释。

（三）如何研判泡沫经济的形成和发展

当然，在如何研判泡沫经济的形成和发展方面也并非完全无规律可循。按照索罗斯的说法，经济泡沫一般经历：（1）发端期；（2）加速期；（3）被证实的检验中断又进一步强化；（4）黄昏期；（5）逆转点或巅峰；（6）加速下跌；（7）形成金融危机。①

问题在于，人们并不知道拐点或者改变的反转在哪里，直到它出现为止。甚至前述所谓泡沫经济发展的各个阶段，也可能因为政府干预或其他具有相反作用和其他方向作用的因素的出现而被打断。例如，在"次贷"危机爆发之前，交易链仍然在继续，你无法在此前的哪一个点上界定泡沫

---

① 乔治·索罗斯：《超越金融：索罗斯的哲学》，中信出版社2010年版，第23页。

已经产生，或在随后的哪一个点上界定泡沫将要破裂，直到危机爆发，美国房地产泡沫得以证实。同样的例子是，有关中国房地产泡沫的讨论已经持续了大约十年。所以，索罗斯也承认，要准确预测每个阶段的长度和力量是不可能的，尽管这并没有妨碍他成为世界上最成功的对冲基金经理。

趋势判断的难度实际上也对进行成功的趋势判断提出了更精致、更复杂的要求。设计模型越包容，占有信息越充分，囊括变量越完备，计算和处理能力越强大，趋势判断越动态，相应结果就越能与形势的演进相一致。这种理论假定更适用于趋势判断者不是市场行为主体的情形。例如，假定趋势判断者，包括他所从事的研究以及他的研究结论都与研究对象绝缘。

事实上，趋势判断者大都同时也是市场行为主体；此时，则影响、操纵、控制能力越强大，趋势判断的结果就越能与形势的演进相一致。例如，政府或者具有相当程度市场垄断能力的特大经济组织、基金会，等等，与普通投资者对于金融市场的影响、操纵、控制能力是不一样的。即使在假定存在的完全开放的市场环境里，特殊市场行为主体实际上都试图去主导、控制，或至少具有这样的冲动。

在极端情况下，政府等特殊市场行为主体的目的更多的就是控制，例如，军事当局对控制能力范围内的特定区域实施战时经济管制，则经济形势的演变大概就"一切尽在掌握之中"了。在这种环境下，形势"失控"或者"非理性泡沫"固然不至于出现，但是人类经济活动中最宝贵的活力与创新精神恐怕也就离你远去了。

（四）小结：经济活力需要市场开放，政策目标需要市场"引导"

总的来说，我们面对着一个悖论，因而需要把握一个平衡：经济活力需要市场开放，政策目标需要市场控制，或叫市场"引导"。这种平衡对于市场的动态把握能力提出了更高的要求。

如果要问国际金融危机给予市场行为主体最大的教训是什么，恐怕就是对于自己的形势判断尽可能多地再给一次怀疑、再进行一次检验。不断假设、不断怀疑、不断检验，在经济环境的不断演变中动态把握，可能是所有市场行为主体获取目标收益的最佳方法。这包括最重要，也是最具影响力的市场行为主体——政府，只不过政府的目标收益被设定为公共政策目标。

三　马斯金教授错在哪里：政府与泡沫经济

膨胀—破裂的循环是泡沫经济演进的基本模型。政府或其他外部力量的干预在这个意义上被引入，他们被寄望能打破这一循环，推动经济趋于均衡。

（一）政府与市场的关系是一个持续不断的互动过程

人们寄望于政府干预的基本假定是：无论市场信息如何充分，也无论市场参与者如何"理性"，市场都有形成泡沫的内在动力和倾向。市场参与者认识到泡沫的形成，既可能促使他因为避险而远离泡沫，也可能促使他因为逐利而进入泡沫并助推泡沫的进一步形成。所以市场难以做到自行趋于均衡；即使最终趋于均衡，也是以制造经济危机的爆炸性方式实现的。由此，市场监管被引入。市场监管者被认为需要进行逆向操作，以避免泡沫的进一步扩大，直至形成危机。当仁不让地，政府应当承担这样的监管责任。

但是，从这个基本假定出发，政府干预的困境也恰恰在这里：如果其他市场参与者不能准确判断市场何时形成了泡沫，或者何时泡沫将会破裂，政府是否就一定具有足够信息和判断能力做出正确决策？市场化程度越高，市场监管者就越难以具有绝对的充分信息，他们在与市场参与者的不断互动中做出决策，而市场参与者的初始决策以及对于其他市场参与者决策的反应，包括对于市场监管者决策的再反应，很大程度上是不可预测的，至少不可准确预测。市场参与者做出决策的背景也是复杂的和不确定的。理性预期理论常常在市场参与者的"非理性"行为面前目瞪口呆。

这就说明，政府与市场的关系只能是一个持续不断的互动过程。市场监管者获取市场信息存在一个决策—等待—反馈—评估的过程。在危机情势之中，就算市场能够提供充分信息，市场监管者甚至也无法等待这一过程的完成，即在信息不充分的情况下就被迫迅速地做出决策。监管者在一定意义上也只是市场参与者之一，甚至在特定情形下被其他市场参与者强行逼迫为"被动反应者"，只不过"权重"过于特殊。

（二）美国经济活动中的操纵、控制推动积聚经济泡沫

市场监管者的决策既可能引导市场趋于均衡，也可能进一步扭曲市场。如果市场监管者远非"独立的第三方"，则情形将更为复杂。例如，政府可能有目的地制造泡沫，或者别无选择，形成泡沫是其不得不接受的代价。这样的假定在美国"次贷"危机及其引发的国际金融危机，也包

括美国政府至今持续推进的经济刺激计划中得到了验证。

2007年诺贝尔经济学奖得主之一的埃里克·马斯金教授曾表示："美国'次贷'危机爆发的主要责任在政府的监管失误。"[①] 其实，这样的判断至少只是看到了美国泡沫经济形成与发展的表象，甚至可以说是本末倒置。

传统的观念认为，市场的局限性推动泡沫的形成，政府干预阻止泡沫的形成。事实上，这是一个典型的"似是而非式"的理论假说。"市场机制可能有缺陷，但政治程序更是如此"。[②] 市场和政府有着各自不同的优势和局限，市场和政府均可推动形成泡沫经济，也都可能是泡沫经济的出口和解决手段。美国政府及其支持的"两房"在"次贷"泡沫形成中发挥了重要作用。这远不是监管者缺乏监管的问题，而是有意识地制造泡沫。

所谓的"有意识"，最根本的是指美国在"新经济"泡沫破裂后亟须找到新的经济增长点，继续刺激美国经济的增长，避免陷入衰退。其结果是如下不容否定的事实：美国的政府干预阻断市场机制，助推形成新的更大的泡沫。"房利美"和"房地美"本来就是由美国政府出资创建的，其主要业务是购买抵押贷款并证券化，然后在市场出售，从而获取资金并提供给购房者作为新的贷款。美国政府对银行业的补贴，长期过于宽松的货币政策，都使美国房地产泡沫愈演愈烈。随着"两房"担保的住房抵押贷款违约增加，相应的金融机构遭受巨额亏损，"次贷"危机终于爆发，并演化为波及全球的金融危机。2008年9月7日，美国政府被迫接管"两房"。2010年6月16日，美国联邦住房金融局发表声明，勒令"两房"退市。美国政府救助"两房"耗资千亿美元，但两家公司至今仍处于困境之中。2010年11月，标准普尔报告预测，如果要完全救活"两房"，美国政府可能要投入高达7000亿美元的巨额救助金。奥巴马政府上台后，美国关于是继续用纳税人的钱拯救"两房"还是任其"自生自灭"的辩论已经强烈政治化。

从更极端的层次看，在资本主义政治现实中，连美联储和白宫都可能为国际资本家所操控，则市场更可能被恶意扭曲。去看看李德林那本

---

① 《美国金融监管的游戏规则已改写》，《上海证券报》2008年7月15日。
② 乔治·索罗斯：《超越金融：索罗斯的哲学》，中信出版社2010年版，第60页。

《干掉一切对手》，你会发现，这样的现象常常存在于并不那么极端的历史时期的真实世界之中。①

一般认为，美国是所谓"自由市场资本主义"的典型甚至象征，但是上述案例表明，美国经济活动中的操纵、控制是惊人的。这一点常常为人忽视。是政府干预在一次又一次地拯救泡沫破裂后的金融体系，同时一次又一次地积聚更大的泡沫。毫无疑问，政府是最具影响力的市场行为主体。政府的决策直接影响，甚至决定市场形势的演进。市场规则本身也是由政府这只"看得见的手"制定的。在"看不见的手"后面始终存在"看得见的手"。资本主义几百年的发展也表明，它有着各种存在形态，并不简单等于自由市场资本主义。

（三）国际金融危机的爆发促使人们重新全面审视国家发展模式、经济体制模式和全球治理模式

政府干预在现代资本主义经济中的这种核心作用使它处于辩论的风口浪尖。比如，今天不少学者仍在反思美国政府在 2007 年"次贷"危机爆发时的干预是否及时、是否"给力"。有人说，美国政府在"次贷"危机中的救助措施不可谓不给力：一系列放松流动性的措施，大规模的直接注资，果断接管"两房"和美国国际集团（AIG）等，总算维持住了"大而不能倒"的金融机构，控制住了系统性风险。但是，美国政府对雷曼兄弟公司"坐视不理"，至今仍有争议，使人怀疑美国政府在金融危机中的应对及其利益关联，甚至牵扯出雷曼兄弟公司与高盛公司的"爱恨情仇"。他们辩论说，如果当时美国政府采取更为及时、大胆、进取性的救市措施，美国或许不会出现如此大规模和深程度的衰退。还有一些人的观点则与此相反并更为激进，他们认为，美国政府在本轮金融危机中干预过度，正在制造更大的"超级泡沫"，甚至连带对 20 世纪 30 年代罗斯福的"新政"也提出质疑，并对大萧条前后经济形势的演进提出了另类的解读。但是马上又有人反驳：非均衡才是经济发展的常态，经济的发展，特别是跳跃性发展恰恰需要打破经济的均衡，推动经济出现结构性变革。

相信市场还是相信政府？这在美国成为一个问题。

对应于政府干预与泡沫经济关系在经验世界中的演进，政府干预与自

---

① 李德林：《干掉一切对手》，北方联合出版传媒（集团）股份有限公司 2009 年版，第 144—149、241—247 页。

由市场的理论互动也在延伸。在传统资本主义阶段，或者自由资本主义阶段，亚当·斯密那只"看不见的手"成为广为追捧的教条，被认为实际操纵着一切经济活动。大萧条之后，以凯恩斯为代表的主流经济学又将政府等同于社会正义和明智，将政府干预视为摆脱危机的法宝。三四十年后，美国的里根经济学、英国撒切尔夫人的治国方略重新将市场捧为效率和理性的化身，以至获得了"市场原教旨主义"的"美誉"。在美国等主导国家以及国际货币基金组织等主导国际经济机构的推动下，自由市场资本主义甚至被作为"普世"价值，不仅在转型经济体中广为实验，而且试图在全球推广，并形成了若干具有代表性的教条即所谓的"华盛顿共识"。按照美国学者约瑟夫·斯蒂格利茨的概括，"华盛顿共识"是"主张政府的角色最小化、快速私有化和自由化"。但是，也正是这位美国学者批判说，"如果说当前关于促进世界上穷国的发展还有什么共识的话，那就是共识根本不存在，华盛顿共识没有给出答案，它既不是成功增长的必要条件，也不是充分条件，尽管其政策建议在特定国家的特定时期曾是有意义的"。① 亚洲金融危机的爆发促使人们开始反思这一思潮；特别是本轮全球性经济危机的爆发，更促使人们全面重新审视国家发展模式、经济体制模式和全球治理模式。自由市场资本主义遭遇普遍质疑。

不过，国际金融危机的爆发尽管冲击了所谓的市场原教旨主义和"华盛顿共识"的教条，但没有从根本上动摇自由市场资本主义在美国以及整个西方世界的影响力。奥巴马政府决定对银行进行重组，注入资本，但并不试图让政府获取绝对控制权，更没有对银行实施国有化。市场基本稳定、经济稳步复苏的态势出现后，"退出政策"迅速回到政策辩论和学术辩论的中心。在美国和西方学术界，对于自由市场资本主义的信奉仍然占据主导地位，这与长期以来为美国大学和智库等提供财政支持的基金会以及主流利益集团所持有的主张也存在关联。

无论"左转"还是"右转"，政府的角色，以及政府与市场的关系模式恐怕都难以再度回到某一个原点，或者退回到某个从前的时代。各国在国际金融危机到来时的大规模救助、庞大的经济刺激措施以及随后相继采取的退出政策，勾勒出一个政府、市场以及各市场行为主体互动演进的新

---

① 《斯蒂格利茨：后华盛顿共识的共识》，《世界经济学人》，http://economist. icxo. com，2006 年 8 月 17 日。

型模式。

（四）小结："过程论"将成为认识外部经济环境的核心理念

事实上，市场与政府都是不可或缺、极其重要的，但可能都是存在缺陷和局限的，更遑论"万能"和"绝对正确"。今天，很少有人再度相信单一的充分市场或者单一的全能政府就是"灵丹妙药"。市场与政府将进行日益频繁、强度日益加大的互动，并在这种互动中认识外部经济环境，建立假定，对假定进行证实或证伪，并随着经济形势的演进建立新的假定，重新证实或证伪。"过程论"将成为认识外部经济环境的核心理念。与此同时，包括政府在内的市场行为主体，对于自身行为也不断地进一步自我反省、自我认知、自我评估、自我校正，并构成整个经济形势持续演进的要素。

更广泛意义上的市场行为主体也日益发挥重要影响力，他们"都超出了政府管治的范围，因而具有比'government'的内涵更为宽泛的'governance'的概念，用以包含公民社会（civil society）参与国家政治生活"，当然，更不用说经济和市场活动。① 这种意义已经逐渐为人们所认识，但仍然仅仅是刚刚开始。例如，有影响力的环保组织在某一产品标准制定的过程中发挥着重要的作用；在气候变化领域有影响力的非政府组织常常推动应对气候变化议程的设置，并将直接影响日益成型的气候经济或者在其直接影响下的更广泛意义上的绿色经济。

当今世界正在加速进入多元化时代。这样的时代需要，也的确正在发生系统性、全局性的大变革，它为想象能力、变革能力、创新能力、领导能力的充分发挥提供了更广阔的舞台。

四 "特里芬难题"批判与美国债务危机

讨论政府与泡沫经济的关系并非简单的理论问题，它对于认识和理解美国经济是否正在形成更大的超级泡沫具有重要意义。

（一）美国的经济刺激政策是否正在催生更大的超级泡沫

人们常常更为重视研究"非理性"行为如何制造泡沫，研究政府干预如何避免泡沫。但本轮国际金融危机的事实说明，政府行为同样可以制造泡沫。在本轮危机形成过程中，美国政府持续宽松的财政、货币政策"功不可没"。美国政府支持的"两房"更是本轮金融危机的前导——

---

① 李侃如：《治理中国——从革命到改革》，中国社会科学出版社 2010 年版，序，第 3 页。

"次贷"危机的直接推手。对于这一点,即使不是故意被忽略,也至少是研究远远滞后。这一现象导致另一派学者认为,本轮金融危机的根本原因不是政府干预缺失,而是市场远不够自由,是政府干预过度。当然,这是一个悖论,如果没有政府的干预,金融危机及其引发的大衰退可能在刚刚进入21世纪时就爆发了。

现在的问题是,美国推动复苏的经济刺激政策是否正在催生更大的超级泡沫。

美国金融机构事实上正在通过政府补贴走出困境。量化宽松政策的目标在短期内是避免银行体系的崩溃,在中长期内是刺激增长。美国政府的做法是将新旧银行业务剥离,通过向金融机构注入资金,使新的银行业务重归正常,引导资金进入有价值的投资领域,特别是私人部门。这正是设计量化宽松政策机制的目标所在。但是,美国的传统产业已经过于成熟,有效需求不足,而新的革命性变革,以及具备担当新的经济增长点的"新兴战略产业"是否能够及时出现,还不能得出明确的结论。而如果没有这一肯定的回答,由于量化宽松政策使短期利率几乎为零,大量低利率资金投放市场的结果,可能最终并不是流向有价值的投资领域,而是被迫回流美国政府债券。银行完全可能利用这一机会低成本借贷,然后投资政府债券牟利。美国政府债券因此将处于不可持续的危险境地,新一轮的超级泡沫由此可能出现、积聚。这也是部分经济学家对美国经济中长期发展持悲观态度的原因。其中,最悲观的看法是,美国经济可能在数年后再现20世纪70年代的"滞胀"现象,衰退将持续到2023年。

政府债务原本是非经常性的财政收入,但在如今各国政府的实践中,实际上"经常性"了。政府可支配资金的增加固然是好事,但债务迟早要偿还。"欧债危机"以及此前的历次主权债务危机早已经打破了"国家不会破产"的神话。现在,轮到当今资本主义经济体系的中心——美国接受这样的检验了。

2011年1月6日,美国财政部部长盖特纳致函参议院,更加引发了人们对美国可能出现债务危机的疑虑。盖特纳说,美国的公共债务规模很快会达到国会设定的上限14万亿美元,接近GDP的规模。他并提醒国会要及早行动提高美国公共债务的上限,以避免引起支付困难和市场混乱。①

---

① 新华社,2011年1月7日。

美国国会预算局则预计，美国公共债务占国内生产总值的比例将从 2008 财年的 40% 攀升至 2011 财年的近 70%。[①] 欧元区发生主权债务危机的国家中，希腊和爱尔兰的债务与 GDP 之比高于美国，葡萄牙和西班牙则低于这个数字。

有经济学家说，这还不是美国的真实债务。他们说，目前美国 50 个州中的 47 个州政府和许多市政府都面临不同程度的财政危机，按华尔街某分析师的说法是，"美国百座城市面临破产"。如果把美国市政债券以及政府对国民的社保欠账，还有诸如"两房"债券、美国各大财团的债务等所有显性、隐性债务都统计进来，与此同时，"如果我们将一个国家看作一个公司，那么国家也有一张自己的资产负债表"，果真如此，则美国早已经资不抵债、破产清算了。[②]

（二）"国家破产"迄今没有出现在美国的奥秘在哪里

话虽如此，美国毕竟没有破产，而且真正认为有此风险的主流经济学家也并不多。奥秘究竟在哪里？奥秘就在于国家毕竟不能简单地看作一个公司，尤其是美国。

理论上，由于美元在国际结算、国际储备中的特殊地位，美元的需求是全球性的，因而美元的发行量对应的就是需要以美元来反映和反应的所有这些经济总量。如果美国经济和世界经济持续复苏，这种持有美元或者美元资产的需求也可能随之而走强。

在特定情势下，比如战争、政治社会动荡、经济危机，等等，由于美元为世界唯一的超级大国，尤其是唯一的超级军事霸权所"担保"，因而其避险的功能和优势还可能凸显。反之，当投资者重新表现出风险偏好，大宗商品和证券价格可能上扬，美元可能走低。例如，埃及社会政治动荡使瑞士法郎和黄金价格上涨，美元也多少受益。当然，美元在此次埃及危机中的涨幅并不明显，这里有其他因素，影响了投资者对美元的风险评估，冲销了潜在的避险涨幅，但美元的避险功能对持有美元的意愿具有相当影响力，这是符合事实和逻辑的。

从这个角度而言，美国具有制造危机，包括经济危机、社会政治动荡和军事冲突的内在动力。在实践中，美国也的确从来不惮于卷入各种危机

① 《美国众议长警告债务违约风险》，《中国证券报》2011 年 2 月 1 日。
② 宋鸿兵：《货币战争 2——金权天下》，中华工商联合出版社有限责任公司 2009 年版，第 272 页。

与冲突。一个往往为人忽略的事实是，今天的美国仍然千真万确是处于战争中的国家，美国总统是名副其实的战时总统。美国早已经预备了数个制造冲突的候选地域。对于美国作为资本代言人的冒险性，在任何时候都不能低估。

不管成因分析如何，结果是这样一个事实：世界各国大量拥有美元或者美元资产，拥有对美国的债权，美国则对所有这些国家负债。这是现代杨白劳与黄世仁关系模式的全球版本。但是，如果你认为杨白劳可以让黄世仁破产，至少在目前是不现实的。美国和各"债权国"的关系不是简单的欠债还钱问题，而是，至少在迄今为止的时间段里，有关各国在多大程度上需要美元这种"全球金融服务"的问题。往"合理"的方向说，美国是在收取"世界中央银行"的铸币税，至少是管理费。往"恐怖"的方向说，美国是在滥用国际货币发行的特权，谋一己之私利，说美元绑架了世界也不为过。如果债务真的到了要清算的地步，清算的对象也不仅仅是美国，而是所有使用美元的广义上的"美元经济体"。郎咸平甚至认为"两败俱伤只是痴人呓语"。①

在美国国内，债务至少在一个侧面、一定程度上是个记账问题。美国国会提高美国公共债务上限，实际就是美国国会批准美国财政部多发行债券，美联储则在收讫后发行同样多的美元，这是美元发行的方式。如果我们指令国家的中央银行直接发行货币，而并不记为财政部的债务，其结果是一样的。

从这个角度而言，国际、国内经济总量会不断上升，美元的需求和相应的发行量将不断扩大，美国的公共债务规模也会不断上升，而且"永远"会上升。美国的公共债务规模是一个货币供应规模的问题，不是通常的"借债"和"还债"的问题。还债之后，美联储也可能再次使用所获本息购买新的国债，将美元再次注入市场。当然，特殊情况下也可能"量化宽松"，直接增加货币供应量，相应表现是公共债务规模进一步扩大。

这个"债"其实可能是永远还不清的。

（三）"特里芬难题"的理论错误为什么成为理论"贡献"

50多年前，美国经济学家罗伯特·特里芬在其《黄金与美元危

---

① 郎咸平：《郎咸平说：新帝国主义在中国2》，东方出版社2010年版，第2页。

机——自由兑换的未来》一书中部分解释了上述原理。他的基本论点是，"美元被其他国家作为储备资产积累起来，以作为调节国际收支波动的手段，这要以美国的国际收支逆差为前提，只有美国的国际收支状况不断恶化，储备资产不断减少，才有可能向其他国家提供美元。然而美国国际收支的恶化，储备资产的减少又会动摇美元币值的稳定，最终影响国际货币制度的稳定"。① 这里存在两个互相矛盾的要求，因此是一个悖论。这一内在矛盾被称为"特里芬难题"（Triffin Dilemma）。

罗伯特·特里芬在考虑美国贸易逆差形成的必然性时，将美元作为国际结算与储备货币来看待，因而得出合乎经济现实的结论。

但是，所谓的"特里芬难题"同时出现了一个根本性的理论错误：使用标准的双重性。当他考虑美元币值稳定性的时候，他已经不再把美元作为国际结算与储备货币来看待，而用普通的国家与国家间贸易的模式来论证贸易差额与币值之间的关系，从而不能完整解释——如果还不能说是故意掩盖的话——美元币值变动的趋势及其国际、国内的复杂表现。

按照特里芬的第一种标准，美国贸易逆差的必然性既然是全球对于美元作为国际结算与储备货币的需求导致的，其相当一部分也至少在理论上是作为国际结算与储备之用而游离于美国与各国双边贸易以及美国国内经济之外。例外的情形只有一个极端的想象和假定：世界各国，至少是各主要美元和美元资产的持有者采取集体行动，要求偿付和实物兑现。那无异于推翻美国作为"世界中央银行"地位的"世界革命"或"超级世界大战"，美国维护自身全球统治地位的应对也必然是同样极端的，甚至是超乎想象的。

对于美国政府来说，罗伯特·特里芬的理论错误反而成为一项重要的理论"贡献"，因为他"合理地"论证：美元长期贬值趋势是美元作为国际结算与储备货币的必然结果，美国由此所获取的利益是它作为"世界中央银行"收取铸币税的合理收益。这样的结论掩盖了美国国内经济政策，比如目前推动的量化宽松政策对于美元加速贬值的核心作用，掩盖了美国出于本国利益的考虑对于世界各国财富的有目的的掠夺。

即使在事实上，美元发行规模的扩大也并不必然等于美元的恶性贬

---

① 罗伯特·特里芬：《黄金与美元危机——自由兑换的未来》，商务印书馆 1997 年版，译者前言，第 3 页。

值，前提在于它与其所对应的广义上的"美元经济体"的经济总量是否相当。这是一个极其复杂的平衡，但并不是不可能的平衡。问题在于，美国作为"世界中央银行"获取了相应权利之后，是否存在法制或者哪怕是道义上的约束，使它同时承担如同各国中央银行那样的责任，去试图维持这样的平衡。

（四）小结：负债本身从来都不是问题，有问题的是不创造福利、价值和利润的负债

美国公共债务规模的持续扩大，的确已经存在积聚新一轮超级泡沫的基础，并已经开始出现若干类似病例通常出现的症状；但是，仅仅从公共债务规模，无法判断美国或美元是否已经形成了巨大的泡沫，或者这个泡沫是否即将破裂。

负债本身从来都不是什么问题，有问题的是不创造福利、价值和利润的负债。美国在 19 世纪同样有过巨大的经常账户赤字，但那是美国经济发展最好的时期之一，19 世纪后半期美国还超过英国一跃成为世界最大的经济体，原因就在于这些负债投资到大量创造价值和利润的、有效率的部门，这些价值和利润不仅足以偿付债务，而且可以用于新的经济发展。

在这个问题上，美国作为国际货币的发行国，再加上美元自身的发行方式，使它与普通国家更加存在根本区别。国际金融危机从美国引爆，但欧洲和部分转型经济体等"震中"边缘国家却出现远为剧烈的经济和社会动荡，一个重要原因就在这里。这样的基本分析方法是我们判断下一次危机在哪里，危机将如何演进，以及我们采取何种对策的逻辑出发点。

刺激　刺激　再刺激

——美国"泡沫经济"的回顾与前瞻

题记

本文主要内容原载中共中央党校《中国党政干部论坛》2010 年第 11 期。新华网转载此文时配发了一张"卡通图片":山姆大叔正在"吹(催)生"一个有模有样的"资产泡沫",一旁的洗衣粉袋上标有"过度宽松的货币政策"字样。

很感谢新华网转发本文时的精心,但是,美国"泡沫经济"远不是这张漫画所表达的这么简单的问题。事实上,探讨美国"泡沫经济"是让我最感觉纠结的写作过程之一。我常常陷入一种自我设置的困境,即试图避免让读者产生某种简单的、"一边倒"的认识。

——国际金融危机的巨大破坏性告诉我们,"美国自觉或不自觉地制造和利用了经济泡沫,形成和引爆了泡沫经济,其影响是复杂和深远的"。

——"当美国继续刺激经济时,它其实是通过继续负债制造新的增长,其中既有真实经济的一面,也有进一步形成经济泡沫的一面"。

——从一定意义上说,"在经济发展过程中,经济泡沫是必然存在的,也是应该和允许存在的,甚至可能是产业进步的阶梯"。

——"问题的关键在于经济泡沫必须在可控范围之内;超出可控范围则经济泡沫演变为泡沫经济"。

——"我并不认为,持续的和大规模的美元贬值就符合美国的国家利益"。事实上,"关于美元'长期贬值趋势'的讨论已经长达 50 年……"。

——"与其中国担忧资产安全会出问题、美国反过来害怕中国会抛售美国国债,莫若大家真正认识到今天中美关系的'不可脱钩性',切实做到'同舟共济'。"

时光永是流逝，经济潮起潮落。其实读者才是真正的英雄，而我们的纠结往往是幼稚可笑的。

创造足够的有效需求以及相应的增长空间，是成熟经济体维持增长的核心问题。美国20世纪90年代的"新经济"、金融危机爆发前的"金融创新"和房地产兴盛，应对金融危机的经济刺激计划，都是制造新的经济增长点、维持经济增长的尝试。

华尔街的贪婪、金融监管的缺乏、流动性的泛滥等都是本轮金融危机形成的重要原因，但只是问题的表象，而不是本质。马克思主义关于资本主义生产相对过剩的理论仍然可以对此给予经典的解释。事实上，美国自觉或不自觉地制造和利用了经济泡沫，形成和引爆了泡沫经济，其影响是复杂且深远的。

一　"新经济"的沉浮

"新经济"泡沫，或纳斯达克泡沫，甚至可以直接简称".com泡沫"，是以互联网等现代信息技术产业为主体的所谓"新经济"的超高速发展与回归。

20世纪90年代克林顿政府时期，美国实行宽松的货币政策，致使大量资金进入市场，促成"新经济"的繁荣。谁也不会否认互联网等现代信息技术产业的确是"新经济"，科技也的确能够创造财富，这不是神话，是事实。即使在暂时不能创造利润或低利润时期，纳斯达克机制也有助于不断吸纳社会资金和资源，催生新兴产业。这本身就是风险投资机制的意义所在。从这个意义上说，在经济发展的过程中，经济泡沫是必然存在的，也是应该和允许存在的，甚至可能是产业进步的阶梯。

问题的关键在于经济泡沫必须在可控范围之内；超出可控范围，则经济泡沫将演变为泡沫经济。

纳斯达克市场从1971年创始至1991年的20年中，股指不过从100点爬到300多点。1995年，纳斯达克突破1000点，但我们并不能认定股市当时即出现了泡沫。那些此后投资纳斯达克股市的人，所获得的实际平均年回报率，与纳斯达克市场创始以后的实际平均年回报率相当。1998年下半年，纳斯达克市场的年实际回报率已经明显降低，到11月则跌为负值。但是，纳斯达克指数的惊人表现才刚刚开始。1999年年末纳斯达克综指飙升，逐渐形成"大型泡沫"；至 2000 年 3 月，创下超过 5100 点的历史高位。此后，纳斯达克指数一路走低，到 2002 年 10 月跌至大约 1100 多点，短短约三年之间，跌去了近 80%。无数". com 公司"或倒闭，或市值暴跌，投资者损失惨重，"新经济"泡沫宣告破灭。

事实表明，现代信息技术要转化为持续不断创造价值和利润的产业，必须经历一个"凤凰涅槃"过程。在纳斯达克泡沫演化的过程中，人们认为这些"新经济"公司所拥有的价值，以及它们在证券市场上的交易价格，远远超过了它们实际创造的价值。这既造就了"新经济"的繁荣，也埋下了泡沫不断形成的隐患。到最后阶段，许多此类公司之所以产生，其目的已经不再是创造价值并因此而获取利润，而是直接上市交易以获取超额回报。此时，"新经济"公司究竟是什么甚至都已经不重要了，它或许是一盆君子兰，或许是一吨绿豆，更重要的是交易链在继续：有人以更高的价格收买。之所以有人愿意以更高的价格收买，也不是因为它们能够创造价值和利润，而是其价格继续走高的预期。

在这一"博傻"游戏中，大量资金、资源、技术、劳动力等生产要素流入了根本不创造价值和利润的实体和领域。经济泡沫已经彻底失去控制，成为随时可能崩溃的泡沫经济。泡沫经济的最终崩溃与其说是摧毁价值，不如说是使生产要素无效组合的事实最终显露出来。泡沫破裂之后，那些本来就不应该存在的公司解体，释放出资金、资源、技术、劳动力等生产要素，生产要素开始新一轮的组合。

二　"金融创新"和房地产兴盛

生产要素的再组合需要一个过程，这就是程度不同的衰退。衰退时间的长短取决于何时找到再组合的方式——新的经济增长点。房地产是纳斯达克泡沫破裂后，美国经济选择新的经济增长点的结果。小布什政府则继续通过赤字消费、税收减免以及格林斯潘低至 1% 的利率，刺激经济增长。

在"新经济"泡沫中，美国人还大都以自有资金购买股票，因而当泡沫破裂之后，遭受损失的主要是股票持有者。没有人去找政府寻求救助，政府也没有这样的义务。金融机构也不存在因为贷款给谁买互联网公司股票而破产的问题。

这次情况不同了，"金融创新"出现了，几乎每个人都通过借贷购买房产，许多人甚至没花自己一分钱："零首付"抵押贷款。按当时人们预期，美国房地产以每年 20% 的升值速度再繁荣 10 年不在话下。如果房地产继续兴盛，则购房者继续坐享美国"金融创新"和"经济发展"红利，远胜于在实体经济中辛勤工作。这样，房地产不仅几乎成了免费的盛宴，而且成了会下金蛋的鸡。反过来，如果房地产泡沫破裂，他们什么也不损失。购房者甚至本就一无所有，所以"投资最彻底、最坚决"，大有"失去的只是锁链，获得的将是整个世界"之感觉。至于若干年后债务的清偿，人们就顾不了那么多了。

同样的问题在于，在房地产泡沫演化过程中，人们认定的这些物业的价值以及它们在房地产市场上的交易价格，远远超过了它们的实际价值和所能创造的收益。到最后阶段，购买房产的目的不仅已经不再是居住，而且不再是通过房租获益，因为在美国许多地区，房租收益已经远低于房产的投资。此时，如同纳斯达克泡沫演化的过程一样，房地产业是否关乎房产其实也已经不重要了，它同理或许是一盆君子兰，或许是一吨绿豆，更重要的同样是交易链在继续。之所以交易链能够继续，同样也不是因为房产本身的价值，而是因为房产继续，甚至永远升值的预期。

接下来的问题是，当抵押贷款者无法偿还债务时，那些持有大量抵押贷款借据的银行和金融机构怎么办。危机来临时，这些借据所代表的资产的价格远低于它们贷款时所认定的价值。在当时，这似乎并不是问题，因为有"房利美"和"房地美"。"两房"担保了大约一半以上的住房抵押贷款。站在"两房"背后的则是美国政府。美国政府的担保制造了"两房不倒"和房贷无风险或低风险的幻象和情绪，为房地产泡沫不断扩大持续催化。包括美国政府未予担保的"次贷"，"两房"也是最大的购买者，这不仅支撑了"次贷"市场，而且在无形中也进一步增强了"次贷"合法性和可信度。如果没有"两房"，美国人或许不可能借这么多钱买房。

美国以刺激经济为目的的金融政策也是泡沫形成的重要推手。在这一领域，抵押贷款的证券化进一步推动了这一"借钱买房"的进程。华尔街的"金融创新家"们将这些抵押贷款收购过来，像卖萝卜、白菜一样好坏搭配、切割打包，声称如此即降低了风险，更确切地说其实是降低了抵押贷款操作者的风险，因为他们与贷款最后是否能够偿付已经脱钩了。信用评级机构则将它们评估为优质资产，因为评级机构的利益也在其中。持续多年的低利率政策不仅使美国，而且使全球充斥着大量美元。这些美元可能因为贸易盈余而大量积聚在相关国家的银行和金融机构，正苦无出路，在逐利或避险的驱动以及美国房地产和整体经济将持续繁荣的预期下，帮助这些打包资产实现了"华丽转身"。这其中，当然有很多相信"房价不倒"的美国人和金融机构。不过，欧洲、日本以及部分新兴经济体买主也深陷其中。

总之，这一恶性循环的链条使新一轮经济泡沫愈演愈烈。当然，泡沫终将破裂。其实，早在金融危机爆发前几年，就有对冲基金开始卖空美国"次贷"。雷曼兄弟公司的倒台不过是标志性事件而已。美国最后迎来的是股市和房地产市场的双崩盘，以及由此导致的自大萧条以来的最严重金融危机和经济危机。

三　继续刺激与新泡沫

美国政府长期实行宽松的货币政策和财政刺激政策，对于形成危机难辞其咎。华尔街的疯狂离不开美国政府的"输血"与"煽风点火"。或者说，华尔街和美国政府本身就是一体两面的东西。

金融危机爆发后，小布什和奥巴马相继实施史无前例的大规模刺激计划。为应对经济衰退，自 2007 年 9 月美联储开始降息，将利率由 5.25% 降至 2008 年年底的 0—0.25%，此后利率一直保持在这一历史最低水平。美联储还大量直接购买美国有关债券。尽管美国经济于 2009 年下半年开始复苏，但增长脆弱，失业率居高不下。除了继续刺激之外，美国政府似乎也很难有其他更好的选择。欧元区爆发主权债务危机之后，欧洲国家已经开始推行财政紧缩政策，通过削减公共开支和提高税负等措施降低财政赤字和债务水平。中国以及其他主要经济体也在探讨适当时机实施"退出战略"。唯有美国带头"逆潮流而动"。

在金融危机爆发约两周年之际，美国总统奥巴马公布新一轮 1000 亿美元的经济刺激计划以及 2000 亿美元的减税计划。作为新计划的一部分，2010 年 9 月 6 日，他进一步披露今后 6 年投资 500 亿美元用于公路、铁路、机场等基础设施建设。9 月 21 日，美联储在月度货币决策例会后发表声明说，鉴于美国经济复苏势头在最近几个月放缓，决定继续将联邦基金利率维持在 0—0.25% 这一历史低位。美联储早在 7 月还曾决定，将维持目前资产负债表上的债券持有规模，即把到期的机构抵押贷款支持证券及机构债务本金进行再投资，用于购买中长期国债。美国政府必要时还将采取进一步措施刺激经济复苏，时间可能会在当年年底或次年初。

金融危机爆发后美国陆续出台的救助计划和经济刺激计划，实质是在继续用美国纳税人的钱，甚至是全球美元持有者的钱来解决美国经济面临的问题。打着"变革"旗号上台的奥巴马政府，其刺激经济的方略与小布什相比，其实没有什么太大的"变革"。他所做的仍然是两件事，一曰救助，二曰刺激。而无论是救助还是刺激，方法都是一个：花钱——只不过钱花在谁身上、由谁来花有所区别。当奥巴马口若悬河，抨击小布什政府赤字消费时，他花钱的水平甚至有过之而无不及：2009 年经过超大规模的刺激，美国财政赤字已高达 1.42 万亿美元，占 GDP 的 9.9%，创下战后最高水平；国债余额超过 12 万亿美元，占 GDP 的 84%。2010 年的数据同样不可乐观。在实行量化宽松的货币政策方面，伯南克与格林斯潘相比也毫不逊色。

2010 年 11 月美国中期选举之后，奥巴马政策可能会遭遇一定程度的制衡。但总体看，美国进一步推动经济复苏的基本路径不会改变。经济刺激是必然的，即使形成一定程度的泡沫也是美国必须接受的，或者说是经济发展必须付出的代价。

其实，美国似乎就是一个习惯于"在泡沫中前进"的国家。"新经济"泡沫破裂后，搜狐等知名企业股价曾经跌破 1 元。但正是这一批现代信息技术公司使美国在相关领域继续处于领先地位。没有那个时期的"泡沫"，它们或许根本就不能起步，或者起步以后也不会有足够的资金支撑到盈利的一天。房地产的兴盛使美国经济在"新经济"泡沫破裂后没有出现重大衰退。至少在这一时期，经济继续增长，就业状况良好，美国人得以继续维持庞大得过分的消费。房地产泡沫破裂之后，房子总还在那里，虽然其货币价格已经远远低于泡沫高峰时期；大批购房者十年之后被赶出了住房，但如果没有这个"泡沫"，他们这 10 年其实"原本就住不起房子"。

如果假定资金、资源、技术、劳动力等生产要素在这一轮经济泡沫形成至破裂的时期并没有其他可能创造更高价值和利润的投向（机会成本），那么这些生产要素的浪费问题还可另做评判。不当投资的损失应当是原资产价值与重组时价值的差，而不是泡沫高峰时期的资产价格与重组时认定价格的差，因为它本来就是"泡沫"。如果一个既没有资产，又没有收入，也没有客户的公司在高价出售后破产，则对于最后持有者来说产生了价值损失，但对于整个社会来说，则仅仅是价值的转移。

再者，就美国而言，泡沫破裂所造成的损失还可以进行有效的国际转移。巨额负债维持着经济泡沫，大量廉价消费品涌入美国，为美国人带来了物质的"极大丰富"。由于制造业向海外转移，生产国形成对美国巨额的贸易顺差，积累了大量美元。如果美国经济刺激形成新一轮泡沫，受到直接威胁的至少并不全部是美国人。

当然，泡沫破裂后的确存在出现更重大衰退的风险；但是，如果没有这样的泡沫，经济不早就衰退了吗？如此我们就能理解，为什么一定意义上说，美国是在有目的地制造和利用经济泡沫，同时最后导致和引爆泡沫经济。美国新一轮经济刺激既是别无选择，也是主动选择。如果说小布什是在"饮鸩止渴"的话，奥巴马也是，而且不得不"饮鸩止渴"。

四　前景：破裂还是软着陆

目前，由于美国的全球"霸主"地位，尤其是有美元作为国际货币的支撑，美国尚有能力在其他各国逐步退出刺激政策之时，继续推出新一轮刺激计划。但是，美国没有多少贸易盈余，美国人也没有多少储蓄，美国政府的负债水平高于欧盟和欧元区的平均负债水平。当美国继续刺激经济时，其实是通过继续负债制造新的增长，其中既有真实经济的一面，也有进一步形成经济泡沫的一面。

从理论上说，只要花足够多的钱，经济是肯定能恢复增长的。至于这样的增长在多大程度上是足够高效的，是可能产生利润的，是能够促进就业的，还有最重要的，是能够创造价值和社会福利的，这就是另外的话题。

严格地说，增长更多地代表生产能力和经济规模，而不反映效率、利润、就业、价值及福利。我们可以提出"西西弗斯经济"这一概念：只要你花足够多的钱，西西弗斯就可以把石头推到山顶上；当石头滚落山脚下时，他又继续把石头推到山顶上。如此往复，经济持续增长，"西西弗斯"们获得就业并消费。尽管这样的增长无关效率、利润、价值及福利，当然更存在能否可持续发展之虞，但经济毕竟增长了。

当然，世界上没有绝对的"西西弗斯经济"，正如也没有完全的"真实经济"一样。在负债增长过程中，即使是经济非真实的一面，也可能有助于吸引全球资金在逐利和避险的双重驱动下向美国回流，从而进一步推动美国经济的增长，甚至催生、推动更有效率，更能创造利润、就业、价值以及福利的产业的发展，其增长真实的一面可能超过泡沫的一面。

　　至于负债，它本身从来都不是什么问题；有问题的是不创造福利、价值和利润的负债。美国在 19 世纪同样有过巨大的经常账户赤字，但那是美国经济发展最好的时期之一，1872 年左右，美国还超过英国一跃而成为世界上最大的经济体，原因就在于这些负债投资到了大量创造价值和利润、有效率的部门，这些价值和利润不仅足以偿付债务，而且可以用于新的经济发展。

　　那么，今天美国的经济刺激计划在刺激什么呢？这就是美国寻找到的新的经济增长点，包括基础设施建设，想象中的低碳经济，包括新能源经济，以及美国的再工业化与出口倍增计划，等等。其中，基础设施建设最现实、最直接，可望尽快推动增长、促进就业，并为美国经济的未来发展打下良好基础；想象中的低碳经济，包括新能源经济，可望引领美国经济出现革命性的变革，最具增长前景和潜力，但也最可能成长为新的经济泡沫；再工业化与出口倍增计划则困难较大，除非新一轮技术变革出现革命性的突破——否则，我们很难想象，在一个平均每户拥有 2—3 辆汽车的国家，消费还能刺激到什么程度；在一个各国都面临有效需求不足的世界上，除了军火，再工业化的美国又能够把产品出口到哪里？

　　从这个角度看，美国经济的未来可能与一些经济学家的预测恰恰相反：短期内它将继续恢复增长，中长期内则前景不甚明朗。

　　核心问题在于，美国经济增长真实的一面能够到什么程度。换句话说，美国寻找到的新的经济增长点，能够在多大程度、以多高的效率创造价值和利润，是"真实经济"，而不是"西西弗斯经济"。这是美国经济景气多快出现，能走多远，以及就算是出现了程度不一的泡沫，泡沫破裂后能够留下什么的关键。

　　负债迟早要偿还，要么通过负债创造的价值和利润偿还，要么通过新的举债偿还。对美国来说，这两种可能性都是存在的。但最根本的还是要靠前者，因为你不可能永远用借条偿还借条。从资金、资源、技术、劳动力等生产要素角度以及当前美国经济刺激的投入方向来看，美国的确有创造出新一轮"真实经济"的可能。美国经济"真实"的程度越高，美国的债务压力就越能日益缓解。前者的程度越低，美国经济越不能依靠自身创造的价值和利润偿还债务，则新的举债压力就越大，举债成本越高。

　　在后一种可能性的演变过程中，尽管社会总体利润、价值、福利并没有增加，但由于大量借贷资金的流入，GDP 仍可持续增长，资产价格和股市可能迅速回升。美国的"西西弗斯"们可能发现自己生活依然窘迫，却似乎重新"变得"或被认为重新"富有"起来。这种生活紧张与富裕幻觉交替演进，直至清算的一天到来，资金链断裂，无法借到新债并偿付旧债，"西西弗斯经济"无法维持增长，资产价格短时期内再度复位，一切再度打回原形。清算的对象既包括美国人，也包括国际债权人，因为美国已经通过负债将刺激经济的代价和成本相当程度上进行了国际转移。

这种最坏的想定几乎就是一个国家级或者说世界级的"庞氏骗局"，也是泡沫经济的典型演变过程。这样的可能性在美国同样存在。

五　美元的命运

当希腊这样的国家出现债务危机时，它只能实行财政紧缩政策并等待国际救援。财政紧缩的后果是社会政治动荡。欧洲多座城市 2010 年 9 月 29 日爆发大规模游行抗议，数十万人走上街头。这场罕见的全欧大游行是金融危机爆发以来，特别是欧洲债务危机爆发以来，欧洲国家社会政治动荡持续发酵的新高点。而指望救援的后果则是国际信誉扫地，希腊甚至差点被踢出欧元区。普通国家在债务危机面前可能被逼进死胡同。

不过，当美国某一天出现债务危机时，作为世界唯一超级大国以及主要国际机制的操控者，它仍拥有两大终极手段：

一是"合法"逃债。例如有学者设想，它可能因为，或者干脆制造东亚地区紧张局势，直至与某一目标国进入战争状态，从而逃避与战争对象国的债务。同时，相关政治体需要借助美国维持地区平衡，依赖美国在该地区提供政治安全领域的"国际公共产品"，因而继续支持业已存在的霸权体制，包括美元。你也可以把这样的情势理解为"交保护费"。其实这样的局面似乎已经不是"设想"，而更可能是正在展开的选项。

二是超大规模发行美元。美国持续不断的刺激政策似乎正在开启这扇大门。有学者认为，其结局可能是美元和美国信用体系的崩溃。他们预言：当中国、日本、欧洲国家等不再购买美国债券，甚至抛售美国债券的时候，美联储将不得不自己购买；美元可能急剧贬值，消费品价格和利率急剧上涨，货币管制、金融管制，甚至经济管制可能在美国出现；恶性通货膨胀和消费能力的大幅下降，又将在美国甚至全球引发新一轮衰退；廉价消费品不再从全球流向美国，美元甚至可能被拒绝接受，连美国人自己都可能竞相抛弃美元，美国人可能终将由过度消费变为"无缘消费"。这样的想定无疑是一场全面的美元危机。

　　但是，美国单方面公然"赖账"，或者主要美元资产持有者大规模抛售，毕竟都是最极端的想象，对有关各国以及世界经济都将是一场灾难。

　　从过去美元的国际表现看，美元对全球主要货币的确存在震荡走低的趋势，但局面仍然十分复杂。其中，最具单边下跌趋势的还是美元对人民币的汇率。1 美元对人民币从 2005 年汇改时的大约 8.3 跌至近期的首度低于 6.7。1 美元对日元在 2007 年中升至超过 123 的高点，然后震荡走低，迄今已经跌破 85，迫使日本政府时隔 6 年之后出面干预汇市。1 美元对欧元从 2000 年 11 月 1.19 的高点跌至 2008 年 7 月连 0.63 还不到的低点；但是在金融危机中却一度强劲反弹，震荡走高，2010 年 6 月更创下超过 0.83 的新高，形成美元在金融危机中表现的第一次"奇观"。以至于"阴谋论"者倾向认为，美国引爆金融危机的重要目的之一就是攻击欧元、"拯救美元"。美元对英镑在金融危机期间也出现反弹，然后走低，但仍在高位震荡。

　　我们很难就此在美元走势与美国的经济刺激政策之间找出单向的、绝对的联系，同样很难为前述极端想定提供确凿的证据。更具合理性的判断可能是，美国是在有意识地"操纵汇率"，其政策目标除大家通常讨论的促进出口外，更重要的是稀释债务，为美国进一步的经济刺激政策提供空间。

　　长期以来，货币贬值就是美国稀释公共和私人债务，提高其海外资产的投资收益，实现"经济再平衡"的重要手段。1989—2006 年年底，美国用于减少经常账户赤字的累计净资本流入达到 5.308 万亿美元，而同期美国的净外部负债头寸仅增加了 2.151 万亿美元，实际抵销了 3.157 万亿美元。① 其中的一个重要奥秘即在于，美国的海外资产多以其他国家货币计价，形式则多为股权，包括中国在内的外国投资者则主要持有收益率本身就比较低的美国债券。这种资产与负债的配置，通过美元贬值一里一外稀释了债务。我们反复强调，人民币升值解决不了美国贸易赤字问题；但实际上，美国或许是在"声东击西"——它瞄准的本来就是债务，至少不完全是贸易赤字。

　　反过来，我也并不认为，持续的和大规模的美元贬值就符合美国国家利益。美国"操纵汇率"也需要把握一种平衡。一方面，通过美元贬值

①《美国难挡通胀减债诱惑》，新华网，2010 年 9 月 15 日。

谋取贸易和债务方面的利益；另一方面，要确保这样的操作不至于影响美元的国际主导地位和国内经济的稳定。持续的和大规模的美元贬值不是"操纵汇率"，而只能叫作"汇率失控"。"操纵汇率"意味着在足够长的时期内，该升时升，该贬时贬；此时此地升，彼时彼地贬；大多数时间让你感觉是"市场决定"，关键时刻进行"适时干预"——唯一不变的是终极目标：获取最大化的国家利益。

事实上，关于美元"长期贬值趋势"的讨论已经长达50年，但迄今为止，美元依旧是各国投资、避险的首选。根据IMF发布的官方外汇储备货币构成数据，截至2010年第一季度末，在向IMF公布的全球新兴市场国家与发展中国家的外汇储备中，美元资产占58%、欧元资产占30%、英镑资产占6%、日元资产占2%、其他资产占4%。① 存在依赖性的经济体在特定情势下甚至不得不纷纷干预汇市，大规模买进美元——实际上在共同维持美元的地位，或者说"主动地"、"自愿地"、"共同地"接受美国的"剥削"。

美元的国际贬值也未对其国内购买力和整体经济稳定造成明显冲击。考察近10年、20年美国通货膨胀率的变动，同样很难找出它与美国的经济刺激政策之间单向的、绝对的联系，这相当程度可能得益于风险的国际转移。美国总体物价水平长期保持稳定。美国劳工部公布的数据显示，过去一年，美国核心消费价格指数仅增长不到1%，为1966年以来的最小增幅。美国不少经济学家现在担忧的不是通货膨胀，而是通货紧缩。至少从现阶段表象看，美元是"国际贬值，国内稳定"，与人民币一定程度上的"国际升值，国内贬值"形成对比，从而形成美元在金融危机中表现的第二项"奇观"。

这一按经济学基本原理难以解释的现象，其中缘由很复杂。但需要特别注意的是，美联储认为理想的通胀率应该是在1.5%—2%。这意味着，不管你如何分析成因，一个客观事实和后果是，在长时间、大规模的经济刺激之后，美国的宏观经济政策仍然"留有余地"，美国进一步采取量化宽松政策以及其他经济刺激措施仍然存在空间。种种证据表明，美国会倾向于利用这一空间。

由此而言，美国才在真正的、顶级的"金融大鳄"；也是真正的、

---

① 《如何看待当前中国的债权国地位》，新华网，2010年9月6日。

"最成功"的"汇率操纵者"。

六　再看"同舟共济"

对中国等美元资产持有者来说，美元贬值的最直接后果是其资产将遭受重大损失。这些国家关注自身的资产安全是完全合乎情理的。这些年来，各国主权财富基金也一直在探讨实现多元化问题，试图降低美元资产，特别是美国国债的比重。

当然，这样的转移并不那么容易。那些所谓高收益的投资品，从对冲基金到矿物开采权，常常都蕴含不小风险。黄金等贵重金属价格已经处于高位，纽约期金和现货金已经创下每盎司约 1300 美元的历史新高，银价也升至 30 年高位，其风险屡有讨论，价值屡遭质疑。买入财政信誉更好的主权货币也只是理论上的假定。欧元的诞生使人们一度认为这一形势将发生改变。但在此次全球金融危机中，欧元区遭受重创，远甚于危机的始作俑者美国。

形势表明，至少在短时期内，用"打倒美元"方式无法维护美元资产的安全。由于短时期内美元在国际货币体系中的主导地位不可能发生根本变化，而人民币的国际化道路仍然漫长，再加上中美贸易结构的特点，所以中国在相当程度上还只能继续被动地积累美元资产。金融危机爆发以来，中国对美国国债持有量时减时增，不减反增，就是这一国际经济格局的必然结果，而不是一个简单的外汇操作问题。这也从一个侧面表明中美经济的相互依赖。

总之，美元是一个极其复杂的全局性问题，事关大国兴衰、格局演变，需要以全球性、战略性、综合性眼光去审视、去处理。它绝不是一个纯粹的经济问题，更不是一个简单的货币问题。与其中国担忧资产安全会出问题、美国反过来害怕中国会抛售美国国债，莫若大家真正地认识到今天中美关系的"不可脱钩性"，切实做到"同舟共济"。

我们要进一步以科学发展观为指导，"坚持从战略的高度和长远的角度出发，加强对话、交流、合作，共同努力建设 21 世纪积极、合作、全面的中美关系"。① 中美战略与经济对话机制应该重点讨论这样的真正具有"战略性"的话题，为中美关系的进一步稳定发展设定路径、充实内容。

---

① 新华网，2009 年 11 月 17 日。

新兴经济体应警惕泡沫经济风险

题记

本文主要内容原载中共中央党校《中国党政干部论坛》2011 年第 5 期。该刊以及各转载媒体还均以题记的形式，引述 1999 年版《辞海》来注释"泡沫经济"："虚拟资本过度增长与相关交易持续膨胀，日益脱离实物资本的增长和实业部门的成长，金融证券、地产价格飞涨，投机交易极为活跃的经济现象。泡沫经济寓于金融投机，造成社会经济的虚假繁荣，最后必定泡沫破灭，导致社会震荡，甚至经济崩溃。"

其实，什么是泡沫经济，如何判断泡沫经济，如何防范和化解泡沫经济，等等，迄今为止，这一系列问题仍然有待进一步研究和解答。

但是，历史的确常常有惊人的相似之处。对于新兴经济体来说，从这些"惊人的相似之处"之中去寻找事物发生、发展的逻辑和规律性，本身就是这种研究和探讨的最好着手之处。

在经历了国际金融危机后短暂的快速复苏，甚至"集体领跑"之后，"金砖国家"以及众多新兴经济体的表现开始出现分化。中国经济增速放缓，印度则被认为将在若干年后超过中国成为增长最快的新兴经济体，更多的新兴经济体则表现一般，有的经济体很显然出现了问题。IMF 的分析报告称，"长期"或趋势增长率在所有发达市场均已下降，但新兴市场国家或地区的下降幅度更加急剧。危机爆发前的 10 年里，新兴市场国家或地区总体的趋势增长率曾升至 7.2%，但自 2008 年以来已经降至 6.5%，预计在未来 5 年将降至 5.2%。① 随着美国经济形势的变化，特别是美国货币政策的转向、美元走强，不少新兴经济体很可能面临更大压力，并在不久的将来形成重大市场风险。

---

① 《新兴市场难以避免"长期停滞"》，《金融界》2015 年 4 月 24 日。

新兴经济体如果不能在一场至少说是百年一遇的产业革命中实现跨越式发展，就将面临一个尽管残酷，却不得不接受的现实："追赶战略"在相当长的时期内仍然"在路上"。

历史仿佛真的常有惊人的相似之处。从 20 世纪八九十年代的拉美债务危机，到十数年后的亚洲金融危机，再到始于 2007 年、2008 年的国际金融危机，类似的泡沫经济几度形成、膨胀，直至破裂。而在这些危机中，新兴经济体在其成长过程中屡屡遭受泡沫经济冲击，其教训是深刻的。在当今世界经济环境复杂多变形势下，泡沫经济的风险更值得我们警惕。

一 拉美债务危机

20 世纪 60 年代后，广大发展中国家，特别是刚刚从西方殖民统治下获得政治独立的新兴国家急于发展民族经济，其选择的国家发展模式大都是通过举借外债，尽快实现经济"起飞"。

1973 年的石油危机导致产油国出现大量盈余，再加上 70 年代后半期信贷宽松至实际利率为负数，发展中国家，特别是拉丁美洲地区国家进一步掀起了借款热潮，导致这些国家对外债务与财政赤字攀升。由于债务资金没有用在有效的生产领域，随着发达工业国家经济增长放慢、消费缩减、大幅度提高利率，借款国贸易条件迅速恶化，出口受阻，还债能力急剧降低。

1982 年 8 月，墨西哥宣布失去偿债能力，打破了"国家不会破产"的神话，也拉开了 1982—1983 年这场震撼世界的拉美债务危机的大幕。此后，巴西、委内瑞拉、阿根廷、秘鲁和智利等国也相继宣布终止或推迟偿还外债，近 40 个发展中国家要求重新安排债务。面对国内困局和国际援助机构的要求，拉美国家被迫实施紧缩政策，进入所谓的"失去的十年"。

1984 年后，国际资本进一步形成由发展中国家向发达国家净流出的现象。1994 年 12 月至 1995 年 3 月，墨西哥再度发生汇率和股票价格暴跌的金融危机，也由此第二次引爆拉美债务危机。阿根廷、巴西、智利等其他经济结构和经济问题与墨西哥相似的拉美国家股市暴跌，同时波及欧洲及全球股市。

国际债务危机使拉美大部分国家丧失了发展基础，这些国家曾经有过的"债务繁荣"再也未能出现。

二 亚洲金融危机

十几年后,类似泡沫经济的形成、膨胀及其破裂的循环再度在亚洲上演。回顾1997—1998年的亚洲金融危机,有助于进一步理解新兴经济体泡沫经济的基本模型。

在东亚经济体,国际资本流入吹起房地产泡沫。投入实体经济的资金也集中在外向型经济领域,对国际市场的依赖很大。随着经济的进一步发展,这些国家生产成本提高,同质化的出口导向战略使它们的相互竞争加剧,出口受到抑制。发达国家控制资本流动和高新技术,提供高技术产品和服务,发展中经济体生产低技术、低附加值产品,甚至是初级产品或简单装配,这样的现实使其产业升级条件并不具备。发展中经济体本币高估,经常账户赤字上升,短期外债迅速扩大。有数据表明,1994年,亚洲金融危机5国的经常账户赤字已近250亿美元,1996年近550亿美元。其中,韩国、泰国和印度尼西亚,短期外债已超过其外汇储备。银行坏账、呆账问题突出。大量不良资产反过来又影响投资者信心,形成恶性循环。到20世纪90年代中期,一些国家已不具备还债能力。国际资本流动发生反转,危机发生,并从泰国迅速蔓延至整个地区。

一般来说,人们更偏重于将亚洲金融危机的爆发归咎于国际金融市场游资的冲击、亚洲一些国家的外汇政策不当、监管体制不完善等。这些分析当然具有合理的地方。但是,这样的分析让我们发现,不仅泡沫经济的形成、发展直至破裂出奇相似,连危机之后人们寻找的原因也大同小异。

其实,国际资本的高流动是很自然的,金融投机家们追逐利润、规避风险也是其"理性"的选择。泡沫经济出现的根本原因,也是其真正的大同小异之处,还是发展中国家的国家发展模式,以及由此逐步积累的偿付危机。

1994年起,美国经济学家保罗·克鲁格曼就撰文批评所谓的"亚洲奇迹"。他认为,亚洲经济的高速发展,靠的是投入增加而非效率提高和技术创新,容易形成泡沫经济;在高速发展的繁荣时期,亚洲经济就已潜伏深度危机,将会遭遇所谓的"报酬递减"问题,迟早要进入大规模调整。他的名言是亚洲经济"建立在浮沙之上，迟早幻灭"。① 1997 年的亚洲金融危机被认为成功地验证了该预言。

三 强劲复苏与问题和挑战

本轮国际金融危机从美国引爆，但欧洲和新兴经济体等"震中"边缘国家同样遭受巨大冲击，并出现剧烈的经济和社会动荡。危机爆发一年之后，金融市场开始趋于稳定，股市开始反弹，各主要经济体出现不同程度复苏，国际金融危机似乎逐渐成为过去。

2010 年美国股市好过全球平均水平。进入新的一年，道指已经冲破12000 点大关，重回 2008 年 6 月雷曼兄弟危机爆发之前的区域。美国国内生产总值增长率稳步提高，采购经理人指数、消费信贷等经济指标持续向好。老大难问题失业率也出现缓解的迹象。与不少国家的情形不同，美国尽管也出现通胀迹象，但通胀率却仍然保持在约 1% 的低位，远低于美联储 2% 的通胀目标。美元是"国际贬值，国内稳定"，这与人民币一定程度上的"国际升值，国内贬值"形成对比，从而形成美元在国际金融危机中表现的"怪异现象"。现在看来，逐步走出金融危机泥潭的美国经济似乎正在走出一波"低通胀、稳复苏"行情，这不能不说是美国经济在国际金融危机中表现的又一次"怪异现象"。低通胀的最重要结果是，在长时间、大规模经济刺激之后，美国的宏观经济政策仍然"留有余地"，美国如果认为有必要，进一步采取量化宽松政策以及其他经济刺激措施仍然存在空间。这使"低通胀、稳复苏"的"怪异现象"正在由"似乎"变得更为"可能"。

新兴市场在经历一轮强劲复苏甚至"领跑"之后，将面临一系列问题和挑战。从目前形势看，这样的问题和挑战似乎来得比预估的要快，程度也因此可能较低——对于新兴市场来说，尚未享受足够的发展红利；对于潜在的国际金融炒家来说，泡沫尚未膨胀到足够的大。这也从一个侧面反映出全球市场的脆弱性和敏感性，投资者的耐心和风险承担意愿已经由于国际金融危机的打击而大大降低。

这些问题和挑战可能是并发症，也可能具有相继出现的特征，包括本币升值压力持续加大，不管是来自国际压力，或是新兴市场为对抗通胀相继加息或变相加息；包括全球粮食、能源等核心资源、核心物资价格飙升

---

① 有关论述参见保罗·克鲁格曼《流行的国际主义》，中信出版社 2010 年版。

在内的持续国际通货膨胀，甚至可能出现的全球粮食危机等极端情势；美国货币政策未来可能出现反转，国际资本可能出现由新兴市场向发达经济体的逆向流动；等等。一些问题已经开始出现，一些问题的演变有待观察。

其中，一旦美国货币政策转向，例如量化宽松终结、开始加息等，新兴市场的流动性形势就可能出现反转，资本流入新兴经济体带来的流动性过剩的风险，就会演变成新兴市场面临资金外流的风险，并进而形成新一轮危机。当然，目前并不能预测它何时出现，是震荡性质的，还是膨胀—破裂性质的。

美国经济复苏、美元走势与新兴市场的经济走势密切相关。美国既可以输出"美式繁荣"，也可以输出危机、制造泡沫。新兴经济体面临新一轮博弈，可能出现两难局面：一方面，为抑制新一轮经济泡沫的形成和膨胀，新兴经济体选择加速收紧货币政策，例如，中国、印度、巴西等央行均已经数度加息或变相加息，有的国家或许可以被认定为紧张过度、反应过度，利率已经处于相当高位；另一方面，紧缩货币政策也可能导致资本市场和房地产市场出现问题，特别是如果前期已经积聚了相当程度的经济泡沫的话。

换句话说，新兴经济体货币、财政政策的变动可能使其经济进入震荡时期；美国未来货币、财政政策的变动则可能使新兴经济体再次出现膨胀—破裂的模型。不管具体形态如何，基本判断是：发达经济体和新兴经济体复苏仍将呈现不同速度；但是，二者面临不同的风险，全球经济演变趋势在不久的将来可能出现实质性改变。

四　反思与应对

清楚地认识形势的急剧演变，尤其是清楚认识形势的方向性改变，新兴经济体才真正有可能走出膨胀—破裂的怪圈。

在国际层次上，新兴经济体要对现存国际经济格局，特别是国际金融格局有清醒的认识。全球经济的确存在不平衡现象，但不平衡的本质却有着不同的解读。

一个重要的不平衡就是美国的消费大量超过其生产。提供生产和服务的边缘国家通过外向型经济积累盈余，这些盈余不少以美国国债等形式再投资于美国。美国则凭借其"世界中央银行"的地位和强大的国际金融服务功能，以更高的收益率输出资本，投资各产品和服务提供国。量化宽松政策及有关经济刺激政策加剧和进一步累积着这一不平衡。美国目前不至于出现债务危机，不等于这一不平衡的合理性和可持续性。应对美国所提出的全球经济再平衡理念，我们完全用不着慌张，更不能本能地反对，而要善于注入自身的理解和内涵。

更重要的在于，对于自身经济发展模式及其在泡沫经济形成、发展过程中所起的作用，新兴经济体应当进行全面审视和反思。国际经济格局、国际金融格局的改变将是一个漫长的过程。全球经济再平衡也不可能在短时期内达成，甚至不排除全球经济不平衡进一步加剧的可能。更为现实的出口可能还是在于，从自身经济发展道路的选择中使泡沫经济形成和膨胀的可能性最小化。

其实，"亚洲模式"与从前的"拉美模式"多少有些类似。其泡沫经济均源自特定国家发展模式和国际资本流动的冲击。对未来收益增长的预期过于乐观，导致过度投资和过度依赖国际资本市场的大量廉价资本。负债或许并不可怕，但是这些负债并没有进入创造价值和利润的、有效率的部门，形成足够的债务偿付能力。投资低效率和产能过剩自然导致银行不良资产的增加，再加上汇率政策的僵硬和扭曲，对于国际经济环境，特别是国际资本流动形势的变化以及这种变化的剧烈程度、急剧程度估计不足等，都决定了这样的泡沫必然破裂，只不过时间、方式、程度可能不同而已。国际资本的大量涌入，或者抽逃，或者减缓流入，既是对经济现实的"理性"反应，也直接触发了泡沫的破裂。"亚洲模式"也好，"拉美模式"也好，其迅速崛起的核心特征和经验，或者其增长模式创造奇迹的原因所在，也正是其形成泡沫并最终泡沫破裂的根源所在。

或许，最复杂经济现象的解释最后反而都得回到最简单的常识；但是令人遗憾的是，这些常识性原理却常常在国际经济活动中失效。例如，我们为什么要出口？那是因为我们需要进口。我们为什么要获取货币？那是因为我们需要使用货币获取实物。我们为什么要获取实物？那是因为我们需要消费实物，包括使用实物生产新的实物。但是今天我们不断累积美元，是因为我们认为美元越多，我们就越"富有"，这当然会出现问题；而美元一旦出现问题，美国还可以"振振有词"地指责是我们导致美元出了问题。当发现积累美元不再那么意味着"富有"的时候，我们又试图持有欧元或者其他货币来实现这种"富有"，这同样会导致美元式的问题。最后我们"更聪明"了，我们去持有黄金等贵重金属或者石油等战略性资源，却发现其结果也大同小异，因为这些资源作为"资产"已经被隔离出人类经济活动的两个核心——消费和生产，此时它更可能引发相应资源的价格泡沫，并为下一次破裂自行做好"充分准备"。

由此，所谓成功的国际炒家不过是更清楚认识到这种不均衡的变化周期，甚或助推这样的变化周期，在膨胀—破裂的非均衡经济循环中获取最大化利益。反过来说，成功的经济管理者则在国际经济动态演进的过程中，更清楚认识到可能出现的不均衡变化，适时逆周期运作，不断在非均衡摆动中把握动态平衡。

五 小结

泡沫经济对于新兴产业和传统产业、新兴经济体和成熟经济体具有不同的意义。但是，对于广大发展中国家来说，不管它们被冠以"新兴经济体"还是"转型经济体"，也不管是被视为"金砖五国"还是"展望十一国"，学习、适应并进而善于在经济泡沫中成长，在成长中解决泡沫经济，这无疑是一个极为紧迫和重大的课题。

第三部分

长期停滞趋势及其出路

产出缺口理论与美国经济的出路

题记

中共中央党校《学习时报》2012 年 1 月 16 日刊载本文核心内容，题为《美国经济如何重构增长模式》；全文则载于中国国际问题研究所、中国国际问题研究基金会《国际战略环境的新变化与中国战略机遇期的新阶段：2011 年国际形势研讨会论文集》（世界知识出版社 2012 年版）。

全球长期经济增长率明显下降是学术界和决策层普遍关注的问题。在 2013 年年底的 IMF 年会上，美国前财长萨默斯（Larry Summers）语出惊人，认为"长期停滞"（secular stagnation）可能是我们当前时代的核心问题。2015 年春，他在普林斯顿大学演讲时进一步提出，长期停滞是"未来 20 年工业社会面临的巨大的宏观经济挑战"。[①]

"长期停滞"概念的首次提出者被认为是美国经济学家汉森（Alvin Hansen）。他在 1938 年出版了《全面复苏还是停滞》，指出资本主义并不经常处于快速增长与充分就业，也有可能长期甚至无止境地处于一个缓慢增长、就业不足和产能过剩的状态。

第二次世界大战结束后，全球经济，特别是西方经济经历了相当长时期的繁荣，以致人们逐渐淡忘了汉森教授的"预言"。如今，萨默斯"旧瓶装新酒"，使之再度成为热词。

萨默斯的基本观点是，自 20 世纪头十年中期起，全球经济的均衡真实利率（指达到充分就业所需的实际利率）就已经处于较大的负值区域（−2%——−3%），尽管全球央行竭力降低实际的真实利率，但（至少债券所反映的）实际利率一直远高于这一水平。

实际真实利率高于均衡值的后果是，发达国家处于长期投资不足境

---

① http://finance.sina.com.cn/world/20150324/224421797965.shtml.

地，真实 GDP 进一步下滑，距离潜在的长期增长率差距更大。全球央行试图竭力弥合这一差距，但基本上都不太成功，反而创造出资产泡沫，因为这几乎已经是唯一可以刺激需求的方式。

如果上述理论成立的话，低于潜在增长率的 GDP 增长就将维持相当长一段时间，无法通过通货膨胀和利率变动来解决。鉴于未来需求仍将出现缺口，因此需要更大规模的货币刺激来防止进一步经济衰退。由于国际金融危机爆发以来货币政策的作用并不明显，对财政政策配合的呼声必将高涨。人们最后的指望是，公共部门投资可以终结长期停滞的状态。

《华尔街见闻》的评论文章《经济陷入长期停滞意味着什么？》有一句很好的结束语："萨缪尔森曾说，'好问题比简单的答案更重要'。现在，他的侄子萨默斯确实提出了一个好问题。"①

不过，我们也不能永远停留在提出问题上，还得尝试给出答案。

本轮国际金融危机的演进说明，理解危机的根源以及寻找危机的出路，最好的方法还是要从金融领域的事件与表象回到支撑金融体系的经济体系。

一 本轮危机的"双危机"解读

本轮危机始于楼市、债市价格崩溃，股市动荡，银行挤提。随后，"银行间风险"被急剧放大；贷款市场，特别是银行之间的贷款市场在相当程度陷入停顿。与信贷紧缩相伴的是消费锐减、增长停滞甚至负增长、失业率飙升。经济萧条席卷各主要经济体。这是金融危机和经济危机"双危机"的基本模型。

20 世纪 80 年代起，美国、英国主导经济自由化运动，以令人瞠目结舌的规模释放出流动性，并被认为最终直接导致本轮危机。但是，必须看到，大规模释放流动性又是美国等成熟经济体寻找增长出路的无奈之举和必然结果。金融繁荣与创新（同时相伴以大规模减税等政策措施），则是大规模释放流动性的机制设计或载体。这样的逻辑顺序和逻辑关联却常常被人忽略。

在欧、美等成熟经济体实践中，关键问题在于，大规模释放流动性的结果是不是引导资金进入了可持续发展产业。以美国为例，担纲的相关产

---

① 《经济陷入长期停滞意味着什么？》，《华尔街见闻》2013 年 11 月 24 日。

业如20世纪90年代的"新经济"、20世纪末期起大约十年的房地产兴盛，等等，究竟能够带领美国经济走多远。房地产兴盛使美国在"新经济"泡沫破裂之后没有陷入长时间和大规模的衰退，却为本轮金融危机和经济危机埋下了种子。再加上"去监管化"使金融体系自身的问题也日益累积起来，危机的最终爆发不过是时间问题。由于围绕美国房地产价格构建的证券化债务发行世界各地，所以美国引爆的金融危机进而蔓延至全球各主要经济体。

结论是：不计后果地寻找增长出路直接导致了金融危机，金融危机与经济危机在逻辑上和事实上的联结点，或者说"双危机"的触发点，正是房地产价格的崩溃与房地产兴盛的终结。

单一的金融危机论将导致一种误解，即美国经济本身运行良好，是过度金融创新或金融操作失误拖累了实体经济。美国不少经济学家长时间在金融危机对实体经济的负面"溢出效应"里打转，而不能反过来从支撑金融体系的经济体系之中探讨金融危机的根源和出路，就是这一误读的表现。

二　从奥肯定律看产出缺口

(一) 经济危机与产出缺口理论

马克思的经济危机理论在解读美国当前危机方面仍然具有重要理论意义。大约在160年前，马克思就分析了资本主义经济的周期性，并指出资本主义经济危机的实质是生产相对过剩。稍作引申，其理论意义即为：不是土地、技术、资源、资本、劳动力等生产要素限制了产出，而是有效需求不足限制了潜在产出的实现。特定土地、技术、资源、资本、劳动力等生产要素条件决定潜在经济增长率，而实际经济增长率与潜在经济增长率之间的偏差，即形成所谓的产出缺口。所以，现代西方经济理论在经济增长领域的研究，并没有超越马克思的视野。

分析潜在产出有助于判断经济增长的可能性和长期趋势，从而为制定经济发展战略、实施相应的宏观经济政策提供依据，并最终实现弥补产出缺口的目的。1962年，美国经济学家阿瑟·奥肯首先采用线性趋势方法对潜在产出和产出缺口进行了分析。之后，有关潜在产出和产出缺口的含义、估计思路和估算方法等都出现了一系列的研究成果。"目前，各个国家或国际机构在实践中应用的潜在产出和产出缺口估计方法并不完全相同。多数国家和几乎全部的国际组织，如IMF、OECD和EC等，多使用生产函数方法……其他一些国家，尤其那些统计基础比较薄弱和完整统计数据缺乏的国家，更多地使用状态性分解方法"。此外，还有混合型分解方法等。①

（二）就业与产出缺口

由于经济危机总是伴随着产出和就业的双下降，奥肯主要从就业角度研究产出缺口问题。奥肯定律（Okun's Law）描述了失业率和 GDP 增长率之间关系的经验规律，认为失业意味着生产要素的非充分利用，失业率的上升会伴随 GDP 增长率甚至 GDP 本身的下降；反之，失业率降低与实际产出增加也存在重要关联。这种产出变化与失业率变化的比值即"产出的失业率弹性系数"，简称"奥肯系数"。当然，这一系数究竟多大并无定论。斯蒂格利茨在他的《经济学》中说，根据奥肯的研究，失业率每下降 1%，产品增加 3%；现在，大多数经济学家仍然认为，产品增加的比例大于就业，尽管没有奥肯说的那么大；现在的估算预测，失业率每增加 1%，产出将相应减少 2%—2.5%。② 其实，不同的时代、地域、经济形态，等等，都可能对这一系数造成差异。

不管具体系数如何，由此可以在经济层面上进一步理解美国总统奥巴马为什么如此关注美国的就业数据，我们也可以根据这些数据对美国经济的现状、演进态势以及所存在的潜力进行粗略的评估。

一方面，美国失业率长时间徘徊在 9% 以上高位，显示美国经济复苏步伐缓慢。按布鲁金斯学会高级研究员泰德盖瑞，"大衰退"大约使 900 万名美国人失业，即使每月新增就业人数 20 万，美国也需 12 年时间，才能使失业率降至危机前水平。③ 相应的经济表现是，美国 GDP 年增长率 2009 年为 -2.63%，2010 年只有 2.85%，2011 年的数据也不容乐观。美国经济仍然存在巨大的产出缺口。

另一方面，美国劳工部 2011 年 12 月 2 日公布的数据显示，当年 11 月美失业率显著下降至 8.6%，为当年 3 月以来首次破 9%，也为 2009 年 3 月以来最低水平。奥巴马则称，美国经济在过去 21 个月中连续新增私营部门工作岗位共计约 300 万个，其中超过 50 万个是在过去 4 个月中创

---

① 《潜在产出和产出缺口估计方法的比较研究》，《中央财经大学学报》2007 年第 5 期。

② 参见斯蒂格利茨《经济学》（第二版）下册，中国人民大学出版社 2000 年版，第 758 页。

③ 《新华国际时评：美国复苏前景仍不容乐观》，新华网，2011 年 12 月 3 日。

造的。这是美国经济复苏在 2011 年下半年有所提速的重要表现。奥巴马将继续在国会推动一系列就业法案，以进一步保持和强化美国经济的增长势头。尽管周期性和结构性的问题，以及内外经济环境的不确定性，使美国经济增长前景仍不明朗，奥巴马还是表示，美国的失业率将在 2012 年 11 月总统选举前跌至 8% 以下。

（三）产出缺口理论与美国经济的主调

近年来，"双危机"再次引发有关美国是否处于"衰落拐点"的大讨论。这一在美国已经有大约 60 年历史的话题，客观上推动了对美国经济增长潜力的重新审视、评估。较为一致的看法是，无论是从土地、技术、资源、资本、劳动力等"增长硬要素"来看，还是从体制与机制、管理与创新、文化与教育等"增长软要素"来看，美国经济都没有明显的"短板"，因而存在巨大产出潜力，或者说存在巨大的产出缺口有待弥补。尽管产出缺口理论的建构本身仍然存在缺陷，分析和计量手段也繁杂各异，但对于思考当前美国"双危机"的根源与出路却提供了一个独特视角。

从这一理论视角出发，可以预计，美国经济 2012 年及下一时期的主调将是"继续加油，而不是猛踩刹车"。当然，"双危机"的基本模型表明，简单地"加油"，可能让美国经济"起死"，却难"回生"。打回原形的美国经济甚至所有成熟经济体，不得不重新回答有关增长模式的"老问题"：有效组织经济资源、弥补产出缺口的出路究竟在哪里？

三　重新构建增长模式

（一）国内与国际两个市场

大规模注入流动性从短期看是针对承担系统性功能的大型金融机构、支柱性产业和企业的救助行动，从中长期看则是刺激消费和投资，重新组织经济资源。房价的大幅下降影响美国家庭的资产负债状况，失业率居高不下，限制普通美国人的消费信贷以及相应形成的消费心理和消费态度等，直接导致美国国内消费市场的萎缩。与此同理，大规模减税从短期看是针对困难的美国中产阶级家庭、劳工人群的救助行动，从中长期看则是稳固和扩大美国国内市场，重新组织经济资源。2011 年 9 月，奥巴马向国会提出的就业刺激方案，其核心内容和基本思路仍然一以贯之：降低税收（重点在于削减工薪税）和增加开支（高达 4470 亿美元的"一揽子"计划）。

但是，美国住房成交量仍然低迷，房价仍难企稳，要想再靠房地产市场带动经济复苏可能性甚小。包括修桥补路一类项目在内的基础设施建设也受到国内政治斗争的掣肘。对于成熟经济体来说，如果经济结构和消费模式不出现革命性的变化，则国内市场对于增长的支撑和提供的空间有限；而且经济模式越成熟，空间就越有限。再加上基数庞大，2002—2010年，美国 GDP 年增长率大都低于 4%。2%—3% 的增长率常常就能让美国这样的发达国家心满意足。因此，在经济刺激措施未能达到预期效果的情况下，美国不得不"放眼海外"。

按奥巴马的说法，"扩大出口不仅对短期发展至关重要，对经济的长期发展也非常关键"。短期目标就是促进就业："在我们的失业人口以数百万速度增加的形势下，扩大出口是短期内势在必行的措施。"中长期目标则是转变过去的过度消费习惯，以出口带动制造业复苏，推动美国经济的可持续增长。毕竟，全球 95% 的消费者和增长最快的市场都不在美国，要"确保 21 世纪仍然是美国的世纪"，就要让美国产品在全球市场处于领先地位。[①]

在此背景下，美国出口促进战略在 2010 年应运而生。在当年国情咨文中，奥巴马提出了 5 年内使出口翻番的目标。美国政府旋即宣布"国家出口计划"，同时组成由多个政府部门领导人组成的"扩大出口内阁"。其他一系列措施包括大幅度提高出口企业的贸易融资，尤其是面向中小出口企业；改善政府行政职能，形成对出口企业的"一站式"政府服务；推动"商业外交战略"，为美国出口商大力开拓新市场；继续推动世界贸易组织谈判，加大知识产权保护力度，确保美国公司"自由、公平"地进入海外市场；改革美国战略性、高科技行业的"出口控制体系"，在确保美国安全的同时，加强关键行业竞争力；重新设立"总统出口委员会"，采取"公私合营"等多种方式，形成合力；等等。

美国尤其关注经济增长迅速的亚太地区，这个地区业已支撑美国大约 500 万个工作岗位，拥有大约 30 亿名的潜在消费者。美国与韩国签署自由贸易协定，与俄罗斯探讨扩展双边贸易，以及在亚太经合组织会议前后高调推动颇具争议的《跨太平洋战略经济伙伴关系协定》（TPP），都是美国重新构建增长模式总体战略的重要组成部分。

---

① 《美专家：奥巴马政府欲达成"出口促就业"困难重重》，国际在线，2010 年 3 月 18 日。

受益于美元疲软等多重因素，美国出口促进战略正取得一定进展。2010 年，美国出口增长约17%，2011 年前 9 个月同比增长约16%，且进口增幅小于出口，这对于美国制造业连续 28 个月的增长做出了贡献。当然，在全球市场竞争激烈的大背景下，出口促进战略能否成功，关键还在于美国究竟能生产些什么。

（二）传统产业与新兴产业两大支柱

为实现新一轮增长，美国正在重走大规模释放流动性的老路，甚至可能制造新一轮投资泡沫周期；要使经济泡沫处于可控范围之内，问题的关键又在于新的泡沫周期中的债务被导向可持续发展，从而带来稳定的高收益的产业，而不是简单地流入各类政府津贴计划和纯福利支出。

在重新构建增长模式的努力中，美国反复声称要重建"生产型"经济，而不仅仅到处是"金融工程师"的经济，这就是所谓的"再工业化"。奥巴马强调要制造并在全球销售产品，同时"骄傲地"打上"美国制造"的标签。他认为，美国的制造能力在历史上造就了最大的中产阶级，也是美国传统的优势所在。不少美国学者对于美国政府大规模注资通用汽车、履行出资人角色解除瓦格纳职务颇多微词。其实，汽车产业是美国传统的支柱性产业，也是具有强烈经济信号意义的产业。美国政府对汽车工业实施大规模救助，恰恰传达出美国保持和恢复传统制造能力的决心，其内涵并不仅仅局限于直接得以挽救的工作岗位。《美国制造业促进法案》等一系列措施的出台，对于美国推动"再工业化"战略的决心再次添加了注脚。有研究显示，随着"美国制造"的成本优势日益显现，包括运输工具、电子设备和器械、家具、塑料和橡胶制品、机械、金属制品和电脑等在内的一些制造行业甚至可能从海外回流美国。

但是，美国究竟该"生产些什么"，这个问题并不那么简单。美国的"再工业化"并不是简单地回归数量规模型制造业，去生产低层次、低技术、低产量、同质化，而且在全球市场竞争激烈的廉价产品。美国正努力将制造业导向所谓的"精细工业"，即重建先进的、高技术的、高品质的、高价值的、绿色生产的新一代制造业，充分利用技术创新的影响，创造高报酬的就业岗位。美国试图回答：新的经济机会到底在哪里？下一个微软、谷歌在哪里？在人手一个 iPhone 以后你再让人们手捧什么？

尽管几乎所有学者都在谈论全球产业格局的调整和变革，但是，对于什么是支撑下一轮经济繁荣的新兴产业，各国却有不同解读。2009 年，奥巴马推出的 7870 亿美元经济刺激方案将基础设施、科研、教育、新能源、环保节能、医疗信息化等列为投资重点。2010 年，美国在清洁能源技术和产业、医疗卫生、环境与气候变化、信息通信、材料与先进制造业等领域继续出台新的计划与政策。2011 年，奥巴马推出"高端制造合作伙伴"（Advanced Manufacturing Partnership，AMP）计划，投资新一代机器人，开发新型的节能制造工艺，致力于形成关键产业的国内制造能力，缩短从开发到推广应用的周期。

综观各类计划，被列为新一轮科技与产业革命制高点的选项很多，美国对此进行的技术储备也早在十数年或数十年前即已展开。一般认为，以高效电池、智能电网、碳捕获和碳储存、可再生能源等为核心的新能源产业，加快三网融合、力争在下一代宽带和互联网接入方面重返世界领先地位的信息网络产业，着力推动生物医药技术、健康信息技术等领域取得突破的生物医疗产业，巩固和强化传统优势地位的航天航空及海洋产业等，更为美国经济结构实现战略转型的主攻方向。战略性新兴产业通过上下游拉动，将引起一系列其他产业的重大变革，或催生出一系列其他新兴产业。

当然，传统产业和新兴产业并不必然地存在绝对的分野。加快传统产业的更新换代和技术改造介于二者之间，但却同样有着广阔的活动空间。例如，技术突破和进步使传统石油经济正出现新的变化。美国用页岩气技术从致密岩石中提取石油取得进展，到 2020 年前后，产量可能会达到每天 300 万桶，相当于美国日产原油总量的 1/3。技术的创新还可能使加拿大、巴西成为美国进口石油的重要来源，从而重绘世界能源前景和石油版图。

调整经济结构、形成新的经济增长点并非短期可以实现的目标，但重新组织经济资源将越来越依赖科技进步和技术创新却是全球性的趋势。在"双危机"以及相应的预算削减的大背景下，美国仍然注重研究开发领域的投入。除国家主导的投资外，美国还通过信贷、税收、补贴、鼓励私人投入、扶持中小企业发展、推动产学研结合等手段，加快改造传统产业和催生新兴产业的进程。

（三）帕累托改进与超越帕累托最优两条出路

弥补产出缺口的关键在于解决有效需求不足。在既定经济技术水平、特定人群、市场和可分配资源条件下，资源分配决定有效需求，也相应地决定社会总产出。

资源分配具有多种模式，各参与方的选择也具有多样性。在博弈论中，只要任一博弈方的收益均大于或大于等于非合作状态下的收益，博弈各方就具有达成合作均衡的可能。同理，反过来看，受损一方策略的改变，例如，选择制造冲突，导致对方同样受损，将改变试图对该博弈方造成损害的另一博弈方的收益预期；若另一博弈方为理性行为者，它们将放弃这一企图，经济体系仍然归于纳什均衡。

意大利经济学家维弗雷多·帕累托如此描述这一均衡：已经不可能在没有使任何人境况变坏的前提下，使至少一个人变得更好；否则人们会选择另一种均衡状态。如果出现这种从一种均衡到另一种均衡的变化，称为实现了帕累托改进，帕累托描述的均衡状态则被称为帕累托最优（Pareto Optimality）。例如，美国催生新兴产业，即在不改变资源分配状态的条件下，通过新技术的运用，能更高效地组织原有经济资源，增加社会总产出。

帕累托改进在社会合作状态下增加了有效需求，实现了潜在产出，这当然是一种理想状态。但是，帕累托最优并不意味着社会总产出与社会总福利达到社会资源所蕴含的最大潜力。帕累托最优只是表明利益各方实现了纳什均衡。也即在没有外部干预情况下，没有任何博弈方愿意改变自己的博弈策略，并因此获得更大的效用。但是，没有理论证明和经验证据表明，纳什均衡与总体效用最大化具有绝对联系或等同。

恰恰相反，突破帕累托最优的临界点、改变资源的占有和分配状态，既可能因为社会合作的失败增加社会总交易成本，降低经济体系的总产出；也可能促成资源更充分利用，或者使资源向效率更高的人群和经济部门倾斜和集中，从而增加经济体系的总产出。

在这种理论假定下，由于经济体系总产出的增加是以损害部分利益相关方为代价的，因此在超越帕累托最优的临界点后，受损方可能选择不予合作。例如，2011年奥巴马高调推出的就业促进法案似乎无懈可击——将教师、警察、消防员送回工作岗位，让建筑工人重建美国老朽破旧的路桥等——但最终在国会搁浅，其原因就在于为之埋单需要对一百万美元以上的收入增收附加税。

此时，超越帕累托最优成为另一种选择，合作均衡状态向非合作均衡状态演化。例如，经济体系可能由于博弈方式的改变（各种形式的革命、变革导致社会资源的重新分配、实施战时经济管制等）、其他外部力量的介入（政府干预、经济体系外部竞争的强势引入等）或者多种因素形成合力（"占领华尔街"或类似的草根社会政治运动在选举年发酵，可能导致美国社会政治生态发生重大改变等），从而形成一种新的非合作状态下的均衡。

在现实世界中，利益冲突无处不在。在金融危机中，大量纳税人的资金被用于救助金融系统；反过来，纳税人却面临信贷紧缩，因为金融机构需要调整它们的资产负债表。资源分配常常就是零和博弈。在社会资源分配实现帕累托最优的状态下同时实现社会产出的最大化，这毕竟只是兼顾公平与效率的理想。超越帕累托最优的某种非合作均衡可能"不公平"，也可能"不人道"，却有可能填补产出缺口，创造远比合作均衡状态下更大的社会产出。

按经济合作与发展组织（OECD）2011年12月发布的报告，美国贫富差距从1980年起就不断拉大。2008年的数据显示，10%最富有者的收入比10%最低收入者高出15倍。其中，1%最富有者所得所占份额已经从1980年翻了一倍还多，从8%提高到18%。整个发达国家的贫富差距也创下30多年来最高纪录。[①] 随着全球化进程加速演进，世界范围内的不平等状况也愈易引发关注。要增加有效需求、弥补产出缺口，动一部分人的"奶酪"是绕不过去的问题。

当然，公共权力也可以尝试建立某种形式的补偿机制，使资源分配调整过程中受益的博弈方有所付出，受损的博弈方有所补偿。在经济学理论中，如果新增社会产出在支付受损方的补偿后还有剩余，则意味着社会增加了总福利。这对于政府干预的艺术提出了更高、更精致的要求。政府干预的成败得失，往往决定最后结果是达成非合作均衡，还是出现社会冲突。

（四）市场与政府两种手段

美国引爆的"双危机"是政府干预失误与市场机制失灵共同作用的结果；走出这场危机也需要市场与政府两种手段。

传统上，美国主流的经济理论更倾向于自由放任的经济体系。但是，在这场席卷全球主要经济体的危机中，如果政府不进行干预，提供流动性

---

① 更多情况、数据可参见《经济下行期贫富差距却更大》，《时事报告》2014年第11期。

和担保，整个银行系统可能在一夜之间崩溃。在英国，政府被迫对北岩银行完全国有化，其他有关银行部分国有化，同时购入苏格兰皇家银行等大量股份。在美国，小布什和奥巴马政府都先后推出近万亿美元救助计划，避免危机的传导以及整个金融体系跌入深渊。金融危机爆发以来，美联储已先后两次推行量化宽松货币政策。为解决"欧债"问题，自 2011 年 12 月 5 日起，美联储与加拿大银行、英格兰银行、日本银行、欧洲中央银行以及瑞士国民银行采取协调行动，向市场提供流动性。这是防止全球经济再次探底的又一重大行动。

回头来看，应对本轮危机的确需要超出当时人们想象的远为大规模的政府干预。收购问题资产、稳定金融秩序、巩固金融体系，等等，这些都是完全必要的措施。引起争议的问题不是干预，而是干预不够及时和有效。比如，对于是否应该让雷曼兄弟公司破产，美国各界至今仍然意见不一。

大规模救助行动告一段落之后，人们开始进行更深入的反思，他们对华尔街的欺诈渔利行为感到愤怒，对金融监管机构未能有效预测，更不用说采取积极行动防止即将到来的危机感到失望，对危机爆发后甚至找不出谁应该对这场危机负责感到沮丧，所以，各国最直接的反应是纷纷重新加强对金融市场的监管。美国通过了最为严厉的金融改革法案，同时依法成立美国史上首个消费者保护机构，以使美国家庭免受金融机构的利用。毕竟，按照本杰明·富兰克林的说法，一盎司的预防顶得上一镑的治疗。

产出缺口理论则表明，政府可以扮演更加积极的角色。最根本的是，政府干预还得进一步介入到核心问题上来，即为美国经济找到增长的出路。美国金融改革法案重新聚焦金融部门真正重要的职能，即让想要兴办工商企业的实业家获得资本，让需要消费的美国家庭获得信贷，如此美国经济才可能重新增长。增长不能解决所有问题，却可以为解决几乎所有的问题提供坚实的基础。

这样的功能需要政府在系统监管者与创新促进者之间、风险控制者与增长空间释放者之间把握某种平衡，尽管这是很难把握的微妙平衡。例如，要发挥资本市场在配置资源方面的功能，就不得不在一定程度上容忍市场的投机特性。又如，在经济发展过程中，经济泡沫是必然存在的，也是应该和允许存在的，甚至可能是产业进步的阶梯。问题关键在于，经济泡沫必须在可控范围之内；超出可控范围则经济泡沫演变为泡沫经济。美国的历次泡沫经济崩溃损害了一批人，但是成长过程中的经济泡沫也造福过一批人。这既包括一批最终生存、壮大起来的骨干企业，也包括那些被认为原本就没有购房资质的人群，他们事实上享受了长达十年的经济繁荣红利。事实上，本轮危机爆发前美国的房地产兴盛更是美国寻求增长的政策泡沫，而不是金融创新引发的市场泡沫。以小布什、格林斯潘为代表的美国核心决策者完全知道问题的存在，但是，他们仍然"义无反顾"地走了下去，别无选择。

传统上，央行仅持有非常安全的资产，例如美联储持有 3 个月期的国债，负债方面则是货币供应。伯南克却买入"两房"的抵押担保证券（Mortgage Backed Securities，MBS），这很大程度使长期抵押贷款利率达到历史新低。如果说，在大规模救助阶段，为了在短期内保持充足的流动性，美联储不惜往它的资产负债表上增加数以千亿计的各类"资产"，这些所谓的资产美联储在过去可能根本不会考虑；那么回到目前，为了实现增长，美联储完全可能付出更大的代价。更何况，时至今日，通货膨胀压力并未明显超过通货紧缩，失业率居高不下仍然是美国经济面临的头等问题。相应地，私人资产负债表上资产的大幅减值、市场消费意愿低迷等，也仍然是美国经济需要面对的现实。尽管美国学术界出现了重新评估大萧条时期政策的思潮，今天的美国仍然需要罗斯福式的"新政"。20 世纪 80 年代以来，货币主义理论在美国影响至深，再经由 90 年代美国预算平衡案的通过，货币政策成为美国对经济进行调控的主要工具。然而，鉴于量化宽松货币政策刺激美国经济复苏效果有限，进一步采取包括财政政策在内的额外措施刺激经济增长也并非没有可能。

大选年的奥巴马政府面临着艰难的权衡，他既想采取实质性的措施刺激经济增长，又不得不受限于财政赤字、债务缠身的难题。在 2011 年 12 月 11 日的电视访问中，他认为次年的总统选举将是两种不同治国理念之争。这是他的困境，也是他的希望。

四　金融的不确定性与确定性

可计量分析的风险与不可预测的不确定性是具有不同性质和内涵的两个概念。我们无法预测未来；但是，这并不能成为拒绝探索规律性的理由。产出的不确定性与确定性源于经济体生产要素的组织、增长模式的构建，以及经济体内部环境（包括制度、政治和政策的稳定性与可变性等）、外部环境（包括世界经济形势、国际政治安全形势等）。此外，还有综合的自然环境（如气候变化、自然灾害等）。就本文而言，金融作为现代经济活动基本和核心的组织方式，其不确定性与确定性对于潜在增长的实现、产出缺口的弥补意义重大。

（一）利率

美元资产的价值是未来预期支付的现值，包括以实际利率折现或在现金支付的条件下以名义利率折现。尽管折现的比率并不总是确定的，但却是更可能预期和量化的。资产定价理论的关键之一是确定"零息债券"价格，而这一价格可以通过收益率曲线推导而得。根据收益率曲线，可以通过不同的国债资产组合确定未来某一时刻美元现值，甚至可以锁定未来某一时段的利率，即远期利率。所以每天上班，从华尔街到苏黎世，金融分析师们就得看收益率曲线，算远期利率，如此等等，这是分析确定资产价格的基础和起点。长至30年的各类美元债券提供了这样的前提。理论上，美元的确定性使资产价格具有确定性，否则就存在套利的空间，而套利本身也会使实际资产价格向预期资产价格收敛。

从政策传达策略的角度看，美联储现在更加关注通过向市场传递明确信号来提高政策效力。2008年12月，美联储将联邦基金利率降至0—0.25%。2011年8月，美联储一改"将延续一段时间"之类的模糊说法，首次明确宣布超低利率水平至少将维持到2013年中期。2011年的最后一次议息会议也宣布将延续此前的超宽松货币政策。从操作的角度说，伯南克在2011年4月宣布季度新闻发布会制度化，以提高透明度、加强市场沟通。美联储还在考虑向外界公布其内部利率预期，以通过短期利率预期延续的期限，对长期利率并进而对经济行为产生影响。在美国总统选举和联邦公开市场委员会换届所带来的不确定性中，将超低利率政策执行期限和对通胀压力的预期明确化，更有助于美国经济的进一步复苏。美联储应当控制利率的观念在20世纪早期刚刚出现的时候还被认为是非常激进的，这样的观念等同于认为政府应该控制价格，但今天却已经广为接受了，在实践中也被证明颇为成功。

（二）违约

违约降低支付，预期支付降低影响资产价格，所以违约概率在资产定价中是重要的考虑因素，并与折现等因素一起综合建立模型。如果逆向归纳，资产价格、收益率等市场数据反过来也可以提供市场如何看待该资产的大量信息，包括违约概率这样的重要指标。例如，以国际金融危机爆发以来名声大噪的信贷违约互换（Credit Default Swap，CDS）的价格，你可以推算出市场认定的违约概率；从一国债券的价格、远期利率与美国国债的价格、远期利率的相对关系，也可以推算出市场认定的违约概率；等等。

当然，其中假设的确定性和计算基础是，在理论上，美国国债不存在违约问题。这一假设迄今为止是成立的，因为美元是国际储备货币，美国大不了最后开动印钞机解决支付问题。隐性违约问题则在利率的不确定性中予以了考虑。当然，希腊等国家就没有这么幸运了，因为它们最终得用美元或其他国际储备货币支付。

从整个国家而不仅仅从美国政府的角度说，目前美国并不缺乏现金，缺的只是吸引释放现金的投资机会。从资金流向看，由于"欧债"危机持续恶化，新兴经济体增长减速，美元的避险功能再度凸显，并相应地出现一波反弹，如果美国经济复苏态势进一步确立，将吸引国际资金进一步回流美国，并与美国经济的进一步增长形成一轮新的互动。具有讽刺意味的是，无论美元的"缺"与"不缺"，似乎都体现出美元作为国际储备货币所占尽的优势。

（三）金融衍生品

在本轮危机中，金融衍生品，尤其是信贷金融衍生品（credit derivatives）的大规模交易被指为罪魁祸首，其所蕴含的风险迄今没有完全解除。

一个时期以来，互换交易（swap transaction）发展迅猛。信贷违约互换（CDS）其实就是一种合同，相当于对债权人所拥有债权的一种保险。如果债权遭遇违约，则债权人可持合约，要求提供保险的金融公司予以补偿；反之，如果债权未遭遇违约，则金融公司赚取保费。当然，合同金额存在大小不等的杠杆比率。CDS 于 1995 年首创，在美国很快成为券商、保险公司、社保基金、对冲基金等的宠儿，后扩展至利率、股指、天气、石油价格等，催生了利率互换（Interest Rate Swap，IRS）、股票违约互换（Equity Default Swap，EDS）等多种产品。其中，最常见的利率互换实际就是对利率波动的对冲，从而达到规避利率风险、进行资产负债管理的目的。

可见，金融衍生品的创设本意，其实是规避这样那样的金融不确定性。只是到后来，由于严重缺乏金融监管（柜台交易，Over – The –

Counter，OTC）、交易量急速增加、合约内容复杂、交易形式单一、公开性缺乏、杠杆率过高、投机性过强等，原来以分散风险为目的的金融创新反而变成了具有较大市场风险的金融冒险和赌博。金融衍生品未能受到严格监管，一个重要理由是参与交易者必须具有资金等方面的较高资质，这些人并不属于监管立法原意旨在保护的对象，例如穷人、没有相关金融知识和技能的无辜者等。但是，金融危机演进表明，受到伤害的远不是交易者本身。

金融危机爆发以来，相关风险管理越来越受到国际清算银行（BIS）以及各国交易者和监管者重视，互换交易的交易量也明显萎缩。总的来看，金融衍生品以及广义的金融创新也是"双刃剑"。如果监管得当，其风险性可望化解，其创始本意和机制设计所指向的避险功能反而可能继续发挥出来。它们并不必然都是洪水猛兽。

（四）影子银行系统

金融创新，无论是从过度投机等消极意义来讲，还是从繁荣金融市场等积极意义上讲，在从前监管范围之外都制造了一个全新的非传统金融体系，此即影子银行系统（Shadow Banking System），包括投资银行、对冲基金、货币市场基金、债券保险公司、结构性投资工具（SIVs）等。这些机构通过杠杆操作持有大量复杂金融工具，逐步取代传统由银行系统承担的融资功能。其中的核心产品是房地产贷款被加工成有价证券，在资本市场交易，从而成为美国房地产兴盛的主要融资媒介。

在过去20年中，与美国经济的两轮泡沫性增长相伴，美国影子银行系统迅猛发展，成为美国金融体系的重要参与主体，传统银行体系的作用反而出现下降。由于游离于现有的监管体系之外，特别是没有像商业银行那样受资本充足率的限制和存款准备金制度的约束，也不受美国存款保险制度的保护，再加上前述金融衍生品交易模式特点，影子银行系统累积了相当大的金融风险，并最终成为本轮金融危机的引爆者和重灾区。

当然，金融危机爆发后的"去杠杆化"努力，对冲基金、私募机构和风险资本基金注册制度的完善，信息披露和资本要求的强化，对标准化场外交易合同进行集中清算等金融监管改进，使影子银行系统受到更严格的约束，市场透明度有所提高，风险性和不确定性有所降低。其中，美国2009年的金融体系改革较具代表性。影子银行系统在新的制度框架下和新一轮经济增长中能否凤凰涅槃，尚有待观察。

五　小结

彼得森国际经济研究所资深研究员约瑟夫·加尼翁评价说："（美国经济 2011 年）表现仍难令人满意，失业率依旧大幅高于危机前，虽然经济总量已恢复到危机前水平，但增长仍未达到年均 2.5%—3% 的潜在水平。"[①] 特别是重新构建增长模式将是一个长期过程，寻找引领新一轮经济繁荣的增长点仍需时日，美国经济即使持续复苏，也仍将长期具有温和的性质。如果国际经济环境出现新一轮危机，市场恐慌蔓延，美国经济也不能排除"二次衰退"的可能。

另外，2011 年美国经济特别是制造业的确在持续增长，且渐行渐快。特别是金融机构和企业资产负债状况向好、出口增长强劲以及美国国债收益率不升反降、国际资金开始回流美国等迹象表明，美国经济确实已经逐步改善，不管在美联储的词典中，是"温和增长"还是"适度增长"。

总体上看，在很难说有多大确定性的世界经济体系中，迄今为止，美元和美元经济仍然是相对具有确定性的。对于其他经济体来说，无论感情上是否接受，"盯住"美元和美元经济仍然比"盯住"别的什么货币及相应的经济更具确定性。这至少是一个两害相权取其轻的问题。在不转变经济增长方式的条件下，中国或其他新兴经济体的美元问题将不得不继续长期存在。

---

① 《美经济列车"加速"渐起"驶向"不明》，新华网，2011 年 12 月 5 日。

美国如何定位经济增长引擎

题记

本文主要内容原载中共中央党校《学习时报》（2013 年 4 月 1 日）。

对于发达经济体或者成熟经济体来说，面对长期停滞趋势寻找增长出路的问题，将自然导向寻找经济增长引擎的问题。也可以说，它们是同一个问题的"一体两面"。

事实上，寻找经济增长的动力，也是经济学家们长期以来苦苦探寻的课题。亚当·斯密在《国富论》中认为，国民财富的积累取决于由市场容量决定的分工水平。马尔萨斯和李嘉图认为，财富增长来自人口和资源的相互作用，并最终会由于资源约束而停滞。索洛和斯旺的资本积累和产出增长的长期均衡模型，通常被认为是现代增长理论的正式开端。20 世纪 60 年代，经济学家们根据欧洲战后复兴以及苏联高速增长的现象与经验认为，增长问题重点应该关注资本积累速度。另一些经济学家则认为，技术进步在资本积累及经济增长中具有决定性作用。还有一些经济学家通过建立人力资本内生化积累模型，使人力资本决定长期经济增长的观点得到广泛认同。进一步研究表明，人力资本积累本身来源于制度对知识积累和创新的激励，如此则增长的动力又绕回技术进步的路子上来。近年来更多学者认为，现代增长建立在知识积累基础上，因而社会激励制度，特别是制度的创新在技术进步及经济增长中具有根本性作用。此外，文化价值观、企业家精神、地缘环境、战略选择等，也被认为会对经济增长造成重要甚至关键性的影响。

但是，直到今天，我们还在讨论增长的长期停滞趋势以及寻找增长出路的问题，这一事实本身就无情说明，"在过了 200 多年以后，人们仍然没有找到经济增长的秘密"。①

还是让我们回到现实。在国际金融危机爆发后，各主要经济体首要的问题是危机应对；当危机应对暂告一段落后，如何找到新的经济增长引擎，实现经济可持续复苏和可持续发展，就成为考量各国决策者的首要问题。

美国是成熟经济体的典型和代表。剖析问题和寻找答案还得回到这里。20 世纪 90 年代的"新经济"、20 世纪末期以来大约十年的房地产兴盛等，都可以算是当时找到的"出路"和"引擎"。作为"进京赶考"者之一，美国总统奥巴马如今再次为美国开出了药方，给出了他自己的答案。

从北卡罗莱纳到乔治亚，当然也忘不了自己的家乡芝加哥，美国总统奥巴马在全国各地奔走，反复谈论的中心话题正是他在国情咨文中所提出的首要任务：如何重启美国经济增长的真正引擎——一个不断壮大、繁荣的中产阶级。

金融危机爆发以来，美国先后推出大规模金融救助计划和经济刺激计划，包括迄今仍然施行的大规模资产采购，即所谓的数轮量化宽松政策，向美国经济体注入了超量流动性。然而，与美国金融形势逐步趋于稳定、系统性风险显著降低相比，美国经济的复苏则显得缓慢、滞后，且并不稳定。这就说明，解决美国经济问题的根本，还得从金融体系的表象回到支撑金融体系的经济体系上来。在危机应对告一段落之后，如何定位美国经济增长引擎、实现经济的可持续复苏，就成为掌舵美国经济的决策者们不得不回答的重大课题。

事实上，这也是当前世界各主要经济体，特别是深陷"增长困境"的成熟经济体，所不得不面临的重大课题；一定意义上说，这一问题不仅在考量各国理论家们的经济素养，甚而折射着其政治智慧和全球眼光。

"一个不断壮大、繁荣的中产阶级"曾经造就了美国经济在战后长达20 多年的大繁荣，那的确是一个令美国人难忘和自豪的年代，"纺锤形社会"也曾经成为美国政治理念和核心价值的重要象征。而今，在面临"中产阶级被摧毁"之际，美国寄希望通过重建一个不断壮大、繁荣的中

---

① 赫尔普曼：《经济增长的秘密》，中国人民大学出版社 2007 年版，第 1 页。

产阶级，像当年那样再次启动一个类似的庞大的国内市场；在"99%"与"1%"的美国人之间面临社会关系紧张乃至走向社会、政治冲突的尴尬之时，美国也需要通过财富的再增长与财富的再分配，重新构建对所谓"美国梦"的信仰。

由此，将重建"一个不断壮大、繁荣的中产阶级"定位为美国经济"真正的"增长引擎，成为奥巴马政府对于这一全球性问题做出的美国式回答。

那么，美国究竟将如何重启这一"真正的"经济增长引擎？奥巴马在全国广播演讲中，向支持他在第二任期里继续进行"变革"的美国选民反复谈到，每一天，我们都应当问自己三个看似十分简单、直白的问题。

一　如何在美国创造良好的工作岗位

奥巴马认为，上述一切梦想的起点在于，使美国成为新的工作岗位和制造业的吸铁石。

历史上，美国经济有过工业化的进程，也经历过"去工业化"的进程。在过去的数十年间，制造业岗位持续向新兴工业化地区转移。1980—2010年，美国制造业增加值占GDP比重从超过21%降至12%以下，制造业就业人数占总就业人数比重则从21.6%降低到8.9%。[1]

为走出经济危机的泥潭，特别是创造更多就业岗位，美国等西方国家高调提出了"再工业化"的口号。奥巴马在第二任期里无疑将加速这一进程。

奥巴马的目标是，要将遭受金融危机沉重打击的地区转型成为全球高科技岗位和制造业中心。他提出，要建立更具竞争性的税收制度，取消将工作岗位转移到海外的公司的税收减免，对于在国内创造就业的企业则给予激励和回报。他还提出投资新兴技术，使美国更多利用自身的能源；开展基础设施建设，使更多美国人重返工作岗位。奥巴马政府注重推动改善投资环境，他甚至亲自披挂上阵，对知名大企业家做好"面对面的思想政治工作"，推动制造业向美国本土强势回流。美国还将推动综合性移民改革，建立获取美国公民身份的有序管道，吸引高素质的企业家、工程师

---

[1]　《欧美"再工业化"对我国的挑战与启示》，《中国社会科学报》2013年3月6日第423期。

等来美国创业、创造就业岗位。

二 如何以这些工作岗位所要求的技能"武装"美国人

当经济进入扩张周期、新的工作岗位产生的时候，美国人准备好了吗？奥巴马认为，美国人能否填充进这些新产生的工作岗位，关键在于美国能否着眼未来的激烈竞争，为每一个美国人提供足够的技能和培训。

尽管奥巴马也曾经在其全国演讲中展示链子锁与袜子一类的"美国制造"，但总的看来，美国的"再工业化"瞄准的主要领域仍然是高端制造业，即高技术、高创新、高效率、高附加值、高整合度、高环保标准、高市场化的"七高"产业，这相应地对美国就业者的教育和培训提出了更高要求。

从这个角度说，充分利用经济危机之"危"所提供的转型时期的时间之"机"，为未来的岗位竞争抓紧"充电"，显得尤为重要。这包括为每个孩子在早年提供高质量的学前教育，奥巴马认为这一阶段的训练将决定其终生成就；也包括重新设计高中教育，以使毕业生尽快具备雇主所需要的技能；还包括改进高等教育资助办法，在决定是否给予某些类型联邦资助时，考虑学生的负担能力和学校教育的价值；当然，作为教育和培训的基础和前端，进一步加强前瞻性的基础研究；等等。

把大规模释放的流动性源源不断地注入教育与培训领域，既是公共福利，又是大众消费，更是战略投资。

三 如何确保辛勤的工作能够赢得体面的生活

生产、贸易、就业、外汇等，这些耳熟能详的经济学概念并不是经济活动的目的，"要创造人类的幸福"，或者经济学所谓的"创造福利"，才是经济活动的真正目的，也是经济学在定位经济增长的真正引擎时所必须把握的根本出发点。鉴于此，奥巴马提出要提高美国最低工资水平，道义上的目标是"没有一个美国人辛勤工作而生活贫困"，经济上则意图在危机应对期间继续稳定、维持并进一步扩大国内消费市场。

与欧洲国家应对"欧债危机"时普遍一味施行"紧缩政策"不同，在财政捉襟见肘之际，奥巴马政府仍然竭力保全教育和就业培训、研究与发展、医疗卫生保健以及社会保障福利等领域开支。这样的开支不仅仅是公共福利、大众消费，更是战略投资。它们是奥巴马"绝不能因为削减赤字而切断我们通向繁荣之路"的政策理念的直接体现。

此外，奥巴马还将着手解决枪支暴力等问题，建设更具生机和更加安全的社区；推动综合移民改革，确保边境安全，将数以千万计的移民进一步整合进美国主流社会，开发、利用移民的才能和创造力。

在奥巴马看来，上述措施将推动美国经济增长，重建"一个不断壮大、繁荣的中产阶级"；当然，真正实现这一梦想谈何容易。例如，在数十年的"去工业化"之后，美国在多大程度上能够适应所谓的"再工业化"，究竟什么样的产业适合并且能够重回美国本土，等等，都是美国经济学家头脑中无法抹去的问号。又如，尽管奥巴马声称美国将做出"明智的选择"，但是，削减财政赤字的压力却常常使他在实现其所谓"变革"时力不从心；事实上，经济增长、增加就业、保障福利与降低赤字等政策目标，在经济学上本身就常常存在难以调解的内在矛盾。此外，他提出要采取平衡策略，推动负责任的改革，降低医疗保健费用，堵塞税收漏洞、取消对富人和有关系者的税收减免，并最终通过两党都能接受的综合性税收改革，增进就业、减少赤字；但现实却是，华盛顿的政治僵局常常使他举步维艰。

美国人在事关美国未来的一系列重大问题上远未达成一致，以致在理念尚未具体化为政策，或者，在政策刚刚浮出水面尚未实施之际，便面临严重的意见纷争和国内政治冲突。多元化的信仰和观点，既是美国力量之基，也是其混乱之源。没有这样的一致性，美国人就没有相互之间以及对于未来数代人的某种责任；而没有这种责任，美国就无法团结一致、共同前进。

奥巴马提出重建"一个不断壮大、繁荣的中产阶级"的理念，并将它视为未来一个时期像"北极星"一样的前进指南；但是人们无法确认，这究竟只是一个说给美国选民们听听的"美国故事"，还是一个可以最终实现的"美国梦"。

从减税看美国在金融
危机中往哪里花钱

题记

本文主要内容原载中共中央党校《中国党政干部论坛》2010 年第 7 期。

政府收入和支出的变动，可以影响就业、国民收入以及总体经济活动。所以，财政政策是国家干预经济的主要政策之一。其中，税收是政府收入中的最主要部分，同时税收的变动也直接影响人们的收入，此外还间接影响物品和生产要素价格，再加上税收变动所具有的乘数效应，使税收的调整能够对经济活动方向和方式产生重要影响。

在自由资本主义时期，简政轻税、预算平衡的财政政策盛行。随着资本主义发展，政府的经济职能逐渐增强，财政政策成为政府干预社会经济生活的重要工具。特别是 20 世纪 30 年代凯恩斯经济学的出现，使包括财政政策在内的宏观经济政策的作用得到进一步发挥。近年来的热词"逆周期运作"，本质上遵循的仍然是扩张性政策和紧缩性政策交替使用的教条，只不过认为可以把政策运用的时间，提前到经济周期发生变动预期出现的时间节点。亦即面对经济衰退的可能性，实行扩张性政策，以刺激总需求、总供给，稳定增长；面对经济过热的可能性，实行紧缩性政策，以减少社会总需求、总供给，降低泡沫风险。从总体和理论上看，这似乎至少有"熨平"周期的可能。

减税是典型的扩张性财政政策，或称积极的财政政策，即通过财政分配活动来增加和刺激社会总需求。面对金融危机和经济衰退，美国政府持续减税是完全可以预期的政策措施，甚至不断扩大政府直接支出也是可能的，这并不是本文讨论的重点。本文的重点在于通过美国的减税方向，透视美国经济的走向。

换个角度看，实行扩张型财政政策，可以是减税，也可以是扩大政府支出，但二者在本质上都是"扩大支出"，都可能造成预算赤字，只不过支出的主体有所区别。美国主流经济学家和决策者一般来说更倾向于维护"自由市场经济"传统，似乎更相信个人花钱的效率和效益会高于政府，所以扩大政府直接支出的动力较小、政策风险更大。那么就减税吧，让国民去支出吧。不过，你在本文会看到，减税政策实际在一定程度上已经为支出的领域设定了方向。

如此，本文虽小，引申出来的可能是更大的思考。

"富人"也有烦恼：如果你有2万亿美元，那可怎么花呢？这是若干经济学家不久前"热议"的话题。

一 奥巴马政府采取了何种税收减免政策

每年4月15日是美国纳税日（Tax Day），在这一天午夜之前，所有的美国人都必须递交报税表。在金融危机席卷美国的大背景下，"贫穷的美国人"履行这一职责可不容易。不过，奥巴马政府采取的一系列税收减免政策，让焦虑之中的美国家庭多少松了口气。

2010年，美国人会发现，他们的平均退税额上升了近10%，达到了创纪录的大约3000美元。这在很大程度是执行美国经济复苏法案（the Recovery Act）的结果。事实上，这一法案有大约1/3都是由减免税构成的。迄今为止，该法案已经为负担沉重的美国家庭和工商企业"减负"超过1600亿美元，其中将近1000亿美元直接进入美国工薪阶层的腰包。奥巴马政府上台以来，大约95%的美国工薪阶层享受到税收减免的好处。

对大多数美国人来说，一项名为"劳有所得"（Making Work Pay）的课税扣除（tax credit）早从2009年4月起就开始出现在美国人的薪水簿上，2010年该政策继续施行，每年每人总额400美元或每对夫妇800美元。这无异于奥巴马在全国范围内普发"红包"。对于失业者，奥巴马政府提供65%的课税扣除以帮助他们解决医疗费用问题，并保证首笔2400美元的失业救济金免税。美国还采取其他一些税收优惠措施，帮助有子女的工薪家庭度过困难时期。

据美国税收政策中心有关评估报告，2009年，美国共计47%的家庭不用缴纳联邦个人所得税。这些家庭有的是因为收入过低，有的收入不低但他们享有足够抵税额、扣减额和扣除额，因此免缴联邦所得税。美国虽然有近一半的家庭无须缴纳联邦所得税，但联邦政府还是要以社会安全金和医疗保险等名目征收联邦薪资税，不过也有24%的美国家庭连薪资税也不用缴。从结构上看，美国缴纳2009年联邦所得税的几种家庭类型中，47%的一人家庭不需缴税，38%夫妻联合申报的家庭不用缴税，72%带有孩子的单亲家庭不需缴税。①

二 规模庞大的减税行动将资金导向何方

这样规模庞大的减税行动，首先当然是一项"稳定工程"。减税目的是帮助美国中产阶级家庭抵御金融风暴，在金融危机中维持最起码的所谓"体面生活"，同时在美国人中继续维持能够实现所谓"美国梦"的幻象。美国是此次国际金融危机的发源地，但两年来的形势发展却甚是古怪，"震中"之外的欧洲"伙伴"国家，更不要说一些发展中国家，都不同程度出现了社会政治动荡，而作为国际金融危机"始作俑者"的美国，其街头却相对平静。这其中，普发的"红包"及其所制造的"美国梦"幻象大概功不可没。

常常作为"美国梦"象征的"房"与"车"也是奥巴马政府提供"流动性"的重要方向。各家自有一本账，与中国正在加强宏观调控、抑制房价过快增长不同，奥巴马政府正忙着重振楼市，试图恢复住房作为"社会稳定之源"和"美国梦之锚"的重要地位。如果你首次购房，你有资格获得高达8000美元的支持。如果你去年买了一辆新车，你可以扣减价款中所含的州和地方销售税。

不过，更引人注目的是，奥巴马政府的钱似乎正在大规模流向着眼美国未来的"希望工程"。

奥巴马认识到，教育，特别是大学教育对美国人和美国经济取得成功至关重要。在他看来，美国的竞争者懂得，今天在教育上领先美国，明天就能在竞争中战胜美国。因此，当人们大都关注、热评美国经济如何复苏之时，奥巴马政府却开始积极推进"美式教改"，着手帮助美国人负担起优良的教育。奥巴马声称，绝不让美国学生因为上大学而破产。数以百万计正为如何交出学费而焦头烂额的学生和家长们，如今可以在"美国机会信贷"（the American Opportunity Credit）项目下申领高达2500美元的资助。事实上，美国已经陆续采取一系列措施，设定了所有学生都能高中

---

① 《美国如何减免个人所得税》，http：//www.sina.com.cn，2010年4月26日。

毕业的目标，并明确提出，要在2020年前重新让美国大学毕业生比率领先全球。

奥巴马将医疗保健与教育并称为"一个强大美国的两大支柱"。为此，新近通过的医保改革法案包含美国有史以来最大规模的中产阶级健康减税计划，小企业主则可收到课税扣除，用以购买医疗保险。按照奥巴马的说法，一旦这一法案实施，数以百万计的美国人最终可望被高质量而且负担得起的医保所覆盖。

特别值得一提的是，奥巴马政府还试图通过减免税，"从源头上"扶持美国新兴产业。无论是首次购房还是早已有之，如果你花钱"装修"，提高自己住房的能源效率，比如装个新的绝缘层或窗户什么的，都可以获得新的课税扣除，最高可达1500美元。奥巴马知道，这可远比直接给你发"红包"来得重要，因为它有助于在全国范围的工商企业中催生新型清洁能源、新型制造业和新型建筑产业的工作岗位。

三 减税引出的话题

迄今为止，上述税收减免政策的覆盖面已经超过了1000万美国人。在百年一遇的国际金融危机中，美国社会政治能够大体维持稳定，经济能够渐次复苏，工商企业能够重新开始雇工，从类似的政策中或许可以"以管窥豹"。

当然，美国人现在"没钱"是"地球人都知道"的"秘密"，而且奥巴马政府还"信守承诺"，对收入25万美元以下的家庭没有增收所得税。因此，奥巴马政府的开销从哪里来，是对华尔街的大公司搞"杀富济贫"，还是系紧华盛顿的钱袋子，抑或是继续开动印钞机器，让世界各地攥着大把美元的"富人"来为美国买单，更或是不断增加的费用必定会让未来美国人的税收账单数额越来越高，这就是另一个话题了。

第四部分

系统性风险与超越防范风险

国际金融整合与系统重要性金融机构

题记

进一步反思国际金融危机，研究、总结金融领域系统性风险发生和发展的规律性，学习并逐步善于发现、防范、应对直至最终化解系统性风险，实现经济的可持续复苏，是国际金融理论和实践中亟须解决的重大课题。

为此，笔者于2013年秋撰写了《从国际金融危机看系统性风险》系列报告，供有关决策部门参考。本文作为该系列报告的第一部分，侧重讨论系统重要性金融机构与系统性风险问题，主要内容曾经在中国国际问题研究所、中国国际问题研究基金会《国际形势新变化与中国外交新局面》(世界知识出版社2014年版) 刊发。

被给予特别监管关注的系统重要性金融机构是一个动态管理的组合。2014年11月，金融稳定理事会（FSB）公布了更新后的"全球系统重要性银行"（G–SIBs）名单，并宣布全球范围内规模最大的一些银行所需持有的额外资本（由于这些银行对全球金融体系来说十分重要，因此除了所有银行都必须持有的最低资本以外，它们还须持有多于小型银行的额外资本以作为"保护层"）。其中，该理事会下调了瑞士银行和法国农业信贷银行的资本附加费要求，表明该理事会认为与一年以前相比，这两家银行对于全球金融体系的重要性有所下降；与此同时，中国农业银行则被加入这份名单，须从2016年开始持有更多的额外资本，并使这份名单上共有3家来自中国的银行（另两家是中国工商银行和中国银行）。目前，被金融稳定理事会列入更新后名单的银行共30家，它们必须持有1%—2.5%的额外资本，以便使其在遭遇金融危机时降低倒闭的可能性，从而避免给金融市场带来恐慌。除3家中国银行外，另有16家欧洲银行、8家美国银行和3家日本银行"上榜"。其中，汇丰控股和摩根大通的资本附加费为 2.5%，成为金融稳定理事会眼中系统重要性最高的两家银行。

最后要特别强调的是，"以当代信息通信技术为核心的科技进步正以超乎人们想象的速度改变着金融产业的生态和形态，催生着新型的具有系统重要性的金融机构或准金融机构"。

事实上，系统重要性金融机构本来就不仅仅是系统重要性"银行"。例如，2013 年，美国金融稳定监管委员会宣布，把美国国际集团（AIG）和通用电气资本公司确定为具有系统重要性的非银行金融机构，从而将两者置于更为严格的政府监管之下。这是金融稳定监管委员会首次使用2010 年金融监管改革法案赋予的权力，将非银行金融机构列为系统性风险机构，并要求它们遵循更加审慎的监管要求。金融稳定监管委员会认为，这两家机构一旦陷入困境，将威胁美国金融系统稳定。

可以预计，在维护金融稳定和提高金融系统抵御风险能力方面，这并不代表最后的一步。美国也好，中国也好，或者欧洲、日本等也好，都将在极短时间内面对新的形势、新的问题、新的挑战，也必将继续对其他金融机构或者"准"金融机构开展类似评估。

如果有一天，阿里巴巴一类从事互联网金融的某个企业被宣布列为具有系统重要性的非银行金融机构，或许这并不至于让人们感到吃惊。

阿里巴巴集团是一家国际化互联网公司，经营多元化的互联网业务，成功建立了领先的消费者电子商务、网上支付、B2B 网上交易市场及云计算业务，同时积极开拓无线应用、手机操作系统和互联网电视等领域。传奇人物马云于 1999 年带领 17 人起家，而今则服务来自世界各个国家和地区的互联网用户，集团及其关联公司在遍及全球近百城市拥有数以万计的员工。阿里巴巴只有 15 年历史，员工平均年龄大约 28 岁，而今却可以说在做一件前人从未做过的事情。

2013 年 5 月 10 日，马云在淘宝十周年晚会上做了一次即将卸任阿里集团 CEO 职位前的演讲。他说，大家还没搞清 PC 时代的时候，移动互联网来了；还没搞清移动互联网的时候，大数据时代来了。套用他自己的这个句式，我们可以说，大家还没搞清当代金融的时候，阿里巴巴的互联网金融来了。

过去数十年里，由于金融创新、市场化改革、金融开放政策的实施以及现代信息、通信和风险管理技术的进步，各国金融市场进一步整合，金融领域的国际化也明显提速。一些国家，特别是欧美主要发达国家之间，金融整合的发展速度甚至超过了其贸易和国内生产总值的增长速度。上述趋势在本轮金融危机爆发前大约 10 年内呈加速发展的态势。相应地，系统重要性金融机构与系统性风险问题日益受到关注。

一 金融领域的整合与国际化

列宁认为："20 世纪是从旧资本主义到新资本主义、从一般资本统治到金融资本统治的转折点。"[1] 他还说，"人类的整个经济、政治和精神生活，在资本主义制度下已经越来越国际化了"。[2] 马克思主义经典作家的论述，对于观察当代资本主义金融领域的整合与国际化进程仍然具有重要的启迪。

其中，在老牌资本主义国家集中的欧洲，金融行业的集中化程度仍然超过世界其他国家和地区。2008 年年底，皇家苏格兰银行、德意志银行、巴克莱银行、法国巴黎银行、汇丰银行等欧洲大行的总资产规模均远远大于摩根大通公司、花旗集团、高盛、摩根士丹利以及在金融危机中创立的美国美林银行（Bank of America Merrill Lynch）等我们耳熟能详的美国"金融大鳄"，更不用说其他发展中经济体的金融机构。

各国、各地区，即使经济发展水平接近，其金融国际化水平也各不相同。总的来看，欧洲银行更具跨国经营倾向。2008 年年末，欧洲主要银行海外资产占比、税前海外净收入占比、海外分支机构占比分别高达 65%、65%、74%，而北美的同一组数据分别为 32%、49%、55%，亚洲的同一组数据则分别为 26%、23%、54%。[3]

金融国际化最突出的案例当属瑞士。1863 年成立于苏黎世的瑞士再保险公司（Swiss Re），是全球最大的人寿与健康险再保险公司，2008 年年末海外资产占比和税前海外净收入占比均高达 97%，分支机构更是 99% 都在海外。[4] 其他几家瑞士知名金融机构如瑞银、瑞信、苏黎世银行等，其国际化程度也高居世界前列。由此不难理解，为什么"小小"的瑞士，例如，以之为总部基地的世界经济"达沃斯论坛"，是世界上倡导

---

① 《帝国主义是资本主义发展的最高阶段》，人民出版社 2001 年版，第 38 页。

② 《列宁全集》第 19 卷，人民出版社 1959 年版，第 239 页。

③ A Safer World Financial System: Improving the Resolution of Systemic Institutions, ICMB, 2010, p. 14.

④ Ibid..

全球化思潮最积极的地方。

英国巴克莱银行、汇丰银行、皇家苏格兰银行、标准渣打银行等金融机构的资产也大都在海外,在英国本土管辖范围内的资产仅为 1/3—1/2。这或许算得上这个曾经的全球金融帝国仍然留存的荣光。

换个角度看,美国金融机构的国际化程度即使与欧洲相比也并不那么逊色,原因在于欧洲银行国际活动的数据既包括它们在欧洲之外的国家的跨国经营活动,也包括欧洲本区域国家相互间的活动。将欧洲 65% 的海外资产分拆为本地区其他国家和世界其他国家两类,则其占比分别为31% 和 34%,如此一来与北美主要银行的 32% 也就相差不大了。①

对于解读本轮金融危机来说,更重要的是欧美之间金融市场、金融机构千丝万缕的联系。2008 年,美国第四大投资银行雷曼兄弟公司(Lehman Brothers Holdings Inc.,LBHI)申请破产保护。而事实上,更广义上的雷曼兄弟集团当时却是一个在 50 个国家拥有 2985 个法人实体的庞大机构。以至当 LBHI 申请破产保护时,相关诉讼远不限于美国,而是遍及澳大利亚、日本、韩国、英国等地,其中英国是重灾区之一。就金融衍生品而言,雷曼兄弟特别是金融公司(Lehman Brothers Special Financing Inc.,LBSF)和雷曼兄弟国际(欧洲)公司 [Lehman Brothers International (Europe),LBIE] 一个在美国,一个在欧洲,就掌控了其大部分全球业务。"美国制造"的金融产品终端并不完全在美国,而是行销欧洲以及世界各地。这从一个侧面和角度可以解释,欧洲经济随后为什么远比危机发源地美国更长时间、更深程度地陷入衰退。

当然,许多欧美金融机构在世界其他地区也有非常积极的活动,百年老店汇丰银行在亚洲跨越时代的影响便是一例。影响更广的例证是全球最大的保险公司美国国际集团(AIG),该公司涉及全球 500 强企业近八成保险业务,业务量超过 3 万亿美元,因而全球范围的经济危机都反弹到AIG 头上,最困难的时候该公司一个季度就亏损约 1000 亿美元。

但是,近年来应予特别关注的还是一些新兴市场。一方面,新兴经济体迅速起飞伴随以他们对现代金融服务的需求出现爆炸式增长,而这些经济体接触、运营现代金融业的时间短暂、经验不足、实力弱小;另一方

---

① A Safer World Financial System:Improving the Resolution of Systemic Institutions,ICMB,2010,p. 34.

面，一些大型跨国金融机构，其中主要是欧美发达经济体的金融机构，其金融服务领域基于历史、技术、规则、理念等方面的强势地位不断得到巩固，并呈全球扩张态势。这两方面因素共同作用，使欧美跨国金融机构在国际金融体系的运作中发挥着主导性作用，常常影响甚至控制一些新兴经济体的金融市场。20 世纪 90 年代亚洲金融危机结束不久，本轮国际金融危机正出现向新兴经济体"第三波扩散"的可能。历史与现实，都进一步凸显了这种巨大影响力的存在以及新兴经济体可能面临的系统性风险。

二 系统性收益 vs 系统性风险

金融领域的整合与国际化具有两面性后果：一个经济体在金融领域的整合与国际化程度越高，它通过其在国内、国际金融领域强大的影响力、辐射力所获取的系统性收益可能越大；相应地，它对国内、国际金融业务的依赖性也越强，在金融领域所面对的系统性风险（Systemic Risk，SR）也越高，一旦遭遇金融危机，其所受冲击和影响时间越长、程度越深。

金融领域日益出现国别、地区和国际性整合的趋势，当然是因为这样的整合适应时代的发展以及本国经济、全球经济发展的需求，实现了规模经济和范围经济效益，完成了不同市场间，包括国际资本流动与分配、金融资产的分散配置与金融风险的分散承担、技术和知识的传播与扩散等具有系统重要性的功能，提供了具有系统重要性的基础服务；同时使金融产业竞争性更强，效率更高，交易成本更低，资产更具流动性，产品更具综合性，业务网络更流畅，信息更充分，抗风险能力更强，规则更为透明、一致和稳定，套利机会与套利活动减少。其结果是，金融之于经济的影响力已经再次实现了历史性跨越。从全球范围看，资本市场价值与国内生产总值的比率以及金融部门在经济总产出和总增加值中所占份额均持续上升。[①]

特别地，大规模的国际金融活动使有关大型金融机构及所在经济体获取了与其所在国家、地区经济规模相比远为超高比例的系统性收益。若干大型金融机构的资产总量甚至远远超过其所在地区、国家的总体经济规模。例如，本轮金融危机爆发前大约十年间，冰岛金融体系迅速增长至该国经济规模的大约 10 倍。[②] 2008 年成为欧元区成员的地中海岛国塞浦路

---

① International Financial Stability, ICMB, 2007, p. 2.

② A Safer World Financial System: Improving the Resolution of Systemic Institutions, ICMB, 2010, p. 52.

斯，人口不足百万、面积900多平方千米、GDP不足200亿欧元，却凭借其监管宽松、避税港地位、较高存款利率和地中海旅游胜地的优势，在四五年间迅速发展成为国际离岸金融中心之一，其银行存款达到GDP的近4倍。①

反过来，金融整合与国际化也可能形成并加剧金融和经济体系的不平衡，推高一些金融机构和经济体的风险偏好、复杂程度，降低外部金融市场的流动性和资本供给，金融资产和金融部门之间、各经济体之间相关性更高，也更容易形成风险传导。如果这些具有高度集中性、复杂性、国际性的金融机构出现问题，它们相应地就会引发系统性风险。那些对跨国业务活动依赖性更强的机构和国家，如果再加上其运作现代银行体系经验不足、时间短暂且监管不力等问题，在金融危机中往往更早轰然倒地，就是这一问题一体两面的表现。进一步说，如果这些重要机构出现危机，其影响力也并不局限在本行业和金融体系，甚至也不局限于本国经济，更可能产生跨部门、跨行业、跨国界的溢出效应。

概括地说，无论是美国"次贷"崩盘，还是欧债危机的演进，其基本模式十分相似：重要金融机构的问题或危机首先直接冲击资本市场，引发资产抛售或赎回浪潮，资产价格暴跌、财富和市场信心被摧毁，相应地对企业资金流动产生即时性的影响，导致实体经济遭受损害；进一步代价则不仅包括支持金融体系所需要的直接成本，例如，各国在危机爆发后大规模实施的直接贷款、资产采购、抵押互换、担保计划、资产保险以及直接注资、临时国有化等大规模救助行动，也包括实体经济活动陷入停滞所包含的进一步代价，例如，系统重要性金融活动（信贷等）突发性中断、货币政策急速转向，相应的投资、消费活动和总体经济增长突变性地偏离正常轨道，实际产出进一步锐减，以及大规模衰退进一步引发财政收入减少，失业率、财政赤字和公共债务攀升等；而重要金融机构的危机和主要经济体的衰退最终将，甚至即时性地跨越国界，传导至其他经济体甚至全球经济体系，不仅危机范围和规模扩大，而且由于连锁反应（ripple effect）导致危机程度迅速加深；等等。

在经济学意义上，一个代表性的定义是，"系统性风险即是对于整个

---

① 《塞浦路斯金融危机与救赎》，《银行家》2013年第5期。

金融系统稳定的威胁且程度严重，足以危及实体经济"。① 在更广泛意义上，系统性风险还意味着溢出效应可能进一步导致和放大社会、政治问题，甚至引发国际格局、国际治理机制的深刻变革。例如，与本轮国际金融危机相伴而行，全球政治近年进入一个大动荡、大变革、大改组时代。

三 系统重要性金融机构

由于金融整合和国际化的迅猛发展，一些重要的大型复杂金融机构出现问题和危机，其传导效应更明显，往往更容易直接引发系统性风险，因而也日益引起各国决策者关注。这种监管关注使其拥有了一个价值判断和感情色彩都十分复杂的名称：系统重要性金融机构（Systemically Important Financial Institutions，SIFIs）。

2009 年，二十国集团伦敦峰会决定由金融稳定理事会（Financial Stability Board，FSB）负责研究和提出全球具有系统重要性银行名单，制定危机处置政策；由巴塞尔银行监管委员会（Basel Committee on Banking Supervision，BCBS）研究其识别和评估方法，以及资本附加等监管政策。2011 年 11 月，经二十国集团戛纳峰会批准，FSB 发布了全球系统重要性金融机构（Globally Systemically Important Financial Institutions，G – SIFIs）监管政策框架，确定了首批 29 家全球系统重要性银行（G – SIBs）名单，包括 17 家欧洲银行、8 家美洲银行和 4 家亚洲银行（中国银行榜上有名）。

有意思的是，2011 年年末发布名单时，系统重要性金融机构连明确的标准都还没有给出。在该榜单上，英国渣打银行"出局"，被认为是显然的遗漏。渣打银行资产超过 5000 亿美元，业务覆盖约 70 个国家，绝大多数经营活动都以海外为基地。作为其国际性的标志，渣打银行甚至早就放弃了以英镑为单位报告经营状况。与此相反，英国劳埃德银行主要专注于国内业务，常常以"高街银行"自居和骄傲，市值也低于渣打银行，却最终被认定为 G – SIFIs，这同样让人大跌眼镜。2012 年的新名单增加了西班牙对外银行、渣打银行（英国），剔除了德国商业银行、劳埃德银行（英国）、德克夏银行（比利时），列表也改为 28 家。

尽管存在争议，决策者和理论界还是逐步形成了若干共识。即所谓的 SIFIs 就是特定的金融机构，"由于其规模、复杂性、系统性相互联系以及

---

① International Financial Stability，ICMB，2007，p. 5.

对于其提供的金融基础设施缺乏可以容易得到的替代，因而一旦出现困难或者无序破产，将导致更广领域里金融体系和经济活动的重大破坏"。①当然，G-SIFIs 的评估标准还应加上"全球活跃程度"，由此组成五项核心维度和关键指标，每个方面权重均为 20%，同时辅以适当监管调整，最终通过序数记分卡排名来确定单家金融机构的全球系统重要性。②

如果去掉 G-SIFIs 的"G"，即参照分析、认定国别经济层次的系统重要性金融机构（D-SIFIs），则其影响限于国内金融体系和经济活动。应予分析、关注的领域包括与某一经济体相对应，例如与该经济体 GDP 相比较，确认其规模，因为提出 SIFIs 概念的重要目的之一就是防止问题机构对实体经济产生衍生影响；从分支机构数量、分支机构之间以及分支机构与母公司之间的关系，多领域监管机构之间的关系等角度，评估其复杂性；从该机构自身运营资源、业务资源领域以及该机构与对手机构、该机构与整个金融系统和经济体系之间的相互关系等领域，评估其系统性相互联系、相互依赖；同时确认金融基础设施、基础服务以及系统性功能的不易替代性，因为提出这一概念的另一重要目标是防止问题机构对更广泛金融体系的重大溢出影响；继而通过问题机构的总资产负债等指标评估其出现问题和危机后，可能在多大程度上产生即时影响（如导致信贷中断）或引发传导效应（如对银行间业务、资金市场的冲击），并最终导致"更广领域里"的"重大破坏"；等等。

按照这样的评估，同一金融机构在不同时期、不同地域可能具有不同"身份"。在宗主国是 SIFIs，在其他驻在国家也可能是，但显然并不一定是 SIFIs，更不用说是 G-SIFIs。2008 年 10 月，冰岛最大银行（Kaupthing）、第二大银行（Landsbanki）、第三大银行（Glitnir）在同一周内全部崩溃。这三家银行在冰岛经济中的重要地位自不必言，其崩溃对于冰岛也的确产生了系统性的"重大破坏"；但是，它们是否足以认定为"更广领域里"（欧洲乃至世界金融体系）的 SIFIs，当时却颇受争议。反之，也有许多西欧银行在本国的地位并非最为重要，更不能被认定为 G-SIFIs，但是它们在中、东欧转型国家拥有大量分支机构和业务，影响举足轻重；一旦危机来临，这些金融机构可能抽逃资金，在中、东欧新兴经济体造成

① Some banks will be disappointed not to be on the G-Sifi list for regulation, http://www.guardian.co.uk/business/2011/nov/06/banks-disappointed-not-on-g-sifi-list.

② 《全球系统重要性金融机构监管改革：挑战与应对》，人民网，2012 年 5 月 14 日。

重大影响甚至破坏。所以，它们在相关中、东欧新兴经济体中被视为 SI-FIs。

四 小结：系统重要性金融机构与系统性风险

认识、把握金融领域的整合与国际化趋势，以及这一趋势所具有的创造系统性收益与引发系统性风险的两面性后果，注意识别、加强监管系统重要性金融机构，对于及时发现并有效防范金融领域的系统性风险，维护本国、本地区以及国际金融体系的稳定，实现经济可持续发展，具有十分重要的意义。

当然，识别系统重要性金融机构并非简单的计量统计和按图索骥。更重要的工作是根据国际金融、经济形势变化和国别经济特点，确定不同时期、不同地域、不同对象经济体中系统重要性金融机构的评估维度和方法，使系统重要性金融机构的识别、判定更能反映对象经济体所处经济环境和自身经济基本面实际情况，从而更加符合防范系统性风险的监管需求。

由此而言，被给予特别监管关注的系统重要性金融机构必然是一个动态管理组合（这也是 G－SIFIs 列表每年均将修订更新的意义所在）。

一方面，传统金融产业存在日益激烈的市场竞争，金融机构不断出现相互间的实力消长以及商业模式的发展演变。例如，在金融危机前二十多年里，欧美国家银行业出现了从传统的购买持有模式（Buy－and－Hold Model，BH）向发起销售模式（Originate－to－Distribute Model，OTD）演变，极大影响和改变了这些国家的金融形态和实力版图。尤其是在证券化程度较高的美国和英国，OTD 模式得到广泛应用，并被认为最终直接触发了"次贷"危机并进一步引发了国际金融危机。[①]

另一方面，以当代信息通信技术为核心的科技进步正以超乎人们想象的速度、规模改变着金融产业的生态和形态，催生着新型的具有系统重要性的金融机构或准金融机构。例如，在我们没有多少心理准备的时候，作为互联网技术与现代金融的融合，互联网金融等新型金融机构或金融形态已经登上历史舞台，它们与传统金融产业相互博弈、相互促进，甚至可能以人们难以预料的速度成为现代金融的主力军，进而改变、形成更广义的现代金融体系。相应地，其风险防范机制和金融监管体制的建设迅速被提

---

① International Financial Stability, ICMB, 2007, pp. 137－138.

上议事日程，甚至可能成为新时期金融产业健康发展的关键。

最后要强调的是，对于系统重要性金融机构特别的监管关注，也并不意味着只要"管住"少数这样的机构，我们就不会再有金融风险和金融危机；恰恰相反，系统性风险的触发机制十分复杂，非系统重要性金融机构之中，甚至在金融体系之外，同样存在大量可能诱发金融领域系统性风险的因素。

因此，发现和防范系统性风险更是需要进行动态把握的长期、持续的过程，不可能一劳永逸。对于监管者来说，如何在改革与发展进程中把握好节奏，提高系统性收益、降低系统性风险，这将是始终必须面对的权衡和不断探索的课题。

系统性风险与决策困境

题记

本文为"从国际金融危机看系统性风险"系列报告第二部分，侧重讨论系统性风险跟踪、预测、识别、发现、研判、防范、应对、化解等问题。

我在瑞士工作、生活六年，在这个人口仅仅800余万的"小国"，见识了太多的天才，当然更重要的是，天才的实验、天才的设计、天才的制造、天才的工程、天才的经营等等。但是，瑞士苏黎世联邦理工大学的德克·赫尔宾（Dirk Helbing）教授仍然让我惊叹：又一位天才，又一项天才的计划。

2010年，希腊财政危机逐步将整个欧洲导入一场前所未有的欧债危机，标志着肇始于美国"次贷"危机的国际金融危机出现新一波扩散并向纵深发展。希腊债务违约的威胁到底有多大？希腊的经济和社会是否会缓慢而无序地崩溃？希腊是否必须退出欧元区？希腊一旦脱离欧元区，接下来的是谁，西班牙或者是意大利？对于欧盟和欧元区来说，这一切意味着什么？如果说我们事先未能预测到希腊债务危机和更广意义上的欧债危机的话，似乎也没有人能够预测这场危机的剧情将如何发展。

人世间真的存在可以让我们窥见未来的"水晶球"吗？不管你相信不相信，反正德克·赫尔宾教授信了。

这位跨界物理学、社会学等领域的教授雄心勃勃，计划花费10亿欧元来打造一个计算系统，用以对世界上将要发生的事情做出有效预测。在他的"水晶球"面前，希腊的财政危机、欧债危机以及整体的国际金融危机，其前世、今生、未来都不再是问题。更有甚者，他的目标非常明确，花费10亿欧元的"水晶球"不仅将用来预测金融、政策或环境等领域的某一方面，还将预测这个世界上的所有事情，并找到决策者面临的最棘手问题的解决方案。

赫尔宾教授这个项目的正式名称是"未来信息通信技术知识加速器"以及"危机缓解系统"。其核心部分被称为"活地球模拟器"（Living Earth Simulator），它试图模拟一个全球维度的系统，包括经济、政治、文化的趋势，流行病、农业、技术的发展，以及其他更广泛的领域，从而获得对未来的认识。该项目还包括"全球危机气象台"（搜寻危机出现的苗头）、"地球神经系统"（将分布在地球各地的传感器采集到的数据汇总起来）等组成部分。

顺便一提的是，我在日内瓦和北京数次聆听华裔科学家丁肇中推介他耗费巨资、上天（例如美国国会在他的推动下，罕见批准动用航天飞机为他向太空运送实验设备）入地（你要是有机会去参观一下日内瓦湖底环绕几十公里的大型电子对撞实验场，你就明白我是在多么严格的科学意义上、毫不夸张地使用"入地"这个词来描述众多科学家的"地下"实验）的科研项目。我的一个直观感受是，成功的科学家不少都是杰出的传播学专家。赫尔宾则再次印证了我的这一看法。总之，在赫尔宾的竭力推销下，欧盟委员会被打动了。因此，他们在有 6 个项目参与的最终角逐中，将赫尔宾的项目排在第一位，并向他的项目投入 10 亿欧元。

当然，有许多科学家对是否需要将全球数据汇集到一个中央数据库持怀疑态度。他们认为，更好的方式是通过互联网形成数据云，然后通过链接使它们能供所有人利用；这种数据分享格式能让更多人有机会浏览查看数据，然后找到潜在联系，并为有竞争力的创意创造一个交流场所。如此，这个超级复杂的顶级模型或许可以成为对"大数据"、"云计算"最生动的表达。

"大数据"、"云计算"理念告诉我们，寻找各类数据之间的联系可能导致一场深刻的观念革命、科学革命、产业革命。大数据指不用随机分析法（抽样调查）这样的捷径，而采用所有数据进行分析处理，也就是说，需要新的处理模式才能提供解决方案的海量、高增长率和多样化的信息资产。大数据具有"4V"特点：Volume（大量）、Velocity（高速）、Variety（多样）和 Value（价值）。大数据技术的战略意义不在于掌握庞大的数据信息，而在于对这些含有意义的数据进行专业化处理。大数据必然无法用单台计算机进行处理，必须采用分布式架构。对海量数据进行分布式数据挖掘、分布式处理、分布式数据库存储，即构成所谓的"云计算"。互联网的成熟，使相关服务的增加、使用和交付模式也进一步成型。类似每秒10万亿次的运算能力，当然可以模拟核爆炸、预测气候变化和金融、经济的发展趋势。

模型预测的出现已经有大半个世纪了，其基本运作方式是，规定各个要素之间的一系列关系，输入数据，然后观察结果。即使预测效果不准，这种误差本身也能成为有用的信息，可以用于改进模型。由此，我们利用技术来识别趋势和制定战略、战术的能力不断增强。"大数据"、"云计算"时代的来临则可望为模型、模拟、预测提供更坚实的技术基础。一些过去看起来难以理解和随机的事物可能将迅速展示出其规律性。

尽管如此，人们仍然需要对模型、模拟、预测更多地心存一份敬畏和谨慎。在涉及金融、经济、政治等领域尤其如此。根本原因在于，无论多么复杂的模拟系统和多么高速、精确的计算，我们面对的毕竟是形形色色、动机各异的人，各种未能穷尽的参数和复杂的反馈，可以通过输入、输出以及反馈回路与其他相关系统相连。模型的本质是分析过去的数据，并以此作出推断。而人的未来行为并不都是理性的，常常存在非理性一面。如果预测不是封闭的，一个模型的预测结果本身就将改变它在建模时自身所处的环境，尤其是形成新一轮的预测对象的反馈，从而反过来影响自身模型的完美度和预测的准确性。这些因素的存在，使得无论哪一种社会行为学理论，在预测方面都永远不能等同于物理学定律。

当然，也没有必要滑入彻底的不可知论。这是我们在理解象征着人类社会不可预测性的黑天鹅理论（black swans theory）以及混沌理论（chaos theory）时需要把握的平衡。

回到本文的课题，其基本结论是：系统性风险的触发机制十分复杂，形势的跟踪、研判、预测也就十分困难，其应对、化解也是永无完结的过程。

金融市场可能形成多种均衡，系统性风险的触发机制也存在多种模式。系统重要性金融机构是系统性风险最为重要的来源之一；但是，大量小型金融机构，甚至来自金融系统之外的问题和危机，也可能因为各种复杂因素的相互作用而产生重大系统性影响。在金融监管实践中，更需要跟踪、研判的常常是某一"情势"，而不是特定"机构"，是否具有系统重要性,从而进行相应处置。① 这样的基本认识对于监管者在市场的复杂性和不确定性中动态把握、审时度势、科学决策、合理调配监管资源的能力和艺术提出了更高的要求。

一 欧美在金融危机中的形势研判与应对决策

(一)案例研究:欧洲

2007 年,英国北岩银行即已出现股价暴跌、客户挤兑。北岩银行当然算不上全球性大银行,在英国也仅是第五大抵押贷款机构。但是,综合考虑各种因素,英国政府还是决定救市,对北岩银行以及第八大抵押贷款机构布拉德福德宾利银行(Bradford & Bingley)先后实施国有化。在 2008 年涉及比利时、荷兰、卢森堡的富通银行危机以及涉及比利时、法国、卢森堡的德克夏银行危机中,救助措施和效果皆与此相似。

但是,同一时期对冰岛第三大银行(Glitnir 银行)的政府救助却反而被指破坏了国际市场对于冰岛金融体系的信心。英国政府就此做出反应,冻结冰岛第二大银行 Landsbanki 在英国的资产,结果导致冰岛最大的银行 Kaupthing 也随后破产。这一切在 2008 年 10 月仅一周的时间即相继发生,令人眼花缭乱。

2010 年后,欧洲主权债务危机持续发酵。希腊几乎破产,爱尔兰、西班牙、葡萄牙和意大利等国也相继出现银行资金周转及主权债务问题。2013 年塞浦路斯爆发银行危机。这些国家本身的经济分量并非那么显赫,但是由于它们都可能扣动整个欧元区经济进一步陷入危机,甚至迫使欧元区解体的"扳机",从而又被认为具有系统重要性特质。

不过,欧洲央行、国际货币基金组织等对希腊危机的处理一直引发诸多争议,欧元区成员国之间也分歧不断。主要的关切在于无条件救助希腊可能助长欧元区内部"挥霍无度"的道德风险并引发本国纳税人不满。与此同时,欧元区内部协调机制也运作不畅,致使救助希腊的计划屡屡受挫,危机持续恶化。

总体来看,形势研判的两面性使欧洲层面的监管机构以及欧洲有关国家政府应对欧债危机的举措常常成为难题。救助对象是否具有系统重要性?监管者面对的事件、情势是否真的可能触发系统性危机?政府干预是

---

① A Safer World Financial System: Improving the Resolution of Systemic Institutions, ICMB, 2010, p. 123.

否反而会加剧救助对象的道德风险？如此等等，"剪不断，理还乱"。2013 年 7 月，欧洲理事会批准拉脱维亚次年加入欧元区，"欧元崩溃论"暂告平息；但欧元区 17 国的 GDP 直至 2013 年才结束了长达 18 个月的连续负增长形势，欧元区危机应对的努力仍然遭受质疑。

（二）案例研究：美国

2008 年是美国金融危机演进最关键的一年。当年 3 月，美联储紧急决定，让纽约联邦储备银行通过摩根大通银行向美国第五大投资银行贝尔斯登公司提供应急资金，以缓解该公司的流动性短缺危机。这也是自 1929 年大萧条以来，美联储第一次向非商业银行提供应急资金。

同年春夏，雷曼兄弟公司市值与账面价值比率等重要经济指标预警该公司可能崩盘[1]，但是美国政府似乎认为不存在系统重要性问题；半年之后，雷曼兄弟公司更被拒绝救助并终致破产，这也成为美国历史上最大的破产案。当然，美国政府发出的信号似乎相当混乱，例如，在雷曼兄弟公司破产前夕，它又急急忙忙组织了与世界各地投资人密集的谈判、协商，这似乎表明它又认为该公司具有系统重要性。事后人们发现，雷曼兄弟公司破产以及与之相联系的货币市场基金挤兑、商业票据市场崩溃等产生了重大传导效应，使之最终成为本轮金融危机的标志性事件。

与雷曼兄弟公司待遇相反，尽管美国国际集团（AIG）金融产品部门在该集团总收入中的比例一直很低[2]，但是面对雷曼兄弟公司破产后的动荡以及对类似传导效应的担忧，美国财政部和美联储仅仅两天后就做出了大规模救援 AIG 的决定，并很快拥有了该集团 79.9% 的股份。621 亿美元"系统性"救助资金支付给 16 家对手机构，其中 3/4 的对手机构其总部基地都不在美国，例如最大的一笔 165 亿美元给了法国兴业银行。[3]

迄今为止，美国经济出现稳定、温和复苏势头。2012 年 6 月，纽约联储负责人发表声明称，金融危机期间有关救助基金实现了保护美国经济的政策目标，而且"连本带利"收回了全部投资，并称这"具有里程碑

---

① Report of Anton R. Valukas, Examiner, the United States Bankruptcy Court, March, 2010.

② Systemic Risk in Insurance：An Analysis of Insurance and Financial Stability, Special Report of the Geneva Association Systemic Risk Working Group, Geneva, 2010, p. 17.

③ A Safer World Financial System：Improving the Resolution of Systemic Institutions, ICMB, 2010, p. 48.

式的意义"。①

二　传导效应：如何研判金融领域的系统性风险

研判是否存在系统性风险，将直接决定监管当局在特定情势下是否应当干预（问题与风险性质的判断）、如何干预（对策选择与组合策略）、何时干预（行动时机及其可能形成的市场和监管预期）以及在何种程度上干预（处置力度）。

但是，本轮金融危机的实践中，决策者在如何认定某一情势是否具有系统重要性，以及监管当局是否应当"出手"干预等问题上常常难以决断。

在微观层面，很难孤立地评估任何一家金融机构和金融事件的系统性影响。即使作为本轮金融危机标志性事件的雷曼兄弟公司破产，也只是当时一系列重大金融事件中的一环，例如它前有"两房"接受监护，后有对 AIG 的救援。

在宏观上，也很难以某一孤立指标判断某一金融体系的系统重要性。例如，相对而言，美国银行业在美国国内生产总值中所占比重并不比欧洲高，但它在"更广领域里"产生"重大破坏"的"能力"却远为强大。②

从微观与宏观层面的联结看，似乎不那么重要的机构、开端也似乎不那么引人注目的事件，尤其是在一定公共政策、市场预期的背景下，也可能产生"蝴蝶效应"，形成下降螺旋，并最终触发系统性风险。

金融理论一般将系统性风险分为传导效应（contagion）和聚合冲击（aggregate shocks）两类。③ 其实，"传导"与"聚合"不过是对研究对象在时间和地域上的不同"截屏"，"传导"终会形成"聚合"，而"聚合"的冲击也可能继续"传导"。发现和防范系统性风险，关键还是在于对某一具体事件未来演进的不确定性进行评估，即如何判定可能产生的传导效应，从而降低或阻止传导。

从本轮金融危机事实和逻辑看，需要研究和关注的传导涉及市场风险、信用风险、运营风险、流动性风险等各个领域，包括盈利模式不可持续、资产价值降低和违约预期如何触发支付危机；流动性紧缩如何触发银

---

① http://news.imeigu.com/a/1339737420474.html.

② Some banks will be disappointed not to be on the G - Sifi list for regulation, http://www.guardian.co.uk/business/2011/nov/06/banks - disappointed - not - on - g - sifi - list.

③ International Financial Stability, ICMB, 2007, p. 5.

行间市场利率的飙升，导致主要金融机构之间的对手风险凸显；包括表外影子银行业务在内的各类非系统性功能和非基础服务及其潜在的风险，是否可能危及重要金融机构的系统性功能和基础服务的继续运行；公共政策（例如政府是否提供紧急流动性及其时机）的选择将如何稳定市场预期，或者反之，影响不确定性与恐慌情绪的形成、蔓延；重要金融机构如何通过其国内、国际分支机构和各类业务的复杂联系、相互依赖以及各类资产的高度关联，将风险和危机向超越本机构、本系统和本经济体的领域扩散；资金短缺、票据市场异动、风险资产抛售以及股市和债市暴跌等金融危机现象，可能以何种方式向实体经济传导，形成全方位的经济危机；"全球经济不平衡"可能导致国际经济环境出现何种变动，例如，主要经济体货币政策的转向、国际流动性充足程度的改变、世界主要货币币值的波动，以及相应地可能对国际资本流动、资产价格变化、全球通胀水平、汇率调整等产生的影响，同时形成何种模式的"全球经济再平衡"，尤其是对新兴经济体产生何种影响和冲击；等等。

所有这些情势演进的方向、方式、渠道、烈度，都需要在把握总体形势的大背景下做出即时的评估和反应，否则它可能在难以预料的节点越过临界，形成一场与对经济基本面的总体判断不相对称的系统性危机。

美国经济学家海曼·明斯基描述了资本主义金融体系倾向于产生内生性危机的特点。他所描述的资产价值崩溃的临界点也被称作明斯基时刻（Minsky moment）。[1] 在实践中，这样的时刻常常最后在不经意之间出现，并迅速具有系统重要性质，"尾部风险"（tail risk）由此在金融危机理论中成为热词。例如，国际金融市场直至 2007 年中期都异乎寻常地平静，资产价格波动和风险贴水迭创新低；但是，一场看似突如其来的危机却以近百年未遇的速度和深度席卷全球，以至有人惊叹："模型预测一万年一遇的事件在过去的三天里每天都在发生。"[2] 唯其如是，行为主义经济学特别强调"自我实现式预言"、"羊群效应"、"自我放大"等因素在风险传导中的关键影响。信息的不对称则可能加剧这种传导。

系统性风险类似泡沫经济，存在绝对性与相对性、可知性与不可知性、标志的模糊性与可感知性的对立统一；常常是你遭遇了，才知道它出

---

① International Financial Stability, ICMB, 2007, p. 7.

② Ibid., pp. 12 – 13.

现了。因此，我们同样无法就系统性风险给定绝对量化的标准和一成不变的公式。不管多么精致的计量经济模型也只能回答，在设定情况和条件（参数）下，特定机构的问题导致系统性崩溃的风险概率是多大，相应的对策选项或对策组合可以是什么，预期成本、收益如何。计量经济模型可以增加、减少、调整参数，但是无法穷尽参数；它更大的价值在于提供了一种设定条件下的分析逻辑，而不是这一逻辑在设定参数下推导出的具体结论。不要迷恋"准确预测"，那只是个传说。

三　道德风险与决策困境

提出系统重要性金融机构（SIFIs，或在全球层面上，G‒SIFIs、G‒SIBs）这样概念的目的，是为了防范特定经济体或世界经济产生系统性风险；因此，一旦被认定为SIFIs，其所受监管相应地更加严格。按G‒SIFIs模式，这样的监管政策框架包括提出附加资本要求（在2014年11月被认定为G‒SIBs的银行，需从2016年开始以普通股权一级资本的方式提供1%—2.5%的附加资本，并于2019年前达标）；建立金融机构的有效处置框架，明确监管机构在处置过程中应承担的责任、工具和权力；开展可处置性评估（Resolvability Assessment，RA）、制订恢复与处置计划（Recovery and Resolution Plans，RRPs）；加大监管力度，提升监管的有效性；等等。[①]

但是，系统重要性金融机构也可以借此提升形象和信誉、降低融资成本、增强系统内甚至国际影响力和话语权。它们或许并不认为"SIFIs"标签是一种"监管关切"，而是一种"上榜荣誉"。特别地，如果某些机构事先被认定为"SIFIs"，则这些机构似乎就"合法地"拥有了"大而不能倒"的标签。它们因此更具有从事高风险业务的倾向，也更可能利用自身所承担的基础服务和系统性功能，甚至故意复杂化其治理结构、业务关系、工作程序，以谋取商业利益，例如争取补贴和政策倾斜，谋取相对于非系统重要性金融机构的竞争优势，为自己编织更有利的安全网等。

实践中，由于"旋转门现象"的存在，更增加了系统重要性金融机构影响监管机构所做决策的能力，甚至系统重要性金融机构博弈监管机构的现象也时有发生。在本轮金融危机中，监管者对SIFIs的压力测试常常滑稽地演变成SIFIs对监管者容忍底线的反测试。甚至非系统重要性金融

---

① 《国际金融热词解读：全球系统重要性银行》，《人民日报》2013年3月22日。

机构也常常"抱团博弈",以制造市场恐慌等形式,将监管机构逼至投鼠忌器的尴尬境地。这是欧美国际金融危机应对实践中反复出现过的道德风险(moral hazard)。规制俘虏理论(Regulatory Capture Theory)也可以部分解释这一原理。①

从博弈论的角度看,监管者在"谁更输得起"的问题上有时比自己的监管对象更脆弱。所以,在市场经济体系下,尽管监管者一般被认为更倾向于首先让市场机制来解决金融体系出现的问题;但是,当一些金融机构,尤其是 SIFIs 出现问题时,它们更可能不断收缩底线。面对若干最坏情况的想定,即使监管者知道这些情况发生的概率不大,但它们还是更倾向于采取规避风险的措施。② 这种风险偏好使得它们在面对金融市场和大型金融机构的挤压时往往相对被动。

核心问题在于,监管者会担心,拒绝给予回应甚至"救助"可能放大不确定性,"引爆"系统性风险,导致被迫实施更大规模的"紧急救助"。这包括:信息不充分(例如,问题机构在危机期间可能公布虚假财务报告)、对未来发展趋势把握的有限性等,使其难以判定面对的情势是否具有系统重要性;系统重要性金融机构相互勾连,任何一个机构的问题都可能演变成其他所有类似机构的普遍性问题;即使处置系统重要性金融机构的非核心业务与活动(例如表外业务等),由于这些业务过度膨胀以及与系统性功能、系统性服务在基础设施、人员结构、信誉品牌等方面的过度勾连,也可能导致这些机构无法继续提供具有系统重要性的服务、履行具有系统重要性的功能;系统重要性金融机构在业务范围、治理结构、分布地域、适用法律等各个方面都太过复杂,无论是私人还是政府主导的何种处置方案,都可能产生太高的成本和代价;本系统负面信息进一步扩散,将加速形成风险扩大的市场预期,进一步与金融系统甚至整个经济体系的现实危机形成恶性循环;等等。

鉴于此,一些西方学者对于监管者公开认定、宣布谁是谁不是 SIFIs 的做法也提出了批评和质疑,对于 SIFIs 一旦被予认定该当接受何种监管也提出了更强有力的主张。

---

① International Financial Stability, ICMB, 2007, p. 100.

② Credit Rationing and Financial Disorder, *Journal of Finance*, 1984, Vol. 39, pp. 1359 – 1382.

四 小结：研判、防范系统性风险的难度和复杂性

系统性风险程度和范围各异，既有行业系统性风险、国别系统性风险，也有跨境系统性风险、全球系统性风险；其触发机制也相当复杂，在宏观、微观以及两者相互联结的层面都存在诱发风险的根源。在本轮金融危机中，对于特定的情势，干预（例如，冰岛 Glitnir 银行危机）或是不干预（例如，雷曼兄弟公司破产），深度干预（例如，对美国汽车巨头的准国有化）或是设定条件的干预（例如，对希腊债务危机的递进式救助），如此等等，都曾引发激烈争议。这足以说明准确研判系统性风险和科学进行处置决策的难度和复杂性。

但是总的来看，欧美国家面对的一个突出问题是，对系统性风险的担心使监管者的容忍度常常渐次提高，甚至在对有关系统重要性金融机构发表负面看法的问题上也表现得相当克制；在面对危机之际，除不断提供"紧急救助"外，似乎也无更好的选择。其结果是，问题的发现和解决不断延迟，反而将更多公共资源置于危险境地、积累更大的系统性风险，直至出现系统性崩溃。美国经济不断饮鸩止渴，导致经济泡沫不断形成、积聚，在阶段性刺破后反而在更大范围、更高程度上再形成、再积聚，直至形成大萧条以来最大规模金融危机、经济危机，并扩散至全球，即是典型案例。

金融危机实践证明，要及时发现、有效防范系统性风险，必须善于识别可能触发系统性风险的各种内生性、外生性因素，重点是要及时研判可能引发连锁反应的传导渠道，进一步和全方位加强金融监管；特别是要通过制度设计，解决"大而不能倒"，以及类似的"太复杂而无法处置"、"太不透明而难以处置"、"太大而无法救助"等道德风险问题。否则，各国监管者将难以摆脱被动性质和应急性质的事后处置困境。

金融监管改革新趋势与
改革开放新空间

题记

本文为"从国际金融危机看系统性风险"系列报告第三部分，其中部分内容在中共中央党校《学习时报》2013年9月23日一期发表，题为《破解"大而不能倒"困局》；中国国际问题研究院、中国国际问题研究基金会《新挑战新应对新局面》（世界知识出版社2015年版）一书另刊载本报告有关内容。

本文从研究国际金融危机爆发以来国际金融监管改革基本方向开始，继之以解析如何破解"大而不能倒"困局，落脚点则在于，监管的边际效用递减且存在极限，意味着形形色色、大大小小的金融危机不可能仅靠加强监管即就此绝迹。除进一步加强金融监管、健全消费者金融保护机制等外，根本出路在于超越防范风险。

不妨看看近一时期以来，中国金融业改革与开放的若干实践与基本方向。

2014年，面对错综复杂的国内、国际经济金融形势，中国金融业最值得一提的改革和发展亮点应当是，积极推进银行业改革转型、引导和扩大民间资本进入银行业。

——着力推进首批5家民营银行试点工作。2014年3月，中国确定首批5家民营银行试点方案；第三季度，5家民营银行全部获准筹建，它们分别是深圳前海微众银行、温州民商银行、天津金城银行、上海华瑞银行和浙江网商银行。2015年6月25日，作为国内首批试点的5家民营银行之一，背靠阿里巴巴旗下蚂蚁金服的浙江网商银行正式开业。至此，首批5家民营银行已经全部开业。

——2014年，银监会批准设立由民间资本控股的金融租赁公司、金融消费公司、企业集团财务公司共 14 家以及 162 家由民间资本占主导的村镇银行。

——2014 年 11 月，银监会发布《关于鼓励和引导民间资本参与农村信用社产权改革工作的通知》，进一步扩大农村信用社向民间资本的开放力度，进一步调整放宽民间资本参与农村信用社产权改革的政策要求，引导民间资本进入农村金融服务领域。

下一步，中国将继续全面深化银行业改革和市场开放。排在第一位的任务仍然是进一步积极扩大民间资本进入银行业。中国将扩大民营银行试点范围，加快出台民营银行发展指导意见，完善民营银行持续监管框架；扩大消费金融公司试点范围，广泛吸收符合条件的民间资本参与；扩大村镇银行民资股比范围，支持民间资本参与发起设立村镇银行，提高民间资本占比；扩大民间资本参与机构重组范围；推进银行业金融机构混合所有制改革，拓宽民间资本进入银行业渠道。

在 2015 年"两会"政府工作报告中，李克强总理明确提出，推动具备条件的民间资本依法发起设立中小型银行等金融机构，成熟一家，批准一家，不设限额。

与此同时，中国进一步加强银行业法治环境建设，进一步完善金融安全网络。

2015 年，中国政府正式公布《存款保险条例》，自 2015 年 5 月 1 日起施行。存款保险制度是市场经济条件下保护存款人利益的重要措施，是金融安全网的重要组成部分。从系统性风险防范角度看，通过颁布存款保险条例，明确对存款人的保护政策，确保及时赔付，可有效地维护金融市场和公众对银行体系的信心，切断恐慌情绪和风险在金融机构之间传染的链条，防止个别金融机构经营管理出现问题引发区域性、系统性风险。

酝酿了 20 多年的存款保险制度终于正式出台，为下一步中国金融业改革开放进一步创造了有利条件。中国也将进一步完善银行业法律法规体系，推动市场退出、普惠金融、民间融资等领域的立法工作，推动修订一批基础法律法规。中国金融安全网的巩固，预示着金融改革与开放将会进一步提速。

上述改革与开放的若干实践与基本方向印证了本文的核心结论：新兴经济体不仅要善于在国际金融、经济形势的动态演变中发现、识别、防范系统性风险，更重要的是，要积极加快建立符合国际规范、立足本国国情、具有各自特色的现代金融体系，在现代金融产业发展和壮大的过程中稀释系统性风险、化解系统性风险、消除系统性风险。这就是"超越防范风险"的本质内涵。

本轮金融危机爆发以来，各国决策者反思最多的是监管，最直接的反应则是纷纷进一步加强监管，增强本国金融体系抵御系统性风险的能力。但是，风险也蕴含着机遇。在中国经济进行结构调整的关键时期，推动新一轮改革开放，建设强大的中国特色社会主义现代金融体系和现代金融产业，对于实现中国经济转型升级和跨越式发展具有关键性、战略性意义。

一　金融危机爆发以来监管改革的基本方向

（一）监管责任与监管能力领域

一是明确监管和处置责任，特别是明确主要监管机构的责任。包括有关机构在采取措施和行动时应考虑可能引发的系统性风险。在金融危机中的美国，对于 AIG 这样的大型、复杂金融集团，明确监管责任被证明并不是那么容易，因而成为危机之后进一步加强监管的首要问题。

二是合理安排各监管机构之间的成本分担，评估监管收益并选择最优监管组合，加强各监管机构之间跨部门、跨地域监管行动的协调、合作，减少摩擦和协调成本，同时也降低监管对象的负担。这种协调涉及各国中央银行、财政机构、存款保险机构、清算机构，银行、证券、保险等各行业监管机构，以及司法机构等。

三是改善监管机构，尤其是与强势金融机构相比，在信息收集、储存、使用以及专业知识掌握等领域的不对称地位及其对监管工作产生的不利影响，丰富监管资源、增强监管能力、提高监管水平。

（二）监管体系与监管机制领域

在监管机构与大型、复杂金融机构之间，系统重要性金融机构承担的基础服务、系统性功能与非系统性服务和功能之间，在利益和结构等方面形成有效绝缘（insulation），降低直至切断这种关联、互锁对决策的制约和影响；提高金融监管制度化、透明度、非歧视性以及国际性，及时重估、更新、严格相关监管原则、法律、规则、标准、程序，改善金融产品的评估和定价机制，研究克服"评级困境"、"定价困境"[①]，避免不确定

---

① International Financial Stability，ICMB，2007，pp. 139，143.

性可能产生和放大的危机传导；施行阶梯式收紧的监管措施和预案，设定评估指标和触发机制，及时发现风险，按规定的标准和程序适时启动早期预警、早期干预、早期校正，直至采取及时纠正措施（PCA）以及给予更严厉的制裁和最后处置；尤其要严格设定政府救助和干预的条件、标准，预设问题机构处置方案，以降低、避免道德风险。

（三）治理结构和商业模式领域

简化、理顺、改善大型金融机构法律治理结构和商业模式，控制其规模、复杂性和风险偏好，通过良治（good governance）降低道德风险、提高金融机构对自身行为的自律和责任意识；提高金融机构透明度，形成、改善各实体、分支机构间信息分享的机制，加强信息通信技术支持和基础设施建设；建立危机处置机制，确保有价值业务、资产在危机期间能够与问题机构和被处置机构及时、有效、有序分离，保护对手机构之间的重要合同、协议，避免雷曼兄弟公司因业务碎片化、破产保护程序分散化等导致无法重新整合有价值业务和资产的现象，以及可能引发的瀑布式破产（bankruptcy cascades）和连锁式危机。其中，对冲基金作为重要的风险资本，其本身虽然具有分散风险、吸收冲击、稳定金融市场的功能，但是，由于其对短期收益的关注、较为激进的交易策略、多重杠杆的使用、趋同的商业模式和交易风格、相对缺乏透明度等因素，特别是在其占主导地位的一些市场中，日益受到监管者关注。①

（四）金融产品与金融业务领域

密切跟踪金融市场的最新发展、全程监管金融创新产生的新型金融产品。尤其是对于那些复杂、不透明以及难以理解和评估的金融衍生品业务，要增强其市场透明度，充分发挥其积极功能，例如，为监管者提供更市场化的信息（例如金融资产和金融风险定价等领域），对风险进行分类交易，分散风险、转移风险、对冲风险，为金融企业提供更稳定的盈利预期、降低市场波动性、增强市场流动性，为金融体系提供稳定性和应对外部冲击的缓冲带等②；同时避免其消极作用，例如，使得金融系统更为复杂、信息更不充分、相关从业者更缺乏责任和约束、风险更不容易跟踪、风险承担与风险管理能力更不匹配以及相应形成的运营风险等③，特定情

---

① International Financial Stability, ICMB, 2007, pp. 119, 128.

② Ibid. , p. 113.

③ Ibid. , pp. 113 – 115.

况下甚至可能出现相关主体操纵市场、与体系相博弈的诱因，从而累积更大风险。①

（五）金融保护与金融教育领域

建立健全消费者金融保护机制，严格监管标准和市场纪律；加强和改善消费者金融教育，向消费者提供清晰、简洁、权威的信息，帮助它们理解、评估风险和收益，从而做出明智、理性的决策。早在大萧条时期，美国国会就创立了联邦存款保险公司（Federal Deposit Insurance Corporation, FDIC），通过为存款提供保险，检查、监督以及接管倒闭金融机构，来维持美国金融体系的稳定性。2011 年，美国消费者金融保护局（United States Consumer Financial Protection Bureau，CFPB）开始营运，监管资产100 亿美元以上的美国金融机构，负责促进"公平和透明"的抵押贷款、信用卡和其他消费金融产品和服务等。

（六）国际合作与国际制度领域

国际金融领域的整合无可避免地降低了各国的决策独立性，各国努力适应系统重要性金融机构跨国经营的现实，尽量考虑其国内与国际监管角色的差异，力图实现市场准入与协同监管的结合，不断尝试分享监管信息、协调监管行动、整合监管体系、分担监管成本、推动形成共同的监管规则和监管标准，缩小、消弭各国在信息、会计、法律、处置等基本制度和基础设施领域的差异，以期在危机应对上形成更有效的国际协调，防范重要金融机构出现问题时威胁整个金融系统稳定，甚至产生跨系统、跨国界的溢出效应。

二　破解"大而不能倒"的困局

在本轮金融危机中，尽管一些紧急救助被认为已经过度，但仍然有大量金融机构，包括一些全球百强金融机构破产、接受监护、被政府接管或者在"协助"下（其实常常是在政府主导下）合并、重组，数量超过危机前二十年的总和。

其中暴露出的一个问题是，如何对这些机构进行处置在当时并没有预案，对这些机构需要处置的认识也明显滞后，因而处置行动特别是有限的国际合作行动几乎全部带有应急和临时性质。在危机应对实践中，这就相应地表现为行动迟缓；而且由于对象机构跨监管部门、跨国存在的复杂

---

① Bank Stability Measures，IMF Working Paper，WP/09/4.

性，在国内各监管机构之间以及各国政府之间都明显地缺乏协调，监管和处置责任不清、效率低下，以致推卸监管和处置责任与争夺监管和处置权限两种现象均有发生。其结果是市场信心以及对监管部门的信任迅速崩溃，形成恶性循环。

这一切危机演进的逻辑和悖论在于，缺乏处置预案不仅仅使许多原本可以被拯救的资产价值被摧毁；更重要的是，缺乏处置预案反而最终把各国监管者推到被迫进行紧急处置的地步。

鉴于此，各国近年来开始重视探讨预设处置方案问题，以从源头上防范系统性风险的产生。

对监管对象而言，按博弈论的逆向推导和激励设计原理，只有设定可信的回报和威胁（对监管和市场的预期），反过来才可能形成自我约束机制，从一开始就使得这些机构采取理性行为模式，大幅降低风险偏好和风险敞口，相应地反而可以大幅降低被迫进行紧急处置的概率，实现金融体系的稳定和经济体系的良性均衡，避免重要金融机构预期得到救助却最终被抛弃并引发连锁效应的"雷曼兄弟之惑"现象发生。制度设计影响市场行为。高盛公司研究表明，仅仅是适度处置措施的存在，就可能避免2008—2009年间任何一桩"大而不能倒"问题的发生。①

对决策者而言，事先的制度、体制、机制设计和政策工具，包括可能的处置机构，以及其不断的重估、更新、测试等，可以在重要金融机构与监管机构之间，基础服务、系统性功能与非系统性服务和功能之间形成"双绝缘"，从而进一步降低决策者的脆弱性、提高决策灵活度，并为规模、复杂程度各异的金融机构提供更加公平的竞争环境。在危机最终不可避免时，也可做到责任（包括应当承担的成本和损失）清晰、迅速、有序、有效、低成本地并以更可预测的方式进行处置，切割、保全有价值资产和业务，同时确保系统性功能和基础业务继续正常运转，以最大限度地节省公共资源、保护公共利益、避免重大溢出效应。

事前的处置方案意味着更明确的预期。这种预期在地域上包括国内和国际层面，职能上包括监管主体和司法管辖主体，后果上包括成本分担和价值保全、分享，性质上包括对协调程度和协调成本高与低的确认等。没有这样的预期，"大而不能倒"，以及类似的"太复杂而无法处置"、"太

---

① Ending "Too Big to Fail", Global Markets Institute, Goldman Sachs, December 2009.

不透明而难以处置"、"太大而无法救助"（冰岛危机即为典型案例，它意味着实践中可能出现小国的大银行在大国中被有效监管、处置的现象）等道德风险和事后处置的困境，就将长期成为悬挂在各国决策者和世界经济可持续复苏头上的一柄"达摩克利斯之剑"。

当然，预设处置方案仍然是处于探索过程中的课题，各国，更不用说国际层面上，还没有建立起单一的处置机构和成熟的处置模式。在美国，谁拥有对系统重要性金融机构进行最终处置的管辖权甚至存在很大争议，作为独立联邦政府机构的 FDIC 也存在被进一步赋予更大权限的可能。但是，国际金融学界和业界至少在认识上已经广泛接受了预设处置方案的理念。作为这一理念矛头所向的机构摩根大通，其首席执行官也承认："任何机构都应当被允许倒下……但是我们需要一种处置机制以使系统不被摧毁。以一种不损害系统的方式拆解一家银行应当是切实可行的。这比大而不能倒要好。"[1]

结论是：尽管对问题机构进行处置是最后的选择，而且同样可能旷日持久、成本不菲[2]；但是，通过法律或制度的确定性，让市场主体相信可行方案的存在并且在设定条件下必将实施，对于防范道德风险具有无可替代的重要意义。实现狭义监管政策与应急处置政策的对接、整合，总体和广义的监管政策才真正更为有效。

三　监管边际效用递减与超越防范风险

在实践中，迄今为止，各国监管改革动力仍然不足，进展仍然缓慢，处置策略、计划、方案仍非完整、可行。

对于监管者来说，大多数国家并没有赋予它们相应的和足够的权力、资源；对系统性风险的防范被认为或要求不应损害金融整合所带来的系统性收益；许多监管指标和程序启动的机制难以客观、量化，在不同的市场环境下难以一致，而且容易形成操纵市场、博弈体系的诱因；在特定情势下，一些监管措施的实行，本身就可能形成监管者和被监管者都不愿看到的预期（例如，对市场前景的担心、信心和信任的摧毁）以及这种预期

---

[1]　Dimon Backs Means to Close Down Banks, *Financial Times*, October 28, 2009.

[2]　A Safer World Financial System: Improving the Resolution of Systemic Institutions, ICMB, 2010, p. 78.

螺旋式的上升、强化①；等等。

就被监管者而言，许多监管改革都直接意味着增加其成本，削减其管理权限，降低其竞争优势、运营效率和经营收益，因而也不同程度地抵触改革。

特别是在国际层面，强调国家主权与促进国际金融整合、维护全球金融稳定这三项政策目标存在"三难困境"，并不总能协调②；跨国金融机构宗主国与问题机构驻在国之间缺乏信任，二者的利益，包括在处置过程中损失的承担和剩余价值的分配，并不总能兼容；它们对于某一机构是否具有系统重要性、该机构宗主国与驻在国之间存在何种传导机制以及如何分担监管成本、责任、权利等问题的认识并不总能吻合；不同经济体在金融领域基础设施的建设，基本制度、规则的制订、完善和改革等方面，并不总能同步；资金、信息、业务以及其他金融资源的自由、顺畅流动和共享，尤其是在出现问题和危机的时期，并不总能得到保障；何时进行干预，谁主导干预，适用何种监管机制和程序以及国内行动与国际合作间的关系如何处理等，各国对这些问题的看法也并不总能一致；等等。在可预见的时期内，更高层次的国际合作机制和协议仍然难以出现。

具有反讽意味的是，在缺乏全球性监管者或者国际性监管机制的背景下，为保护、扩大自身经济的竞争优势，各国间监管制度相互竞争，不仅没有如一些学者所预期的那样甄别和传播好的做法，反而出现了制度领域的"劣币驱逐良币"效应。少数国家的规制俘虏即可影响整个金融体系。监管制度领域的"逆向淘汰"仍是常态。无论是发达经济体，还是新兴经济体，监管套利（regulatory arbitrage）依然是"我家大门常打开"。③

监管的边际效用递减且存在极限，意味着形形色色、大大小小的金融危机不可能仅仅靠加强监管即可就此绝迹。这样的现实首先要求进一步健全消费者金融保护机制。在美国，无论是新近建立的 CFPB，还是历史悠久的 FDIC，其目的都在于防范金融风险造成的重大溢出效应，维系公众对金融体系的信心。在 2013 年塞浦路斯与欧盟、欧洲央行和 IMF"三驾

---

① Are Cocos from Cloud Cuckoo – Land？，http：//www. voxeu. org/article/are – cocos – cloud – cuckoo – land.

② A Safer World Financial System：Improving the Resolution of Systemic Institutions，ICMB，2010，p. 27.

③ International Financial Stability，ICMB，2007，pp. 100 – 101，134.

马车"达成的协议中，塞浦路斯有关银行被迫关闭，所有存款在 10 万欧元以上、未受保险担保的银行账户将被强制减记，10 万欧元以下的银行账户则受到保护。① 这一"劫后余生"也凸显了存款保险制度以及其他消费者金融保护机制的重要性。尽管美国和欧洲相关机制的具体运作模式本身仍然有待进一步完善，但类似体系在中国等新兴经济体迄今还是个尽快建立的问题。②

监管困境将长期存在，也迫使决策者进一步寻找分散风险的出路。例如，进一步分散金融系统的各项功能、服务，甚至包括基础性服务和系统性功能本身。承担基础性服务和系统性功能的大型金融机构的集中程度，常常影响甚至决定系统性风险程度的高低；如果一个金融体系过于集中，那么甚至单个大型金融机构的问题都可能演变成系统性事件。对于规模较小的经济体来说，这个问题尤为突出。马科维茨的资产组合管理理论认为，只要两种资产收益率不是完全正相关，分散投资就具有降低风险的作用；进而，只要这种资产组合的组成资产足够多，就可达成通过分散投资以消除风险的目的。将这一思想运用到金融系统管理领域，可以假定在一个更具竞争性的金融体系中，系统性风险发生的概率可以明显降低。

风险与收益的关系是经济学特别是金融理论最基础性的课题。理论上，风险永远存在，不能奢望没有风险的收益。如果对于国际金融危机的研究和反思止步于加强监管和应对防范，那是金融理论和经济理论的"贫困"。

尤其对于处于转型时期的新兴经济体来说，不断满足经济成长对于现代金融服务日益加速增长，甚至爆炸式增长的需求，已经成为其顺利起飞以及起飞之后实现跨越式发展的"瓶颈"。就事论事地防范风险无法满足这样的需求。

此外，监管也有成本和代价，"监管的程度应当匹配所承担的风险程度，而不能基于僵化的规则，因为那将窒息创新"。③ 看来，根本出路还是最终超越防范风险。

四 小结：金融体制改革与"第二次异军突起"

在监管系统重要性金融机构、防范系统性风险的问题上，中国和欧美

---

① 《塞国"税变"警示：存款保险不可或缺》，《第一财经日报》2013 年 3 月 27 日。
② 2015 年，中国政府正式公布《存款保险条例》，自 2015 年 5 月 1 日起施行。
③ International Financial Stability, ICMB, 2007, p. 116.

国家有着不同的历史发展路径。

例如，欧美国家许多系统重要性金融机构，甚至中央银行都是由私有商业金融机构发展而来，除传统的市场功能以外，在历史发展的过程中，市场主体逐步承担起系统性功能、提供系统性服务。美联储甚至很难说是严格意义上的"中央的银行"，而是美国权力机构与具有系统重要性的金融机构等共同组建的监管金融体系、形成货币政策的一种机制。

与此相反，中国在传统计划经济体制下很难说有严格意义上的"市场主体"及其提供的市场化服务和功能，甚至很难说有严格意义上的"银行"。在从计划经济体制向市场经济体制转型过程中，中国的银行作为传统意义上的"政府部门"，逐步从系统性功能中衍生出更多的市场化服务和功能，形成目前的基本金融体系和格局。近年来，中国金融机构则更是加快了国际化的步伐。

其结果是，尽管历史发展路径各异，今天中国的金融体系日趋庞大，运作模式日益复杂，在本国国民经济以及世界经济中的影响力不断提升，使得中国面临的系统性风险及其防范问题，在极其短暂的时间内迅速向"国际水平"看齐。这对重新接触现代金融不过大约二十年的中国来说，无疑是巨大挑战。

但是，超越风险、战胜挑战，一个强大的中国特色社会主义现代金融体系和现代金融产业将屹立在世界东方。近代以来，大国兴衰的历史告诉我们，没有强大的现代金融，就没有真正意义上的大国崛起。在中国改革开放进程中，邓小平同志高瞻远瞩，以高度的大勇气和政治大智慧，通过农村改革和乡镇企业的异军突起，为中国经济的起飞注入了强劲的动力，也为回过头来稳步推动城市改革和国有企业改革赢得了宝贵的时间和回旋余地。防范、应对金融领域的系统性风险，同样需要这样的大勇气、大智慧和创造性思路，因为它蕴含着金融领域乃至整个经济领域更深刻的变革和"第二次异军突起"。

结论是：以更宏大的国际视野和政治、经济敏锐性，不仅善于在国际金融、经济形势动态演变中发现、识别、防范系统性风险，而且积极加快建立符合国际规范、立足本国国情、具有各自特色的现代金融体系，在现代金融产业发展和壮大过程中稀释系统性风险、消除系统性风险，才可能为经济转型升级和跨越式发展奠定坚实的基础，赢得宝贵空间。

第五部分

战略新边疆

从气候变化问题看新时期大国博弈

题记

本文原为一份研究报告，核心内容先以《应对"绿色遏制"需要"绿色崛起"》为题发表于中共中央党校《中国党政干部论坛》2010年第4期。

《应对"绿色遏制"需要"绿色崛起"》的核心观点是，"中国应坚定不移地走有中国特色的绿色发展之路"。文章强调，"我们反对西方大国的'绿色遏制'，但绝不反对'绿色'；恰恰相反，我们要以更高的紧迫性和主动性去拥抱绿色经济时代"。文章还特别讨论了"后发优势"和"跨越式发展"理论，认为"进一步增强应对气候变化意识，推动以低碳经济为基本特征的产业升级，这是'后发优势'之'优势'所在，是中国自身发展的现实要求和题中应有之义"。

近年来，中国节能减排成效显著。2014年，中国单位国内生产总值能耗和二氧化碳排放分别比2005年下降29.9%和33.8%。中国已成为世界节能和利用新能源、可再生能源第一大国，为全球应对气候变化作出了实实在在的贡献。

2015年6月30日，中国向联合国气候变化框架公约秘书处提交了应对气候变化国家自主贡献文件《强化应对气候变化行动——中国国家自主贡献》。文件提出，到2030年，单位国内生产总值二氧化碳排放比2005年下降60%—65%。根据文件，2030年行动目标还包括二氧化碳排放在2030年左右达到峰值并争取尽早达峰，非化石能源占一次能源消费比重达到20%左右，森林蓄积量比2005年增加45亿立方米左右。

从横向比较角度看，中国的自主贡献要求意味着，2005—2030年，碳强度年均下降率必须维持在3.6%—4.1%，这比大多数发达国家快。美国和欧盟1990年以来的碳强度年均降幅约为2.3%，低碳转型表现突出的英国和德国也仅为 3% 和 2.5% 。从各国达峰时的人均排放来看，美国、德国和英国的人均水平分别为 19.5 吨、14.1 吨和 11.3 吨。据测算，中国达峰时人均排放不会超过 10 吨。

中国的自主贡献是根据公平、"共同但有区别的责任" 和各自能力等原则，并考虑了发展阶段、现实能力等国情提出的，将有力推动全球应对气候变化进程。2030 年行动目标的提出，不仅是中国作为公约缔约方的规定动作，同时也向世界宣示了中国走以 "增长转型、能源转型和消费转型" 为特征的绿色、低碳、循环发展道路的决心和态度。

中国目前正处在工业化、城镇化中后期，如能在此过程中实现发展路径创新，走出一条绿色低碳的发展道路，将为其他尚处在工业化、城镇化初期或尚未开始工业化的发展中国家提供有益借鉴，为各国协调处理好发展经济和应对气候变化的关系做出表率。[①]

当然，气候变化问题涉及面实在太广。单就写作于 2009 年的这份研究报告而言，除讨论应对 "绿色遏制" 需要 "绿色崛起" 这一核心议题外，事实上还重点讨论了理念竞争、低碳经济科技前沿、议程设置与多边舞台、公共外交与舆论阵地等一系列不同领域的课题。所有这些领域，都是当今世界大国博弈的 "战略新边疆"。如此而言，中国国际问题研究基金会、中国国际问题研究所《世界大变革与中国的机遇和挑战——2009 年国际形势研讨会论文集》（世界知识出版社 2010 年版），另以《从气候变化问题看新时期大国博弈》为题，全文刊登这份研究报告也就不奇怪了。

日内瓦是联合国环境规划署重要基地，政府间气候变化专门委员会（IPCC）、世界气象组织等相关国际机构也都坐落在美丽的日内瓦湖畔。他们的工作与活动让我更深入理解了如下问题：一个原本科学性的问题，为什么以及如何最终成为牵动各国最高决策者神经的全球性重大议题，甚至成为各主要大国新一轮博弈的 "主战场"。

"气候变化" 一词在不同语境下具有不同意义。在政府间气候变化专门委员会（IPCC）的使用中，"气候变化" 是指气候随时间的任何变化，无论其原因是自然因素，还是人类活动的结果。在《联合国气候变化框架公约》（UNFCCC）中，"气候变化"（climate change）是指 "经过相当

---

① 《中国聚焦：中国宣布应对气候变化新目标》，新华网，2015 年 6 月 30 日。

一段时间的观察，在自然气候变化之外由人类活动直接或间接地改变全球大气组成所导致的气候改变"。《联合国气候变化框架公约》所指的"气候变化"主要包括全球气候变暖（global warming）、酸雨（acid deposition）、臭氧层破坏（ozone depletion）。其中，全球气候变暖是近年来世界各国最为关注的问题，也是争议最大的问题。

分析全球气候变化的主要原因，科学界的主流意见是，目前所讨论的气候变化，绝大部分都是人类自己的责任；人类今日所做的抉择，则将进一步影响气候变化走向。其基本原理则是，人类生产、生活所产生的温室气体吸收长波辐射并再反射回地球，减少地球向外层空间的能量净排放，导致大气层和地球表面温度升高，这就是所谓的"温室效应"。至于罪魁祸首"温室气体"，其来源主要是人类长期燃烧石油、煤炭等化石燃料所排放的二氧化碳等气体。此外，森林破坏、二氧化碳吸收能力减少，一些特别工业过程、农业畜牧业活动等，也是产生温室气体排放的原因。

从影响和后果的角度说，科学界主流看法是，气候变化导致灾害性气候事件频发，冰川和积雪融化加速，水资源分布失衡，生物多样性受到威胁；气候变化还引起海平面上升，沿海地区遭受的洪涝、风暴等自然灾害影响更为严重，小岛屿国家和沿海低洼地带甚至面临被淹没威胁；气候变化对农业、林业、牧业、渔业等经济社会活动都会产生不利影响，加剧疾病传播，威胁社会经济发展和人民群众身体健康；等等。按政府间气候变化专门委员会的说法，如果温度升高超过2.5℃，全球所有区域都可能遭受不利影响；如果温度升高超过4℃，则可能对全球生态系统带来不可逆的损害，造成重大损失。

尽管争议不断，甚至各种版本的"阴谋论"广为流传，但科学界主流看法还是需要尽快采取重大措施。短短几十年时间，全球气候变化问题从一个纯粹的科学问题发展演变为全球性的重大课题，也成为世界各国政治家不得不，甚至是竞相谈论的重大课题。1979年召开的第一次世界气候大会呼吁保护气候；1992年通过的《联合国气候变化框架公约》确立了发达国家与发展中国家"共同但有区别的责任"原则，阐明了行动框架；1997年通过的《京都议定书》确定了发达国家量化减排温室气体的阶段性指标；2007年达成的"巴厘路线图"确定就加强《联合国气候变化框架公约》和《京都议定书》的实施展开谈判……

在这样的历史演变逻辑下，我们或许可以回味阿基米德的那句名言：

"给我一个支点，我就能撬动地球。"归根结底，我们必须看到，全球气候变化早就不再仅仅是科学问题、环境问题，而进一步是能源问题、经济问题、政治问题。当然，本文试图更进一步告诉读者：它也已经成为大国全球博弈的重大问题、核心问题。在某段特定的历史进程中，气候变化问题就是阿基米德的那个"支点"。

哥本哈根气候变化大会曾被很多人称作"拯救地球的最后一次机会"，但最后的事实却是，"哥本哈根把最后一次机会留给了墨西哥"。无独有偶，哥本哈根气候变化大会之后，全球遭遇罕见的"寒流"，科学界的"气候门"事件也频频曝光，以至于舆论开始怀疑应对气候变化这样的命题。

其实，从1827年法国科学家提出"温室效应"概念至今，一个原本科学性的问题，经过长时间，特别是最近几十年演变，已经成为牵动各国最高决策者神经的全球性重大议题，甚至成为各主要大国新一轮博弈的"主战场"。这样的现实没有因为短时期的"事件"和"天气"出现根本性改变，新时期大国博弈由此而出现的新趋势、新特点也没有出现根本性改变。

一　新时期大国博弈更加强调占领道德高地，理念竞争能力直接影响大国道义感召力，在应对气候变化等重大问题时要进一步打造中国理念

2009年是名副其实的气候变化年，各主要大国对气候变化问题空前重视、政治意愿空前强烈，辩论也空前激烈。应对气候变化是真正意义上的"全球议题"，因而处于不同发展阶段，有着不同利益，提出各自诉求的不同国家，均在这一"国际舞台"上竞相展示姿态。

为了占领道德高地，各主要大国纷纷做出各种承诺。美国总统奥巴马说，作为世界上最大的经济体，同时也是世界第二大的温室气体排放国，美国愿意承担解决气候变化的责任。奥巴马还宣布，美国会履行已经做出的承诺：到2020年前，温室气体的排放量将（在2005年的基础上）削减17%；并且如果最终通过立法，到2050年时温室气体排放量将削减超过80%。他还称美国会在2020年前，参加全球筹集1000亿美元行动。印度总理辛格说，印度依靠自己的资源已经采用并且开始实施一个重大的应对气候变化的国家行动方案。巴西总统卢拉表示，巴西愿意为了"保护和维持地球"做出更多牺牲。

这其中，当然也不乏激烈的辩论。比如，西方国家对新兴经济体施加了日益增大的压力，特别是对中国。它们在中国未来温室气体排放的责任以及实现减排透明化方面颇多微词。英国能源和气候变化大臣埃德·米利班德甚至在《卫报》上发表文章，公开指责中方"劫持"哥本哈根气候变化大会谈判进程。

反过来，正如巴西总统卢拉所强调的那样，发达国家的人每天都有三餐，但是对许多非洲、拉丁美洲和亚洲国家的人民来说，一天能吃三顿饭还是一个梦想。也就是说，发达国家被指责回避了"共同但有区别的责任"这样的原则问题。发展中国家特别强调指出，美国声称其承诺只有在就减排、透明度和资金问题"达成更广泛协议"的前提下才能进行，这实际上是"空头支票"。对于发达国家所谓的"透明"本身，发展中国家也怀疑其中是否存在"干预和干涉"的可能。

其实，这样的争执不过是更大范围内和更长时间跨度内"道义战"的集中反映。在哥本哈根气候变化大会上，世界各主要大国，包括新兴经济体都获得了一个表达自己立场的机会。它们的发言也基本反映了以美国、欧盟为代表的发达国家和以中国、巴西、印度及其他国家为代表的发展中国家在道义上的争夺。从这样的道义争夺中，我们可以一窥西方大国遏制或迟滞新兴大国迅速崛起的战略取向和基本路径。

总体来看，从1992年的《联合国气候变化框架公约》，到1997年的《京都议定书》，再到2007年的"巴厘路线图"，应对气候变化已经成为没有任何国家能够拒绝的理念。依据"共同但有区别的责任"原则，目前只有发达国家需要承担具体的减排义务；但是，随着温室气体排放量快速增长，要求各国共同参与减排承诺的压力与日俱增。这样的呼声在发展中国家，特别是最不发达国家和小岛国中也日趋强烈，不仅对发达国家，而且对包括中国在内的新兴经济体也日益形成压力。

这一形势也可以至少部分解释近一年来美国在气候变化问题上政策的转变。多年来，美国作为发达国家中唯一没有批准《京都议定书》的国家而备受批评。与前任布什不同，现任总统奥巴马承认："对气候所造成的大部分损害是由发达国家在过去一个世纪中所造成的，因此，我们仍然有责任（在这个问题上）起表率作用——通过投资于可再生能源、提高能效、减少碳排放，以达到我们为 2020 年和 2050 年所分别设定的目标。"① 奥巴马同时承认，美国政府此前许多年对气候变化带来的威胁反应迟缓，强调美国政府已意识到气候变化威胁的严重性，并已经将气候变化问题置于其外交日程的首要位置。尽管美国的"实至"与世人的期望差距甚大，奥巴马的"口惠"却的确改善了其前任留下的"不良形象"，从而进一步减轻了美国的战略压力。

在气候变化问题上的转变，以及"无核武器世界"主张的提出等，都显示了奥巴马政府更加强调占领道德高地。从这个意义上说，美国"软实力"中最具欺骗性但也最具"杀伤力"的部分就是其理念竞争能力。人们在若干不同场合会无奈地发现，美国把"坏事"都干了，"好处"都占了，最后还似乎站在所谓的"道德高地"之上。

在今天的世界，真正的大国"必有某种独特的经验和力量持久地影响着时代"②，它必须在物质生产以及制度和精神建设等各个方面提炼出为世界接受的理念，而不仅仅是传统的国际控制和国际霸权。我们有很好的"中国理念"，但是缺乏深入的挖掘、提炼、系统化和推广，有的甚至被别人搞了"拿来主义"（最新的例证是，中国原创的"无核武器世界"理念成了奥巴马"引领国际潮流"的噱头）。

中国要真正成为世界"大国"，与"中国制造"、"中国创造"甚至"中国模式"相伴成长的，还必须包括"中国理念"。

二 新时期大国博弈更加强调占领科技前沿，产业升级能力直接影响大国经济竞争力，在应对气候变化等重大问题时要进一步创新中国产业

欧美发达国家在减排问题上要求发展中国家承担更多责任，一个理论解读是，在本轮经济危机中，发达国家受到重创，新兴经济体的地位与影响力不断提升，发达国家为了保住优势和领先地位，希望以此限制新兴大国的发展空间。

尽管这样的解读多少有点无法证实的"阴谋论"味道，但应对气候变化却的确并不仅仅是一个道德问题。联合国《促进发展，拯救地球》报告说，未来每年将需要高达 1 万亿美元资金来处理气候变化相关问题。如果进一步考虑在此背景下，以低能耗、低污染、低排放为基本特征的低

---

① 《奥巴马：减排发达国家应作表率》，新华社联合国 2009 年 9 月 22 日电。
② 刘靖华：《霸权的兴衰》，中国经济出版社 1997 年版，第 2 页。

碳经济模式的出现，包括相应的新技术、新能源、新产品的开发和利用，这意味着一个庞大得可以超出人们想象的新兴产业和新兴市场正在成型。

欧洲低碳产业技术较为成熟，并初步形成了相应的产业链。世界上第一个国际二氧化碳排放权交易市场"欧盟排放贸易系统"已于2005年1月启动，覆盖了欧盟现有27个成员国的近1.15万个工业排放实体，占欧盟二氧化碳排放总量的45%。欧盟计划在2020年继续扩大排放权交易涵盖的工业部门，并且新增两类气体。其中，德国的环保技术，英国的碳捕获、清洁煤新技术，法国的核能及其他新能源利用等，都处于世界领先地位，也是欧洲新经济竞争力的"王牌"。

奥巴马上台后提出，要重振美国经济，除了尽快熄灭金融危机之火外，还需要重建经济基础，打造他所谓的"岩上之屋"。为此，奥巴马抓住应对气候变化这个支点，推动产业升级。其中，新能源产业是美国新一轮产业升级的核心之一。在其7870亿美元刺激经济计划中，与开发新能源相关的投资总额超过400亿美元。在未来十年，美国在可替代能源上的投入将达到1500亿美元。继欧洲之后，《美国清洁能源安全法案》引入名为"总量控制与排放交易"的温室气体排放权交易机制。根据这一机制，美国发电、炼油、炼钢等工业部门的温室气体排放配额将逐步减少，超额排放需要购买排放权。

各主要大国如此热衷低碳经济，其基本考虑理论上至少有如下三个方面：

一是应对国际金融危机，寻找新的经济增长点。像欧、美这样的成熟经济体，如果没有革命性的新经济模式出现，就只能原地踏步，最多缓慢增长，等待在传统经济领域有着广阔空间的新兴经济体的追赶。而一旦欧、美经济模式在多年"厚积"之后出现革命性突破，就能创造出新的庞大有效需求以及相应增长空间。20世纪90年代的"新经济"、金融危机爆发前的"金融创新"和房地产兴盛，都是制造新的经济增长点、保持和扩大西方大国领先地位的尝试。它们曾经成功，又随后退潮。今天，低碳经济将再次承担这样的角色。也即金融危机催生了早在酝酿之中的以低碳经济为核心的新一轮产业革命。

二是原油等大宗资源类商品价格在此一时期持续高企，使各主要发达国家急需寻找新的替代能源，以摆脱对外国能源的依赖，维护自身能源安全和总体国家安全。正如奥巴马所言，"谁掌握清洁和可再生能源，谁将主导 21 世纪；谁在新能源领域拔得头筹，谁将成为后石油经济时代的佼佼者"。①

三是更深层的战略目标，即掌握世界尖端科技和新兴产业革命制高点，确保在世界经济和新一轮国际竞争中处于领先地位。在这场新兴产业革命中，各大国无不积极谋划，以求占得先机，并打压其想定的战略竞争者。在把中国、印度等发展中国家纳入减排范畴的问题上，欧、美发达国家甚至不惜威胁采用极端手段，声称若这些国家不在减排问题上予以合作，它们遭遇贸易保护主义举措的可能性就会更大。

其实，气候变化问题已经或正在成为发达国家至少是变相实施贸易保护和设置贸易壁垒的工具。按照《美国清洁能源安全法案》，美国有权对来自不实施碳减排限额国家的进口产品征收"碳关税"。2009 年 10 月 2 日，欧盟成员国财政部部长首次就在全欧盟范围内征收碳排放税问题展开了讨论，此前，法国政府建议欧盟对一些发展中国家的产品征收"碳关税"。从国际趋势看，环境和贸易日益挂钩，连世界贸易组织也倾向承认"碳关税"符合全球贸易规则。这样的形势将对发展中国家的"追赶战略"形成很大压力。

进一步看，应对气候变化问题的紧迫性使控制碳排放压力日趋增大；相应地，碳排放权可能继石油等大宗商品之后，愈益成为一种稀缺战略资源。英国政府甚至曾经大胆估计，全球碳交易市场容量有望很快超过石油市场成为世界第一大市场。尽管这一市场的发育速度和进展情况仍然有待观察，而且在不同地域、不同经济发展水平经济体中，情况当然会存在差异，但是发达国家已经开始围绕这块"大蛋糕"谋篇布局，这确是不争的事实。

与此同时，碳排放压力和国际碳排放交易的逐步扩大，使得"碳排放"技术及其产品也将成为重要的国际战略资源和资产。发展中国家可能迅速成为发达国家先进环保技术和设备的销售市场，甚至可能出现核心技术和核心原料"两头在外"的困境。

如果银行、期货、基金等金融机构广泛参与其中，碳交易货币、碳金融体系等一系列我们不熟悉、不了解的"金融创新"，可能使国际金融市场和国际金融体系再度发生超乎人们想象的变化。

---

① 《各国奔竞新能源革命》，《中国经济信息》2009 年第 12 期。

"小小的"气候变化问题恰似"撬动地球的支点",它将引发一场产业革命,而这场产业革命将使发展中国家,特别是新兴经济体追赶发达国家的进程变得更加复杂和不可预测。

我们完全可以引入一个新的国际政治经济概念:绿色遏制。

反过来看,发展中国家也可能面临一次全新和难得的机遇,对于若干已经具有较好技术、资金、市场积累的所谓"新兴经济体"来说尤其如此。这些国家从前与产业革命失之交臂,今天则第一次与西方发达国家处在更为接近的起跑线上。

所谓"后发优势"是指落后国家可以在特定的时刻和特定的条件下,超越发达国家过去所经历的某一发展阶段,实现跨越式发展,比如中国的高速铁路建设。如果没有这种超越或超越的可能性,那就永远是"后发",而不是"后发优势"。

所以,进一步增强应对气候变化意识,推动以低碳经济为基本特征的产业升级,这是"后发优势"之"优势"所在,是中国自身发展的现实要求和题中应有之义,是科学发展的主动选择,而不是外来强加的发展理念。最直接地说,由于中国煤炭消费在能源消费中比重很大,石油对外依存度也在不断提高,如果不走低碳经济发展路线,中国未来的能源安全都可能出现问题,更不用说维持持续的高速增长。

进一步看,推动以低碳经济为基本特征的产业升级,也是打破西方国家"绿色遏制"的最根本出路。我们反对西方大国的"绿色遏制",但绝不反对"绿色";恰恰相反,我们要以更高的紧迫性和主动性去拥抱绿色经济时代。这就如同我们反对西方大国的"人权外交",但我们从不反对人权;我们反对西方大国在知识产权问题上刁难中国,但我们从不反对知识产权保护。尽管哥本哈根大会没有形成一份具有约束力的协议,但对中国来说,这绝不应成为改变低碳经济发展道路的理由。

中国应坚定不移地走有中国特色的绿色发展之路。应对"绿色遏制"恰恰需要"绿色崛起"。在这个意义上,我始终赞同中国先自征"碳关税"、自建"碳市场"。

三 新时期大国博弈更加强调占领多边舞台,议程设置能力直接影响大国政治影响力,在应对气候变化等重大问题时要进一步推动中国议程

2009 年下半年,有关气候变化问题的讨论充斥国际社会的日程。9月22 日举行的联合国气候变化峰会,联合国 192 个会员国均派代表出席,其中包括 90 多位国家元首或政府首脑。紧随其后，联合国气候变化谈判的新一轮会议于 9 月底至 10 月上旬在曼谷举行，在 11 月巴塞罗那谈判之后，饱受争议的《联合国气候变化框架公约》第 15 次缔约方大会于 12 月在哥本哈根举行，为《京都议定书》2012 年到期后的全球温室气体减排磋商新的协议——当然，这一任务最终并未完成。

上述"气候变化"日程并未包括此前众多国际多边组织对气候变化问题的持续关注。目前，全球有大约 60 个不同国际组织在处理气候变化等环境问题。法国总统萨科齐以及联合国副秘书长、环境规划署执行主任阿希姆·施泰纳等都在不同场合，建议成立一个单一的"世界环境组织"，以管理和处理全球气候问题。

气候变化问题成为一项国际议程后，使得国际政治、经济等一系列领域的面貌发生了令人瞠目的改变。

上述简单的回顾告诉我们：全球性问题需要全球性解决；而立足多边舞台，提出核心理念、主动设置议程，特别是将本国关注并具有国际竞争优势的议程，通过多边舞台变成他国接受的所谓"国际议程"或"全球议程"，已经成为大国引领国际政治经济发展、掌控国际政治经济事务的重要手段。

哥本哈根气候变化大会的第二天，一份由英国、美国、丹麦拟写的提案浮出水面，之后，主席国丹麦"违规"操作，私自抛出一份"丹麦文本"强使大会讨论，由此闹出所谓"私拟草案风波"。不过，这出"风波"却从另一角度凸显了议程设置的重要性。

其实，在应对气候变化的问题上，欧洲国家早已经是最重要的"推手"。英国、德国等国家是《京都议定书》等重要国际文件的主要起草者、推动者和履行者。"低碳经济"这一概念也是由英国在 2003 年的能源白皮书《我们未来的能源——创建低碳经济》中首先提出的。2006 年，英国财政部公布了一份由经济学家尼古拉斯·斯特恩牵头撰写的报告称，为控制气候变化产生最坏影响的风险，全世界需要在未来 50 年内每年拿出相当于全世界 GDP 1% 的资金用于控制温室气体的排放。

在理论和实践上，低碳经济概念使全球气候控制的理念与经济模式转换之间建立起联系，使拯救地球的道德呼唤与实质性的国际行动建立起联系。这一演变过程，堪称议程设置的经典案例。

2009 年由世界气象组织等主办的第三届世界气候大会上，一个新的议程出现了——即有关国家试图推动建立一个"全球气候服务框架",其目的是改进各种气象服务,帮助各国决策者获得准确、及时的气象信息以及气象预测情况,提高社会对气候异常和气候变化的适应能力。这样的议程设置及其持续推动,在今后相当长时期,将各国气象服务部门和各国气象用户以一种新型的方式捆绑在一起,以多边合作的方式,为应对气候变化问题注入了新的内涵。这次大会分为专家会议(8月31日至9月2日)和高层会议(9月3—4日)两部分。专家会议旨在讨论"全球气候服务框架"的具体内容,而后由高层会议来侧重讨论该框架的实施问题。议程设置在国际事务中的重要影响力在这样的会议安排中也象征性地体现了出来。

美国作为世界上唯一的超级大国,也是单边主义倾向最为严重的国家之一。奥巴马上台后,"以伸出手的姿态来接触世界",试图结束其前任的单边主义做法。过去布什很少在联大露面,即使作为东道国不得不出席,也是停留时间短暂。但是在第64届联大期间,奥巴马一反布什的做法,决定在联合国待上3天。而此前不久,美国高调重返联合国人权理事会,同时传出重返其他重要国际多边组织的可能。正如白宫所说,美国现在是在"植树"。至于美国想在多边舞台上"植"什么样的"树"(议程设置),还有待继续观察。

探讨多边舞台和议程设置问题对中国具有特别意义。一定程度上,中国长期以来是在对一个接一个所谓的"国际议程"做出被动式"回应",例如人权问题、知识产权问题、汇率问题等。这样的回应当然也取得了明显成效。然而今天,是进一步超越"回应心态"的时候了:在气候变化等重大问题上,中国不妨主动提出有利于自身的方案,包括具体的要求和抽象的游戏规则,尤其是具体要求隐然其中的抽象游戏规则,通过多边舞台,形成"国际议程",让他方去研究、去回应,这起码可以形成一种压力。形成压力本身就是设置议程的重要目的之一。

进一步看,如果议程设置成功,则无论结果如何,它至少使议程本身所暗含的前提成为"不言而喻"的"政治正确"。比如,"伊核"谈判可能并不能解决"伊核"问题,但"伊核"成为一项议程,这本身就意味着,"伊朗不得拥有核武器"是"政治正确"的。

2009年4月二十国集团峰会召开前夕,有关人士密集发表文章或者讲话,阐述改革国际货币体系等方面的见解和立场,其中引起争议最大的当属建立新的国际储备货币的问题。从"回应"西方对中国货币政策的批评，到主动为二十国集团峰会这样"顶级"的国际多边平台提出一项"国际议程"，尽管反应各不相同，但仅从议程设置角度而言，这的确是一个意义重大的开端。

四　新时期大国博弈更加强调占领舆论阵地，公共外交能力直接影响大国形象亲和力，在应对气候变化等重大问题时要进一步传播中国声音

公共外交被认为对美国赢得"冷战""功不可没"。"9·11"事件之后，公共外交在美国学界和政界再度受到追捧。

对公共外交的重视已经成为奥巴马政府新外交的鲜明特色。奥巴马本人及其他高官，在国际场合都刻意打造温和、谦逊、注意倾听他人意见的形象。奥巴马是媒体运用的"高手"，他频频出现在包括脱口秀在内的各类电视节目中，并通过互联网等各种新兴媒体与受众交流。奥巴马也是我们"群众路线"的学习者，为推销其内外政策，他还和竞选时一样，常常出现在各类群众场合，包括出访期间在受访国的活动。《纽约时报》2009年9月20日引用美国皮尤调查中心数字说，美国的国际形象与小布什执政期间相比已得到明显改善。在德国，2009年有64%的人对美国持正面态度，而上一年只有31%。在印度尼西亚，这两个数字分别是63%和37%。① 当然，美国作为资本主义国家以及奥巴马作为资产阶级政治家的本质并没有改变。

加强公共外交堪称世界性潮流。甚至联合国以及其他重要国际组织为赢得公众支持以推动其重要议程，也不忘竭力开展公共外交。为配合2009年9月22日的气候变化峰会，联合国于9月21—25日举办"全球气候周"活动。世界贸易组织2009年9月也在其日内瓦总部举办自成立以来的首个"公开日"活动。

在全球化进程加速演变和中国改革开放事业不断推进的时代背景下，中国日益迎来世界或热切、或审视、或疑惑、或挑剔的目光。在西方的主流媒体上，地球上凸显出中国版图，或者再插上一面中国国旗，旁边列表注明这是世界最大的温室气体排放国，这样的形象展示并不少见。的确，中国为应对气候变化做出了巨大努力，取得了显著成绩。但国际主流社会对中国抱有误解、心存疑虑也是不争的事实。除非是过分的要求，我们都

---

① 《奥巴马对华两面下注或有变》，美国中文网，2009年11月23日。

要通过摆事实、讲道理，用"看得见眼神"的方式，去做"面对面的国际思想政治工作"。

在哥本哈根气候变化大会期间，中国代表团专门设立了"中国新闻与交流中心"，有关官员、专家学者和企业代表以多种方式与媒体及各界互动交流，全方位介绍中国的政策和举措。历史上第一支来自中国青年人自发组织的非官方团队也来到哥本哈根。团队成员来自18所中外知名大学，获得超过100家政府机构与社会团体的大力支持。这就说明，积极影响国际舆论的课题日益突出，也是大有可为的工作领域。

问题的关键在于，我们要用契合普世价值、他国受众熟悉的话语方式，阐释中国立场。对于西方人来说，存在一个站在中国角度去理解这些问题的适应过程；但反过来，我们也要站在西方人角度去帮助他们理解这样的问题。人们对他们所不了解的东西大都怀有恐惧和怀疑，更何况是中国这样一个13亿人口大国的迅速崛起。而对事情越是了解，这样的心理状态也就会越少。所以，中国应该给予外部世界令人信服的答案。如果我们做到了这一点，世界对中国的信心就会越来越大，而不是在中国的发展面前越来越感到恐惧。这正是新时期中国公共外交的职责和使命。

历史地看，由接触，到参与，到影响，直至最后主导，这是我们融入国际体系，积极影响国际舆论的基本路径。我们完全可以进一步借助国际多边平台，在全球性问题上传播我们自己或接近我们的声音。

其中，积极并善于和"非政府组织"打交道，占领日益兴起的所谓"国际公民社会"这块舆论阵地，日益显得重要。非政府组织在气候变化问题等领域，成为相关国际法规的制定者和执行者，这早已经是不争的事实。今天，全球性环境类非政府组织发展迅猛，拥有动辄上千万美元甚至上亿美元的大量经费，动辄数十万，甚至数百万来自世界各地的成员，且组织严密，在世界各地设有分支机构，舆论影响遍及全球。在联合国召开国际会议的同一时间和同一地点，举行同样议题的非政府组织国际论坛，几乎成为惯例和"独特的风景线"。非政府组织常常左右相关领域的国际舆论，甚至在其中扮演了一个"诱导型和批评型教师的角色"，将各种行为主体"社会化"到了新的国际规范和价值观念中去。

与此相联系的是思想库在国际舆论中的重要影响力。在国际环境领域，总部设在华盛顿的世界资源研究所、世界观察研究所，总部设在伦敦的环境与发展国际研究所，总部设在日内瓦的高等研究院等都属于这类思想库。2009 年 7 月，中国举办首届"全球智库峰会"，但如何充分利用思想库在国际上传播自己的声音，我们才刚刚起步。

拉扎斯菲尔德曾经提出"意见领袖"这一概念。特别是在专业性领域，专家作为"意见领袖"的作用更为凸显。欧洲在环境气候领域研究早、投入大、水平高。"温室效应"、"温室气体"及"低碳经济"等概念均来自欧洲科学家。正是依托这些"意见领袖"的研究成果，欧美国家在全球气候谈判中才显得"底气十足"。不仅全球气候控制目标，碳排放交易市场预测，而且其他国家对本区域的规划，往往都要以它们的研究成果为主要参考依据。这就叫作"话语权"。

在气候变化等重大问题上，积极开展公共外交，进一步传播中国声音，将把新时期的中国外交引入更广阔的领域和舞台。

"管"窥能源政治

题记

本文主要内容原载中共中央宣传部《时事报告》2007年第3期。时间似乎过去了很久，但话题历久弥新。新能源革命更是催生，甚至已然成为大国博弈的战略新边疆。

2015年5月，"中国首超美国成世界最大石油进口国"的标题充斥全球各大媒体的国际财经头条。英国《金融时报》的报道引述中国海关总署发布的数据显示，当年4月，中国石油进口量达到每日740万桶，创历史新高，并首次超过石油进口量在每日720万桶左右的美国。"这标志着过去10年能源流动的大转变达到高潮"。①

就美国而言，长期以来，减少石油进口就是政界人士和外交政策专家的核心目标，他们将美国对中东原油的依赖视为重大的国家安全风险。从目前情况看，这一风险正在逐步化解。

据美国能源信息署（EIA）公布，2014年，美国石油液体能源（含石油、液化天然气和乙醇汽油等）的对外依赖度已下降到26%，2015年将进一步下降到21.3%。而在2005年，美国的石油对外依赖度还高达60%。从地区角度看，美国石油对于中东的依赖度也大幅下降。2014年，中东进口石油仅占美国总进口量的21%。在波斯湾被封锁的极端情况下，美国可以保持石油正常供应超过5年10个月。从发展趋势角度看，根据EIA预测，美国有可能在2020年以后成为石油净出口国。而据BP石油公司保守估计，美国也将在2030年成为石油净出口国。

中国经济增速近年略有减缓，但其国内石油需求依然不断增长。自从1993年石油进出口净值出现逆转之后，中国石油对外依赖度不断提高，

---

① http://business.sohu.com/20150511/n412786784.shtml.

至 2014 年年底已经上升到约 60%。其中，中国对中东石油依赖度较大，中东进口石油占比为 51%。同样假如中东石油运输中断，中国仅能正常供应石油约两个半月。①

尽管美国的石油进口短期内可能反弹，原因是油价大幅下跌提振了燃料需求，同时大幅减少了美国页岩地区的钻探活动，但长期趋势仍然是美国与中国在石油进口领域的此消彼长。

在西方媒体看来，中国的贸易商正在原油市场上扮演更为显著的角色，他们已经建立了更高水平的交易部门，以便与西方企业如英国石油（BP）和荷兰皇家壳牌（Royal Dutch Shell），银行如高盛（Goldman Sachs），以及大宗商品交易商如维多（Vitol）和嘉能可（Glencore）等老牌交易部门展开直接竞争。

那么，是否存在可能性，如同从防范金融风险进入超越防范风险的境界一样，我们最终也能够超越传统的能源政治博弈呢？为此，世界各主要经济体都把目标瞄准了新一轮国际竞争的战略制高点：发展新能源。

着眼于促进国家的能源独立、未来能源多样化、能源利用更加方便等目标，新能源产业的兴起可能对全球能源格局带来一场深刻革命。然而，热议中的新能源很多，如太阳能、地热能、风能、海洋能、生物质能和核聚变能等，既包括刚开始开发利用的能源，也包括正在积极研究、有待推广的能源，但是真正能够担纲新一轮能源革命的选项似乎并不那么确定。有些异军突起的新能源开发，如美国的页岩油气，反而在前一阶段新能源变局中产生了更大的效力。

美国石油对外依赖度快速大幅下降，除金融危机过后较高的油价和能效更佳的汽车抑制了石油消费等因素外，主要得益于奥巴马政府力推的能源独立革命。其政策措施包括开放近海石油开发，加大生物柴油生产，推动各种新能源替代供应，等等。特别是近年来页岩油气的开发，使美国本土的石油天然气产量急剧增长。

美国，再加上加拿大的整个北美地区页岩革命的兴起，使得美国进一步掌握了全球石油价格的定价权，削弱了中东及北非地区能源的战略地位，改变了全球能源格局，并进而将深刻影响全球地缘政治和地缘经济格局。以至通用电气前董事长杰克·韦尔奇评价说："在美国所发现的页岩

---

① http://q.stock.sohu.com/news/cn/857/601857/4305631.shtml.

天然气，就像是棒球比赛的第一局，如同网络在 1990 年的时候那般，现在正是伟大美国世纪的第一局。"①

可以预料，围绕传统能源在资源控制、开发利用、输送储存等各领域、各环节的竞争将会更趋激烈；围绕新能源发展战略制高点的争夺也将进一步白热化。传统能源领域的竞争与新能源领域的竞争还将呈现相互影响、相互交织的交错演进特征。

从目前形势看，美国极有可能再次引领新的能源革命。对于能源需求不断扩张的中国来说，既需要在传统能源的大棋局中博弈，又不得不为形势所倒逼，着手拓展新能源开发的新边疆。但是归根结底，真正出路还是在于新能源的开发。

值得一提的是，目前美国天然气已经基本实现自给。奥巴马政府已经批准页岩气对欧洲和日本出口，预计美国在 2020 年将成为世界第三大天然气出口国，仅次于卡塔尔和澳大利亚。美国现在天然气价格约百万英热单位 2.75 美元，如果以美元对人民币汇率 6.21 计算，为 0.572 元/立方米。而北京民用天然气、车用气价格分别为 2.28 元、5.12 元人民币。美国甚至连煤炭也自给有余、大量出口，其中主要出口到亚洲，特别是中国。

也许有一天，当你付出沉重代价获得了某种能源资源的富集地，再合纵连横、千山万水地建成各种通道把这种能源输送回国，你却发现，在那些顺利完成能源转型的其他经济体那里，这种能源的地位已经不是那么重要了，价格也持续下跌了，你不得不去使用另一个成本更为低廉的供应源。最糟糕的是，你甚至不得不去使用另一种效率更高、成本更低的新能源。这就好比，你好不容易收购了沃尔沃了，他又推特斯拉了；你好不容易建高铁了，他又琢磨把你放进"胶囊"里真空发射了；如此等等。

在这样的背景下，回顾一段围绕油气资源的争夺而展开的惊心动魄的能源政治博弈，应当会给我们带来更深的思考和启迪。对中国这样的大国来说，除全球找油、采取一切可能措施加大石油战略储备外，或许可以看得更远些、眼界更广些、考虑更多些、方向更准些、对冲更足些。这就是战略。

2015 年 6 月 30 日，中国向联合国气候变化框架公约秘书处提交了应

---

① 《重塑世界新能源格局》，《中国证券报》2014 年 11 月 10 日。

对气候变化国家自主贡献文件《强化应对气候变化行动——中国国家自
主贡献》，提出了 2030 年行动目标，其中包括非化石能源占一次能源消费
比重达到 20% 左右。中国是世界能源消费大国，且煤炭在能源消费中占
主导地位，2014 年能源消费总量高达 42.6 亿吨标准煤，约占全球的
25%，煤炭消费占全球的一半以上。如果到 2030 年中国非化石能源比例
达到 20% 左右，意味着今后 16 年，非化石能源比例将提高 8.8 个百分
点，净增加非化石能源约 8 亿吨标准煤。①

无疑，这是极为重要，也是完全正确的战略选择。

石油和天然气是现代工业的血液，油气管道相应成为现代工业经济的
生命线。当今世界，各国围绕油气资源的争夺日益激烈。油气管道延伸到
哪里，大国博弈的地缘政治图景就在哪里展现。

一 新"石油大亨"初露锋芒

作为世界石油、天然气储藏和生产大国，能源优势曾使俄罗斯尝到不
少甜头。

若干年里，俄罗斯政府重拳打击国内石油寡头，全面控制石油、天然
气资源以及能源领域的对外合作，获取了巨大经济利益，直接推动了俄罗
斯的迅速复兴。俄罗斯俨然以世界新"石油大亨"面目出现，在推行自
己的国家战略和对外关系中掌握了某种可资运用的特殊"武器"。

2007 年年初，俄罗斯以白俄罗斯非法从友谊石油管道系统窃取石油
为借口，切断了对这个西部邻国的原油出口，导致波兰、德国、乌克兰、
匈牙利、捷克和斯洛伐克的原油供应也受到影响。请注意，白俄罗斯长期
被认为是俄罗斯"忠诚的伙伴"，两国一直在讨论发行共同货币，作为两
国政治结盟的序幕，白俄罗斯总统卢卡申科甚至因此而被美国形容为欧洲
"最后的独裁者"。但这样的关系并没有阻止俄罗斯毫不手软地关掉油气
管道的阀门。

对于那些与俄罗斯关系远不如白俄罗斯的西方国家来说，这一事件无
疑更让他们大惊失色，并引发了诸多联想。欧洲非常依赖俄罗斯的石油和
天然气供应，如果俄罗斯的供应中断，欧洲经济活动将难以避免冲击。难
怪欧盟能源事务专员皮埃巴尔格斯急忙要求俄白两国就断油事件给予

---

① 《中国聚焦：中国宣布应对气候变化新目标》，新华网，2015 年 6 月 30 日。

"紧急和详细"的解释。接任欧盟轮值主席的德国总理默克尔也表示，俄罗斯没有事先通知德国，令各国对原本是可靠能源供应国的俄罗斯失去信心。她承认，德国必须寻求石油供应多元化，以减少对俄罗斯的依赖。

新"石油大亨"的能源冲击波延伸到美国。尽管美俄承诺在各个方面加强合作，但美国人心里明白，当俄罗斯与西方世界出现信任嫌隙时，油气管道已经成为俄有力的政治武器。其实，早在 2006 年，俄罗斯与乌克兰的油气供应危机就已经让美国坐立不安。美国副总统切尼当时曾在立陶宛公开指责俄国把石油和天然气作为威胁和敲诈的工具，让世界震惊。欧洲外交官则表示，欧洲国家的油气供应大部分经过乌克兰境内的管道，欧洲的"恐惧"实际比美国还要厉害。

对于美、欧的指责，俄罗斯非但没有丝毫改弦更张的打算，反而更清楚地看到了掌握油气管道开关阀门的威力。欧洲消费了俄罗斯 80% 的天然气出口量。俄罗斯的如意算盘是，不仅充分运用自身油气资源的影响力，而且力图把中亚的石油生产国和欧洲的石油消费国牢牢绑在俄罗斯的油气管道网络之中。目前俄国输入欧洲的两条油气管道主干线都是 20 世纪 80 年代铺设的，俄罗斯希望在扩建旧管道的同时，铺建新的管道。例如，正在建设的穿越波罗的海峡的俄德新干线，将为俄打通整个北欧地区的天然气市场。

俄罗斯的雄心不仅如此，它还要继续扩大欧洲市场。资金充裕的俄罗斯国有天然气巨头 Gazprom 正在想方设法增加对英国、德国和意大利等欧洲国家石油管道的投资和控制。俄罗斯能源官员不断向他们西方同事暗示，他们的公司要进入俄罗斯，就必须允许 Gazprom 投资他们的公司。在俄罗斯的能源利润诱惑下，德国、意大利的部分著名能源化工企业已成为俄罗斯石油公司的伙伴。

二　一条管道如何撬动中亚地缘政治格局

作为世界唯一的超级大国，确保对海外油气资源的控制，始终是美国政治家"拿得起、放不下"的一块"心病"。美国绝不愿看到俄罗斯利用油气资源实现它的政治和经济梦想。

"9·11"事件后，美国借阿富汗战争进入中亚，在俄罗斯的传统势力范围内与俄争夺油气资源；借伊拉克战争推翻萨达姆政权，直接控制了世界第二大储油国伊拉克。但是，与"明火执仗"的军事控制相比，石油管道的修建却静悄悄地但同样意义深远地改变着中亚地区能源政治格局。

对于缺乏油气资源的西欧国家来说，美国提出的构想是，打造从世界第三大油气资源富集区里海附近的哈萨克斯坦、土库曼斯坦和阿塞拜疆穿越土耳其到达欧洲的新油气管道。其中一条管道通过阿塞拜疆和格鲁吉亚到达土耳其。在美国鼓动下，苏东国家尤其是摩尔多瓦、白俄罗斯和格鲁吉亚等，由于不满俄罗斯天然气价格不断上涨，对铺设新管道热情高涨。格鲁吉亚领导人曾在对华盛顿的一次访问中，甚至主动提出一项耗时 5 年以上，跨越黑海和里海，最终到达波兰的管道计划。波兰人对此则举双手赞成，因为正在建设中的耗资 50 亿美元、全长 1000 公里的俄罗斯—德国的油气管道将使波兰的油气路线中枢地位受到挑战。

对于美国本身来说，修建不通过俄罗斯的油气管道当然"有助于改善市场机制，加强能源安全"；不仅如此，美国还试图通过这条管道促进苏联各国与俄罗斯拉开距离以获得更大程度的自立。因此，美国将建设这样的管道作为国策加以推进，不惜采用政治施压和经济诱惑等各种手段，迫使中亚直达土耳其的油管绕开俄罗斯，改走格鲁吉亚。

游戏的戏剧性在于，美国要实现欧洲天然气供应的多元化，而俄罗斯则希望控制得更多。俄罗斯积极出击，对于那些想要铺设中亚管道的国家渲染铺设新管道的高额成本。此外，可能破坏环境、政治风险大也是针对类似项目提出的反对理由。当然，俄罗斯强烈反弹的真实原因还是在于，一旦这样的石油管道投入使用，必将大大压缩俄罗斯在本地区的地缘政治影响力，甚至可能使美国和西方国家找到在该地区维持军事存在的借口。

但是，俄罗斯的反对难以奏效，美英近年来坚持开工建设将俄罗斯抛在一旁的管道并已经取得了初步成果。比如，连接里海和地中海的石油管道于 2005 年 5 月通油，使美国和欧洲国家除了获得中东石油外，又获取了新的石油供应来源。这条石油管道横跨阿塞拜疆、格鲁吉亚和土耳其三国，油管起始于里海岸边的阿塞拜疆首都巴库，经过格鲁吉亚首都第比利斯，最后到达土耳其的地中海港口杰伊汉，全长 1770 多公里，年输油能力达到 5000 万吨。通过这条输油管道，阿塞拜疆巴库油田所开采的里海石油将被输送到土耳其的杰伊汉港，然后在那里被装上超级油轮运往世界各地。

管道开通之时，中亚多国成为受益者。阿塞拜疆在石油运经该国时获得税收和占地使用费，而格鲁吉亚和土耳其则收取石油"过境费"。此外，油气资源丰富的里海地区国家哈萨克斯坦也不甘落后，该国立即和阿塞拜疆签署哈萨克斯坦石油通过里海石油管道出口的协议。无论政治上还是经济上，这条石油管道都使里海油气资源的生产大国哈萨克斯坦、阿塞拜疆、土库曼斯坦等，获得了可以向传统的地区主导大国俄罗斯进行讨价还价的"资本"。

对于美、欧来说，里海石油管道是在苏联地区修建的第一条没有俄罗斯参加的大型战略能源输出项目，这使该地区摆脱了在能源问题上对俄罗斯的依赖，加强了外高加索和中亚新独立国家的独立性，也使西方大国就此获得了进入里海地区的安全通道。稍具战略眼光的人们可以进一步发现，这条管道不仅让里海地区成为美、欧石油天然气供应的可靠来源，而且可以遏制俄罗斯和伊朗的影响，特别是可以挤压俄罗斯的战略空间，从而左右整个中亚以及西亚地区局势。今后，美国等西方国家不仅可以在保证投资安全名义下向该地区派驻部队，而且还可以在为保证该地区局势稳定发展的借口下，想办法染指哈萨克斯坦、阿塞拜疆、伊朗的政权更迭，推进所谓的"民主自由"变革进程——油气管道没准成了西方对该地区国家输出"革命"的管道。

难怪这条管道的"始作俑者"美国掩饰不住自己的兴奋。总统布什表示，巴库—第比利斯—杰伊汉管道"开启了里海油田发展的新纪元"，这项工程使阿塞拜疆、格鲁吉亚和土耳其"融入世界经济"，他同时称哈萨克斯坦签署通过里海石油管道出口的协议"是建立民主、改善地区安全和加强投资的基础"。① 英国《金融时报》则评论说，这条管道是迄今修建的"最具有政治意义的石油管道"。②

三 不断延伸的博弈

全球性的能源政治博弈离中国也并不遥远。尽管里海石油管道被广泛认为是在美国支持下的一项针对俄罗斯的工程，但由于通过该管道经地中海向西方出口石油的哈萨克斯坦是中国能源进口的重要伙伴国，所以该工程客观上或潜在地也对中国的利益形成了一定的影响。

近年来，中国经济的迅速发展使中国的能源问题日益突出。早在1993 年，中国就已经成为石油净进口国。2002 年，中国石油需求约为

---

① 《试论中亚—里海地区石油的新时代》，《西亚非洲》2009 年第 2 期。
② 《里海—地中海油管工程——最具政治性石油管道》，《人民日报》（华南新闻）2002 年9 月 25 日。

2.5 亿吨，超过日本成为位居美国之后的世界第二大石油消费国。2004年，中国石油进口量首次超过亿吨"红线"，占国家石油总供给量的40%以上。立足国内能源资源开发固然是我国能源发展战略的根本，但认真研究当今世界能源地缘政治格局，充分利用国际能源市场，也成为中国能源发展战略的紧迫课题。

中哈石油管线项目被称为中国能源外交成功的典范。对哈萨克斯坦来说，亚洲东部和南部地区，特别是中国近年来对石油天然气的需求不断增长，市场潜力巨大，而通过陆地管道把哈萨克斯坦能源运往亚洲新兴市场，是公认为最安全和最经济的能源输出方案。同时，如果俄罗斯西伯利亚的石油也通过这一线路输往东方，哈还可获得可观的过境运输费。因此，哈萨克斯坦和中国于1997年共同提出建立中哈石油管道时，这一消息立即震撼了世界，被称作"地缘政治新动向"。

此后，尽管美国多次插手中哈石油管道谈判，但中哈石油管线一期工程"阿塔苏—阿拉山口"段仍然于2004年9月正式破土动工。2006年5月，随着中哈石油管道哈方境内40号阀门正式开启，总长962公里的中哈石油管道开通。按照协议，管道运营初期年输油1000万吨，2010年升至2000万吨。哈萨克斯坦和俄罗斯将各提供50%输油量。与中哈石油管道相连的新疆阿拉山口至新疆独山子252公里长的石油管道也已全线贯通，全面进入接纳中哈石油管道原油状态。但是，目前的工程还只是这条暗含"泛亚能源大陆桥"战略构想的石油管线的第一步。哈萨克斯坦总统纳扎尔巴耶夫2006年年底在北京表示，哈中双方已就建设石油管道二期达成协议，这一项目将把"里海大陆架"同中国西部地区连接起来，届时管道的长度将是现在的3倍，从而进一步冲破西方国家对中国设置的"石油包围"。

与此相比，中国"能源突围"的"北方战线"却远没有这么顺利。一个不容否认的事实是，中俄之间谈判长达10年之久的安大线方案最终"流产"，主要原因在于日本的搅局。日本面临着能源资源几乎完全依赖海外的事实。近年来，日本在修建俄罗斯远东石油管线、东海油气问题上与中国展开了近乎白热化的争夺，个中缘由既有维护自身能源安全的传统战略考虑，也多少让人们的头脑中出现日本在构筑对华"能源包围"的场景。

早在1994年，俄罗斯就主动提出，中俄合建一条由俄罗斯安加尔斯克至中国大庆的输油管线（安大线），把西伯利亚蕴藏的丰富石油销往中国，但当时的中国却因种种原因没有及时与俄罗斯签订有关协议，以致后来被迫与日本为争夺俄罗斯石油进行了一场漫长的角力。日本财大气粗，拍出巨额资金诱使俄罗斯先把管道修到日本。俄罗斯则左右为难，试图"一女二嫁"，修建一条从贝加尔湖的泰舍特到太平洋沿岸纳霍德卡的石油管道（泰纳线），既向日本输油，同时在这条管线上的安加尔斯克修一条通往黑龙江大庆的支线（安大线），以兑现对中国的承诺。但这个方案不仅遭到日本的抵制，中国也不大满意。主要原因是一条石油管道的输油量有限，不能同时满足中日两国的需要。

直至中国国家主席胡锦涛、国务院总理温家宝2005年亲自出马，借访问俄罗斯和哈萨克斯坦之机发动中国能源外交的新一轮攻势，双方才就油气领域的合作达成共识：俄远东石油管道不管采取何种规划方案，都将考虑通往中国。俄罗斯总统普京继而于2006年9月初宣布，泰舍特至纳霍德卡石油管道（泰纳线）将先通向中国。泰纳线一期管线年输油能力为3000万吨，其中2000万吨将通过支线运往中国大庆。

中国的"能源突围"还在"南线"展开。中缅两国有意铺设一条从云南昆明，经过瑞丽、曼德勒直至实兑港的输油管道，以防止石油"生命线"过度集中于马六甲海峡。从伊朗海上油田经巴基斯坦再经印度通往中国或经由瓜达尔港直达中国新疆的输油线路也是热门选择。不过，所有这些项目都由于日本、印度等国加入"战团"而面临着复杂局面。

其中，作为新兴发展中大国的印度，能源政治正成为其总体国际战略的重要组成部分。在北方，印度全方位发展与俄罗斯的能源合作；向西，印度试图建立从伊朗经巴基斯坦到本国的能源管道，而为过境巴基斯坦，印度连与这个"宿敌"的合作也提上了议事日程；东向而言，印度正修建从缅甸经孟加拉国到印度的天然气管线，以占有缅甸天然气的大部分出口市场——为了这项跨国天然气管道建设计划，印度甚至承诺给孟加拉国每年提供1亿美元左右的过境费用，并准备在水资源问题上做出更大让步。

无论历史还是现实，得出这样的结论或许并不为过：围绕油气管道而展开的能源政治争夺将深刻影响21世纪的外交版图。

博弈蕴含合作

——试论如何运用博弈论解析中美关系

题记

2015 年 5 月，美国数学家、博弈论大师约翰·纳什遭遇车祸去世，终年 86 岁。

纳什生于 1928 年，长期在美国普林斯顿大学和麻省理工学院从事教学和研究。因为对博弈论的巨大贡献，他于 1994 年获得诺贝尔经济学奖。根据他的传奇经历改编而成的电影《美丽心灵》则横扫 2002 年奥斯卡最佳影片奖等多项大奖。到 86 岁高龄之际，他又从挪威国王手中接过被誉为数学界诺贝尔奖的阿贝尔奖，并成为有史以来唯一一位诺贝尔奖和阿贝尔奖双料得主。在"泄露"了太多"天机"之后，他离开了人间。归天之时恰在返家途中。大师连终结人生也要给世界留下一个难解的谜。

对于博弈论来说，这位天才最广为人知的贡献是，在他年仅 22 岁时，就提出了后来被称为"纳什均衡"的博弈理论。纳什均衡是一种策略组合，在这一组合中，每个参与人的策略是对其他参与人策略的最优反应。由此，为了自身利益的最大化，没有任何单独的一方愿意改变其策略。[1]

不少学者认为，"纳什均衡"使亚当·斯密的"看不见的手"陷入尴尬。在"看不见的手"理论中，利己主义的理性行为被认为最终可以使全社会达到利他的效果。但是在"纳什均衡"中，从利己目的出发，结果收获了既不利己也不利他的后果。

不过，我们也无法得出绝对相反的结论。例如，美国得克萨斯州小城

---

① 参见：McConnell Brue Flynn, *Microeconomics*, Global Edition, McGraw Hill, 19th edition, 第 375 页；高鸿业：《西方经济学》（微观部分）第五版，中国人民大学出版社 2011 年版，第 292—296 页；等等。

柯曼市（Coleman）的一场聚会就闹出了一个"艾比林悖论"（Abilene Paradox）。该悖论讲述的故事中，四名家庭成员从利他主义动机出发，为了自己认为的对方福利而放弃自己的福利，最后落得了没有一个人最终获利的结果。

这样的悖论其实还可以延伸很多。我在日内瓦歌剧院听交响音乐会时，曾经突然哑然失笑：在一般人眼中，西方文化更倾向于个人价值；但是我突然想到，为什么是在这种更倾向于个人价值的文化背景中，而不是在更倾向于集体价值的文化背景中，诞生了交响乐这种和谐、动听的"集体主义音乐"？为什么是在缺少"大一统"观念，更倾向认同地域性、民族种族性、社团性价值的文化背景中，反而日益形成着全国性、区域性，甚至全球性的统一大市场？为什么是在散沙一盘、虚拟存在、价值各异甚至价值冲突的个体中，而不是在组织严密的系统中，反而形成了一个超越国界的互联网世界？

所以，纳什均衡的突破，其意义更多地并不在于是这样或是那样的悖论，而是超越了从前的思维模式和思维定式，建构了一种全新的观察角度、思维模式、解读架构、语言体系，为研究经济、社会、政治现象等打开了一个更为广阔的世界。一段广为引用的评价来自克瑞普斯（Kreps, 1990）《博弈论和经济建模》一书的引言："在过去的一二十年内，经济学在方法论以及语言、概念等方面，经历了一场温和的革命，非合作博弈理论已经成为范式的中心……在经济学或者与经济学原理相关的金融、会计、营销和政治科学等学科中，现在人们已经很难找到不懂纳什均衡能够'消费'近期文献的领域。"①

需要特别注意的是，纳什均衡也并不意味着博弈各方总收益或总体效用的最大化。本书中的《产出缺口理论与美国经济的出路》一文也对这个问题进行了讨论。所以，在博弈进程和博弈研究中，纳什均衡是一种状态，也是另一个起点。从这里开始，路还很长，世界还很广阔。这样的例子在本文的讨论中很多。例如，本文讨论了博弈本身就蕴含或者可能导向合作的问题，"博弈"和"博弈论"并不简单地等同于"冲突"和"冲突论"。又如，本文用大量篇幅讨论了游戏规则问题，强调更加规范的国

---

① 转引自《关于博弈论和纳什均衡你应该知道这些》，http://finance. qq. com/a/20150525/017174. htm。

际环境更易于达成合作，世界各国希望建立国际制度的最大动力正是为了减少国际关系中的不确定因素，从而为国际合作提供更大的可能。再如，国家间博弈中的任何决策，其最终立足的当然是国家的实力。不过，基辛格认为除了维持力量均衡外，还要推广美国的观念和价值。① "软实力"概念由此逐步引入。而今，软实力研究已经成为全球性的"显学"。所以，如果说大国博弈的"战略新边疆"是本部分的主题的话，那么本文研究的内容无疑涉及全球范围内国际合作的新边疆、国际规则制定的新边疆、国际软实力竞争的新边疆等远为广泛的领域和话题。

作为顶级数学家和博弈论大师，纳什应该是这个世界"最会算计"的人；然而，以他为主人公原型的奥斯卡获奖影片却叫作《美丽心灵》。博弈论研究以"效用"（utility）计算始，以默契达成终；以"策略"（strategy）权衡始，以规则制定终——或许这也算是对纳什思维方式的一种"特色解读"吧。这样的"特色解读"又或许可以算是对纳什的一种特别的纪念。

本文主要内容原载于中国国际问题研究所、中国国际问题研究基金会《全球化背景下的世界与中国——2007 年国际形势研讨会论文集》（世界知识出版社，2008 年）；另可参见《博弈：冷战后的美国与中国》（中国传媒大学出版社，2005 年）。

有一种观点认为：在战争与革命的时代，外交完全是博弈，最后是靠战争；可今天时代变了，和平与发展是时代的主题，就不能说是简单的"博弈"了，因为有共同的利益。这种观点相应的结论是：谁老是讲博弈，就说明他忘记了时代的变化。其实，博弈本身就蕴含合作，将"博弈"和"博弈论"简单地等同于"冲突"和"冲突论"，这恰恰是对"博弈"和"博弈论"的极大误解。诺贝尔经济学奖得主纳什曾经来华演讲，其题目即为"通过代理来研究博弈中合作"。事实上，正视和研究国家间的利益博弈，不仅可以更好地透视国家间的冲突，也为更深刻理解国家间合作提供了一把"智慧之钥"。

一 从"囚徒困境"看基本博弈模型

博弈论又称对策论，是由出生于匈牙利的数学家约翰·冯·纽曼所创

---

① Henry Kissinger, Years of Upheaval, Little Brown & Co., Boston, Massachusetts, U. S. A., 1982, p. 242.

立的。这一理论研究的是，在两个或两个以上参与者的博弈中，其中每一方为追求自己的利益最大化而研究其他方的策略，并采取相应的有效对策，从而形成以冲突和合作作为基本形式的互动。

研究博弈可以从最简单的两人棋类比赛开始，来理解各类博弈中普遍存在的基本形式和原理。这是一种参与人数确定、游戏规则明确、纯粹以策略取胜（包括以对方策略失误取胜）的简单博弈。但是，最近三四十年来，博弈论已经远远超越了棋局研究，而成为人们从处理生活小事到解读国际风云变幻的一把"智慧之钥"。

以博弈论著名的案例"囚徒困境"为例：警察抓到两个纵火案犯罪嫌疑人，然后将他们隔离关押起来，并要求他们坦白交代。假定：如果两人都承认纵火，每人将被判刑3年；如果都不承认，每人将被判刑1年；如果一个不承认而另一个坦白并作证，那么抵赖者将被判刑5年，坦白者将被释放。这两个囚徒将做出怎样选择呢？

显然，在以上假定中，"最好的"结果是双方都选择抵赖，结果是大家都只被判刑1年。但是，由于两个囚徒在理论上都是从利己目的出发进行决策的所谓"理性行为者"，在无法获取对方的完全信息并给予对方充分信任的情况下，每一个人大概都会选择似乎对自己最有利的策略，即选择坦白。

"囚徒困境"最早是由美国普林斯顿大学数学家增克于1950年提出的。这个假定的故事反映了现实生活中一个极为深刻的道理，现在人们常常用它来分析经济和政治领域的各种现象。比如，军备竞赛就是这样一种"囚徒困境"。作为博弈双方，由于信息沟通不畅，甚至人为制造各种强化互不信任的信息，因而陷入一个不断谋求自身安全、然后不断感觉还不安全而且安全形势也确实相应不断恶化的困境而不能自拔。但愿"冷战"后的中美关系不至再次进入类似的"囚徒困境"。

其实，两千多年前，中国人还提出了另一个博弈论的著名案例，即"田忌赛马"。用来观察当今中美之间的政治和军事博弈，"田忌赛马"算得上"非对称战略"的先导。但是，田忌的"非对称战略"必须有一个实施前提，即假定一方占有另一方的策略信息，在此条件下做出利益最大化的选择。尽管"田忌赛马"与"囚徒困境"方法论意义有所不同，但它们同样表明：在一定条件下，博弈策略的选择对于博弈结果具有至关重要的作用。这也正是人们对博弈论产生浓厚兴趣的一个重要原因。

当然，博弈的演进结果并不必然是"胜利"或者"失败"。最后的结果也可能是双方努力不相上下，这时双方如果能够有较好的信息沟通和形势判断的话，也可能走出所谓的"囚徒困境"，握手言和，或者开始新的博弈。双方如果没有较好的信息沟通或者形势判断失误的话，也可能走不出"囚徒困境"，以致双方陷入长期的恶性竞争。这是一盘没有结束之日的棋局。

所以，在最简单的"零和游戏"中，博弈结果是单一的。这好比童年时代常玩的"石头剪刀布"的游戏，其结果常常只可能是你输我赢或者相反。但在博弈的实际演进中，其分支（各种不同的相互对应的选择）是繁复的，其结果也是多样的，至少包括赢、输、和局以及僵局。进一步说，在实际的经济、政治、社会现象的分析中，很少有机会能对某一博弈给出绝对的赢和输的判断，和局和僵局也呈现出丰富多彩的形态。更进一步说，在实际政治经济分析中，博弈是一个动态的过程，它不断地由某一个"可接受的均衡"通过一系列的对弈选择达到另一个"可接受的均衡"。在朝鲜核危机中，朝美双方以及其他各方经过了多轮博弈，使朝鲜半岛的战略态势不断地由某种均衡演变至另一种均衡，堪称此类博弈的典型案例。

二 从游戏规则看"囚徒"能否合作

在前面的讨论中，尚没有触及博弈双方的合作。每一方进行选择时都没有共同商议，他们按照对自身可能最为有利的方式进行选择并互动，而没有考虑其他因素。博弈者在相互出招、接招的对弈中演进，并达成非合作状态下的均衡。

但事实上，如果博弈参与者选择合作，他们的获利反而都可能实现最大化。例如，在"囚徒困境"中，假定两个犯罪嫌疑人选择"合作"，即一致抵赖的话，他们都可以只判入狱一年。又如在军备竞赛中，如果双方选择合作，他们可能都将获得更高质量的国际安全，而付出低得多的安全成本，如军费开支。

那么，为什么他们未能进行合作呢？

在实际政治经济分析中，我们当然不能假定博弈各方不进行合作，但问题是他们是否有合作的前提。比如，在"囚徒困境"中，两个犯罪嫌疑人不能合作的原因在于他们在达成合作共识之前即已被警方拘留、隔离。假定在纵火之前两人就已经商定一致抵赖的话（即博弈双方有条件实现充分的信息沟通），那么他们选择"合作"，即一致抵赖的可能性就大大增加。这大概有助于探讨、理解大国之间在后"冷战"时代相互沟通的重要性。

但是，博弈双方有条件实现充分的信息沟通并不是博弈双方实现最后合作的充分条件，它只是其中的必要条件之一。另一个必要条件是博弈参与者之间的信任。比如，尽管两个犯罪嫌疑人在纵火之前就已经商定一致抵赖，但如果双方互不信任，其结果可能是双方仍然选择自己的占优战略而不是双方合作的最优战略。其结果是，尽管在合作均衡状态下，博弈各方的得益可能是最大化的；但合作均衡因条件不具备而不能实现，博弈各方会在非合作状态下博弈，并常常都决定选择其占优战略，从而达到一种非合作状态下的均衡。在朝鲜核危机中，朝鲜方面一再坚持有关各方特别是朝美双方必须"口头对口头，行动对行动"，原因就在这里。朝鲜核危机之所以长期处于僵局，无法达成新的合作均衡，原因也在这里。

当今世界，各国之间的相互依赖日益加深，相应地各国之间合作的动力不断增大。事实上，利益冲突和利益间的相互依赖同样都是促成合作的一体两面。在一个没有利益冲突的世界里，比如原始部落状态下的各个种群，他们在自在自为的状态下生存、发展，甚至不存在国家与国家之间的关系，因而不存在或谈不上合作。从这个意义上说，有冲突才有合作；反之，如果只有利益冲突而没有利益重叠，甚至重叠的利益小于冲突的利益，博弈双方仍然不可能选择合作。

令人遗憾的是，在现实政治、经济、社会生活中，在合作所带来的收益远远大于冲突的情况下，博弈各方往往还是走向冲突，这就值得我们深刻反思了。而反思的重要成果之一便是，博弈各方信息沟通和互信的缺失缘于国际行为的无规则及其相应的不可预测。

按社会发展理论，人类的政治、经济、社会生活最初是没有规则的。规则是在运行过程中逐步形成的。在国际关系领域里，最初的状态就是"自然状态"，各个国家在其中自由地博弈。其博弈的结果形成一定的国家间关系，这种关系稳定化、长期化即成为国家间的某种行为规则。从近代开始，国家间关系由区域性向全球性拓展。稳定化、长期化的国家间关系所形成的行为规则也逐渐向世界性的国际行为规则演化。

国家间的行为规则可分为潜规则和显规则。潜规则是指国家间在相互关系中所形成的默契、共识及传统。例如，在欧洲大陆列强之间长期存在的"均势战略"传统，就是这样的潜规则。在这种共识下，欧洲所有的大国都不允许任何一个其他大国在欧洲大陆取得支配地位。从这一传统出发，欧洲大陆数百年来发生的各种经济、军事、政治等领域的博弈都可以得到合乎情理的解释；各大国的博弈对策也都能够得到一定程度的预测。潜规则我们看不到，但它真实存在。

近代以来，国际条约的签订和国际组织的建立不断确立并强化着国际行为规则。这一类有着显性载体并因为一定程度强制力的存在而能够普遍实施的游戏规则，就是显规则。国际行为显规则是国际行为模式的沉淀，它使得国家间的博弈行为相对来说有更加充分的信息披露，更加可以预期和预测，会有更大的连贯性，更加能够形成稳定的秩序。比如说，国际条约一旦签订，在正常情况下签署国是不会轻易推翻它的；即使是脆弱的国际协定也比没有协定更能使国际行为稳定和可预测。这样，国际间的博弈相对来说就会有更高的互信度和更强的安全感。

潜规则和显规则之间并没有高下之分，它们在国家间的博弈中发挥着各自不同的作用。有时候，显规则可以制约潜规则，使得国际行为不至于逾越国际社会达成的共识及其所设定的框架。其根本原因在于显规则享有法律和名义上的正当性。有时候，潜规则同样可以制约显规则，即在公开的国际制度安排下，国家间的博弈常常又有着自身演化的逻辑。

在博弈论看来，选择遵守国际显规则能够增进整个国际社会的公共福利，但特定的国家和国家集团却常常从局部的、短期的利益出发，将潜规则作为自己的优先选择。在国际社会无法制的现实中，一些处于强势地位的大国不愿意使大国的意志和权威在显规则中被淹没，它们对于显规则很难说已经从内心里完全认同，相反常常把显规则当作操之在我的工具。由强势大国主导形成的潜规则对国际关系格局的形成往往比显规则所起的作用还要大。它们在制订对外政策时仍然从符合一己私利的潜规则出发。当显规则符合自身对外战略时，他们把显规则当作推行自己政策的工具。当显规则不符合自身对外战略时，他们把显规则当作"花瓶"和摆设。

因此，在一定的大国关系格局下，作为理性的政策制定者，应该在潜规则和显规则之间保持一个微妙的平衡关系，双方的博弈才能够达到某种稳定和均衡，从而使双方利益实现最大化；反之，就可能导致不同程度的对抗与冲突，直至双方利益受损、游戏规则解体。以此来分析中美之间在中国台湾问题上的博弈，或许可以加深我们对于美国对台政策中"双轨制"的理解。

实际上，潜规则和显规则也是可以相互转化的。潜规则一经成文化、实体化（比如形成国际条约或国际组织）就变成了显规则。显规则内化为国际行为角色的自觉要求也可以变成潜规则，如此也才是规则的真正价值所在。从这个意义上说，显规则一定得遵守，否则国际关系将会失去稳定和秩序，无法预期和操控，其危险性有甚于没有规则。在这个问题上，美国对中美之间"八·一七"公报的边缘化开创了一个极其恶劣的先例。

社会的稳定、健全有赖于大家普遍遵行的系统化游戏规则。从理论上说，游戏规则越细化，博弈者行为选择的可能性越少，其行为更加可以预期，互信更易建立，合作更易达成；反之亦然。达成合作，一定程度上也是形成新的、大家共同遵守的行为规则。所以，一个更加规范的国际环境更易于参与博弈的国家达成合作。

这就难怪在近年颇为流行的"stakeholder"概念中，美国副国务卿罗伯特·佐利克（Robert B. Zoellick）特别强调"负责任的'stakeholder'"与一般利益相关者的区别。佐利克 2005 年 9 月 21 日在美中关系全国委员会（National Committe on U. S. – China Relations）就美中关系问题发表题为"中国往何处去：从成员到责任？"的演讲。他在演讲中说："所有国家都实行推进其国家利益的外交政策。负责任的'stakeholder'却更进一步：它们承认国际体系维持着它们的和平繁荣，因而它们努力维护这样的体系。"①

当今流行的国际制度理论对此也提供了注脚。按国际制度理论，世界各国希望建立国际制度的最大动力正是为了减少国际关系中的不确定因素，这就为国际合作提供了更大可能。从理论上说，国际制度包含有对制度内各方的监督机制，可以降低各方收集信息的平均成本；国际制度规定了一系列国际行为准则，包括违反这些行为准则可能导致的报复和制裁措施。博弈各方权衡违反国际制度可能在其他目标的实现、国家的声誉、未来的国际合作等方面受到的损害和影响（背信弃义行为的成本）后，更难做出违反国际制度的决策。

在"囚徒困境"一案中，如果两名囚徒存在着一定的组织规则的制

---

① Whither China：From Membership to Responsibility? U. S. Department of State Archive，http：//2001 – 2009. state. gov/s/d/former/zoellick/rem/53682. htm.

约（如黑社会的严厉惩罚措施），则二人合作的可能性就更可以大大增加。所以，以路易斯·亨金等为代表的认知学派也认为，国际行为准则对国家的行为有着决定性影响，遵守国际协议和准则是一国成为国际社会一员和同其他国家发生并保持关系所不得不付出的代价。

这就说明，国际制度本身就是国际合作的结果，同时又是国际合作得以达成的关键。进一步说，制度一旦产生，就能有力地促进合作。没有国际制度的合作相对来说是高风险的、临时的、易变的；建立国际制度条件下的合作相对来说是风险较低的、交易成本更低的、更长期的和更加稳定的。

三 大国与国际社会游戏规则的建立

我们在理论上假定，国际社会的游戏规则是国际行为角色同意或默契的结果。但是，国际社会没有法制。托马斯·弗兰克认为，国家对国际准则的遵守程度取决于这些国际准则的合法性如何。那么，谁是国际准则"合法性"的"裁判员"呢？

同时，国际制度也不可能是固定不变的。国家间力量对比的变化、有关国家对自身国家利益的认识及其对自身所面临形势的判断的改变、整个国际社会价值观的演进等，都可能引发现存国际制度的危机和变革。那么，谁又是现存国际秩序的"守护神"以及新型游戏规则的"构建者"呢？

从理论上说，当今国际社会大多数条约、国际组织都是以主权国家为单位组建的，其有效性来源于主权国家对自身权利的让渡。在理论上，主权国家随时有权力收回自己让渡的权利。比如，朝鲜曾经先后两次宣布退出被邓肯·斯耐德归为强制能力和可信度更高的"合作制度"——《核不扩散条约》，从而两次打破朝鲜半岛上的均衡，震惊世界，使朝鲜半岛由前一阶段建立的"可接受的均衡"走进新的博弈。如此，谁又可以或者有资格充当维护某一国际制度的"执法官"呢？

国际制度的稳定性和可信度方面仍然存在的问题和困境，导出另一个理论假定：国际社会需要国际领导。

邓肯·斯耐德将国际制度分为合作制度和协调制度两类。他认为，合作制度相对来说更为正式、更具强制性，通常建有常设机构进行监督和核查等。所谓协调制度则相对来说不那么正式，基本上不具有强制性，主要以各种条约的形式出现，一般不建有常设的机构。一般来说，制度越正式，建立的难度越大。米歇尔·朱恩等则将国际制度分为信任制度、协调制度、合作制度和劝告制度。但重要的是，米歇尔·朱恩进一步认为，在影响国际制度建立的因素中，除了形式外，还包括所涉及国家的数目、政策趋向以及所涉及国家间相互关系状态、沟通情况、力量对比等。如此，对于建立起国际制度的可能性的分析，相应地也是在国家博弈中建立国际合作的分析，又进入了一个更广的领域。

奥兰·杨等机构谈判说学者进一步分析了影响国际制度建立和维持的因素，包括重大国际危机和重要事件的冲击、制订一个公平合理的解决方案、建立相关的运行机制，等等。但是，尽管该派学者认为国际制度的建立是国际行为角色根据自身利益进行讨价还价的结果，但他们还是强调领导国家的领导作用在国际制度建立过程中的重要意义。这应该说是奥兰·杨等学者的重要理论贡献。奥兰·杨等学者对领导国家领导作用的强调，也使得国际制度理论中的现实主义学派同新自由主义学派出现了天然的联结点，因为现实主义学派认为，实力才是国际制度建立和延续的关键。

以现实主义学派中最有代表性的"霸权稳定论"为例。"霸权稳定论"认为，国际制度与国际体系中的力量分布有关，其中最主要的是与那些实力急剧膨胀、不断向外扩张的霸权国家相联系；国际制度在其建立之前，它是霸权国家对外扩张的工具，因为国际制度实际上就是霸权国家试图确立的游戏规则，只不过这一游戏规则从理论上被赋予了普世价值；国际制度在建立之后，它是霸权国家确立的世界秩序的外在体现，只不过它在法律上被赋予了公共服务和公共管理的性质；霸权扩张所确立的国际制度使国际行为的规则在一定时期里稳定下来，使国际行为更加可以预期，因而有助于国家之间的合作。

一些学者举例说，在美苏"冷战"时期，两极霸权体制形成了相对稳定的国际格局和各自自成体系的合作制度；"冷战"结束以后，两极霸权体制崩溃，原先为两极霸权体制所掩盖和控制的各种矛盾释放出来，世界重新进入一个自由博弈直至达成新的均衡的时代，领土冲突、宗教冲突、民族种族冲突以及超越国界的恐怖主义活动等以令人难以想象的速度展现在世人的面前。

那么，是不是可以得出结论，霸权体制有利于建立国际合作呢？一些学者如罗伯特·基欧汉认为，"霸权"本身就意味着一国有能力为全球经济建立规则和秩序安排；罗伯特·吉尔平则举例说，英国和美国因为创造并加强了自由经济秩序和规则，而成为自工业革命以来成功的霸权（英国，1815 年到第一次世界大战；美国从 1945 年至今）；而迈克尔·莫菲特则反证道，一旦没有了这样的霸权，冲突便成了家常便饭。①

但在这里不得不面临一个新的问题：霸权体制固然在一定程度上提供了博弈者进行合作所需的游戏规则的稳定性、行为的可预期性，但是霸权体制的控制性特征可能从根本上否定了原博弈者作为国际行为角色的主体性特征。也就是说，在霸权体制下，已经不存在完全意义上的冲突与合作。自由博弈本身作为一种理论假定已经不存在了。比如，苏联东欧国家组成的华沙条约组织是霸权控制下军事合作的典型案例，经互会是霸权控制下经济合作的典型案例。在霸权体制下的稳定中，控制与合作扮演着不同角色，在不同组织制度中不同程度地发挥着作用。

当"霸权稳定论"强调国际制度的公共管理和公共服务性质时，它通常以一种理想主义眼光来看待霸权国家，认为只有它才有足够的经济资源、军事资源和领导意愿来提供这种"公共产品"。尽管霸权国家在提供这种公共产品时从中获得的好处超过其他国家（霸权国家甚至利用其提供"公共产品"的优势地位从事寻租行为），他们也认为，这是国际社会不得不付出并可以承受的代价。为此，邓肯·斯耐德还根据霸权国家提供这种"公共产品"时承担其成本的份额和牟取私利的多少，将霸权制度分为"仁慈的霸权"和"强制性霸权"，这实在是一件费力不讨好的理论工作，因为天底下压根就没有白吃的午餐。克拉斯纳认为，国家力量的分布状况决定国际制度的形态，实力强的一方更可能决定或影响游戏参加者、游戏规则，甚至直接决定或影响游戏结果。所以，虽然国际制度具有公共管理和公共服务性质，但它不可能是一种真正的公共产品。

如此，霸权体制最多可以算得上是一种"可接受的均衡"，其代价是国际角色之间的不对等和不平等；真正公正和完备的制度安排过去没有出现过，在可预期的将来可能也很难看到。一旦实力对比发生变化导致霸权控制减弱甚至崩溃，则"可接受的均衡"中的控制状态下的冲突与合作就会向新的更具自由竞争特征的博弈状态转化，直至达成新的均衡。

在风云变幻的大国兴衰史中，多少霸权及其创立的霸权体制在盛极一时后衰落。伊曼纽尔·沃勒斯坦认为，大国的"过分扩张"导致其实力

---

① 刘靖华：《霸权的兴衰》，中国经济出版社 1997 年版，第 48 页。

下降并使得它为新崛起的强国所取代，这是一个历史规律。1500 年左右威尼斯帝国开始衰落，1600 年左右荷兰开始衰落，1873 年左右大英帝国开始衰落。还有一件他预测得不太准的事情——他说 1967 年左右美国开始衰落。① 有意思的是，无人预言衰落的苏联却在 20 世纪 90 年代初突然间"彻底衰落"了。

当然，霸权的崩溃与国际制度的瓦解并不必然同步发生。国际制度在其建立之后将获得相对独立性。按标志性事件对比，霸权国家衰落后，在霸权国家主导下建立的国际制度将可能有一个消亡的过程。在某些情况下，从前的国际制度的若干形式和框架在新的霸权结构下仍然可能延续，只不过这一形式和框架所体现的力量对比和政治内涵已经发生变化。例如，联合国、国际货币基金组织和世界银行等国际组织所体现的国际政治、经济制度，其战后成立时有其特定的历史背景，但它们在成立后都先后不同程度地出现了自身发展的轨迹。也就是说，在相似形式和框架下，博弈状态却已经出现了完全不同的特征。

四　博弈论视野下的中美关系

博弈论讨论的问题都是在设定条件下构建的理论模型，它给予我们的是在进行对策分析时开启智慧之门的思维方式，而不是解决一个个具体问题的简单的公式。

例如，在博弈论中，博弈者均被设定为寻求自身利益的"理性行为者"，在一个国际体系中的国家也被设定如此。因此，当我们运用博弈论来讨论中美之间的合作与冲突时，首先要试图理解中美两国在不同的博弈对局中的核心利益所在。这是解读国家行为或预测将要发生的国家行为的基础。

但迄今为止，我们并不能自信地说，我们已经完全能够解读那些为所有国家孜孜以求的所谓的"国家利益"。

国家利益是动态的、演变的。例如，在不同历史时期，美国的"国家利益"具有不同的表征和不同的侧重点。是一个世纪以前在美国盛行的"孤立主义"更能代表美国的"国家利益"呢？抑或是传教士的狂热和当今美国领导世界的追求更能体现美国"国家利益"之所在呢？

即使在同一历史时期，美国对自身"国家利益"的认识及其所导致

① 约瑟夫·奈：《美国定能领导世界吗》，军事译文出版社 1992 年版，第 2 页。

的行为特征也常常让人眼花缭乱。美国对华政策在理想主义和现实主义之间摇摆，而"实实在在"的那些"国家利益"同样也是冲突的。在中美贸易摩擦中，是美国的制造业者、美国的零售商团体、美国的消费者集团，还是美国的劳工保护组织更能代表美国的"国家利益"？坦率地说，美国本身就是一个自我冲突的国家。无数个利益在美国国内同样进行着纷繁芜杂的"博弈"。美国的"国家利益"本身就是美国不同利益集团博弈所达致的一种均衡状态。在美国人看来，"政策框架模糊不清，公众态度对立，利益集团之间竞争，白宫和国会之间不时发生对抗，这些现象在美国对外关系中却是比基于明确的概念和内部意见一致的关系更为正常的一种状况"。①

反过来说，我们也不能说自己就是完全的"理性行为者"，我们对于自身的国家利益同样在进行着不断深入的探讨。改革开放30年后的今天，对于中国国家利益的认识更是进入了一个新的阶段。理论上的"国家利益"出现了从未有过的复杂状态。由此，作为多元化社会典型的美国与处于飞速变革过程中的中国，其利益的复杂性使其相互关系模式必然会出现多样化的特征。

至于在特定博弈过程中，博弈各方可能追求的根本就不是"绝对利益"的最大化，而是相对于对方的"相对利益"的最大化。"相对利益"的极端形式是使对方的相对损失大于自己。例如，美国如果不是被动地进入，而是有目的地将苏联或者今天"冷战"后的中国拖入军备竞赛的话，那么在安全领域里博弈的双方进行比较的，可能就不是谁的获益更大，而是谁的损失更大。在这里，敌对方的更不安全就是自己的进一步安全。如此，则关于国家利益的认识将更为复杂。

国际制度理论中的认知学派就认为，新自由主义学派和现实主义学派有一个共同缺陷，即他们认为国家对自身利益的认识非常清楚，并以此为基础解释国家的国际行为以及由此构成的国际关系。其实，这本身就是一个需要进一步讨论的问题。这一认识将我们对于国际冲突与合作的研究引入一个新的领域，即决策研究。

影响决策的因素首先包括决策者的意识形态立场和价值观的变化，决策者指导思想、他们对所处的政治和经济环境及其他所涉及问题的认识现

---

① 哈里·哈丁：《美中关系的现状与前景》，新华出版社1993年版，第115页。

状。例如，新中国成立后，中国长期着眼于世界大战不可避免、迫在眉睫，从而形成了当时准备应对大规模战争，甚至核大战的国际安全战略；在改革开放年代，中国敏锐地把握时代潮流，做出了世界大战打不起来的基本判断，努力促进世界多极化的发展、谋求全球战略平衡，为中国的现代化建设营造了良好的国际环境；"冷战"结束以后国际形势风云变幻，但中国仍然判定，在今后较长时期内，争取国际和平环境、避免新的世界大战是可能的，"多极化趋势在全球或地区范围内，在政治、经济等领域都有新的发展，世界上各种力量出现新的分化和组合"，中国完全应该也可能获得大约 20 年的战略机遇期，以尽快发展壮大自己。有关中美关系的决策只有放在这样的国际战略大背景下才可能得到更深入的理解。

决策集团的构成及其对形势的判断在决策中也有不可低估的作用。例如，在不同历史时期，美国决策集团中的不同部分对美国对华政策的影响力是不一样的。从美国《宪法》角度看，美国国会在对外政策的制订中占有重要地位。但 20 世纪以来，特别是 20 年代末世界性经济危机爆发以后，美国行政部门的权力增长迅速。即使如此，国会的作用仍然十分明显。"冷战"结束以后，国会在外交政策领域的影响力明显增强。由于国会是两党激烈争夺的政治场所，所以国会在对外政策方面的趋向常常受制于国内政治斗争，这使得美国对华政策常常出现十分复杂的局面。即使在行政部门内部，决策主导地位的争夺也十分明显。例如，在小布什总统的第一任内，国防部长拉姆斯菲尔德与国务卿鲍威尔在对华政策乃至整个对外政策领域里的关系就十分微妙和复杂。

决策者的外交实践和经历，甚至其个人性格等也越来越多地进入研究者视野。例如，在分析老布什总统对华政策时，不少人都倾向于强调他跨越第二次世界大战和"冷战"时代的经历，认为这种经历使他更倾向于从地缘政治和国家安全角度来考虑中美关系问题；他在中国的工作经历以及他与中国领导人的个人情谊等因素也被认为影响着其对华政策的制订。而克林顿总统是位"年轻干部"，理想主义色彩浓厚。小布什则具有鲜明的"西部牛仔"风格。这些因素对于不同时期美国对华政策的制定也产生了明显影响。

此外，决策程序的设置及其所带来的相关因素，专家学者和特殊利益团体在政策的选择、政策的制订、政策的推广与执行等方面也发挥着特定作用。例如，"冷战"结束后，由于压倒一切的战略考虑的消失，美国国内利益集团在美国对华政策中的作用增强，特别是大众传播机构以及人权组织、工会、环保组织等在美国对华政策形成过程中的影响力日益增强。

尤其值得注意的是，国际关系领域涉及的问题日益增多，决策者已经很难做到在各个领域都是行家里手。他们在判断自己所面临的形势、确定所涉及的国家利益以及选择何种政策保护和增进国家利益等方面越来越面临着困难。因此，来自多方的信息以及专家的意见、建议就显得尤为重要。一大批影响极大的思想库的存在并发挥重要作用，是美国对外政策制订过程中的一大特色。从客观环境来说，美国的决策程序上也存在着较正式的决策咨询机制；美国对外政策部门和政策研究机构之间甚至存在着频繁的或"学而优则仕"或"仕而优则学"式的"干部交流"。在一些特定问题上，一些活跃于"官"、"学"两界的人士甚至直接开展有关各方的沟通工作，形成了区别于官方渠道的"第二管道"，并常常取得超乎意料之外的效果。当然，专家学者本身对某一问题的意见、看法也不可能完全一致。从另一角度看，美国的"智囊机构"一般来说也都代表和反映了特定利益集团的呼声，特殊利益集团的诉求更是可能存在程度不同的矛盾和冲突。从这种意义上说，所谓"决策"就是决策集团综合国内博弈各方的意见和要求并达成共识。

在传统的现实主义政治研究中，国家是国际政治中的基本行为主体。但随着现代科学技术，特别是大众传播技术的进步以及现代民主政治的发展，普通民众的价值判断对于国家行为的影响也越来越强；团体（包括政府间组织与非政府组织）、企业（特别是跨国公司）、群体和个人（特别是关键人物）等甚至一定程度也成为国际行为主体。特别是作为美国"第四权力中心"的媒体，反馈甚至引导着美国公众舆论、制约着美国权力机构、体现着利益集团的需求，在后"冷战"时代美国对华政策形成的过程中发挥了日益重要的作用。

总的来看，随着中美双方社会的更趋开放化与多元化，直接或间接地影响一国在某一国际领域是采取冲突性的政策抑或是采取合作或协调性政策的因素正不断增多。

在这样纷繁芜杂的背景下，决策参与者的信息占有状况直接影响博弈过程和结果。在"囚徒困境"一案中，两个囚徒不能进行信息沟通，成为他们不能达成合作从而实现利益最大化的最重要原因之一。那么，国家，例如处于博弈状态中的中国和美国，在寻求自身利益最大化过程中掌握了充分到什么程度的信息呢？什么样的信息沟通促使两国实现了"双赢"的合作？什么样的信息沟通失误导致中美两国间历史性的悲剧？今天，中美间的直接交流已经超过220年，信息沟通技术也已进入所谓的"互联网时代"，中美之间的人员往来每年超过一百多万人次，中美双方已建立起140多对友好省州和友好城市关系。即使如此，正如美国人看中国总是觉得中国充满神秘一样，中国人看美国同样也仍然是雾里看花。

当然，国家间博弈中的任何决策，其最终立足的还是国家的实力。但是，在国家实力的认识上，我们同样可能存在诸多的误区。例如，国家实力曾经等同于核运载工具数、作战飞机架数、军舰总吨位数、武装部队人数，等等。后来，国家实力的研究上升到了所谓"综合国力"的更宽广的领域。比如经济和科技方面的实力。"历史记录表明，一个大国的经济兴衰和它作为一个重要的军事强国（或世界帝国的兴衰），这两者之间存在着非常明显的关系。"① 在中美之间的合作与冲突中，中国市场经济改革的成果和巨大的市场前景对于美国博弈对策的选择产生了巨大的影响作用。反之，对于中国决策者来说，美国巨大的市场和强大的经济科技实力在中国的市场经济改革中同样被放到了至关重要的位置，这也常常影响和制约中国在其他领域，比如台湾问题、人权问题等领域里的战略选择。当然，"有大量的证据表明还有其他因素：地理、军事、组织、民族士气、结盟情况等，它们都可以影响各国的相对实力"。② 从当代国际政治实践看，在这个领域里尤其要强调对核心资源和核心技术的控制如何有力影响着国家的"实力"或"权力"，例如石油生产国的特殊影响力等。

再后来，基辛格认为，除了维持力量均衡，还要推广美国的观念和价值。③ "软实力"概念由此逐步引入。特别是"冷战"结束以来，一些美国学者更加重视软实力研究，其代表人物即是约瑟夫·奈。约瑟夫·奈提出了"间接权力增值论"，认为"经济权力论"往往看不到"权力的第二个面孔"，即"间接权力"。在约瑟夫·奈的理论中，以思想力量为主体的感召式权力也即"间接权力"比威慑式权力更为重要，因为它成本最小。美国之所以能维持霸权，就是因为"美国所拥有的传统实力资源在

---

① 保罗·肯尼迪：《大国的兴衰》，世界知识出版社1990年版，第8页。
② 同上书，第10页。
③ Henry Kissinger, Years of Upheaval, Little Brown & Co., Boston, Massachusetts, U. S. A., 1982, p. 242.

20 世纪末仍是举世无双的，美国还拥有意识形态和体制方面的资源，在国际相互依赖的新领域继续保持其领导地位"。①

约瑟夫·奈进一步认为，除"一个国家文化的全球普及性"外，"它为主宰国际行为规范而建立有利于自己的准则与制度的能力，都是它重要的力量来源"。这样的能力也是"软实力"的重要内容之一。② 至此，在中美之间冲突与合作的讨论中，我们又将引入对中美博弈产生重大影响的国际制度的研究。谁主导游戏规则的制订，谁当然就会拥有先天的优势。

"冷战"结束以来，美国在主导全球政治、经济秩序方面似乎更具"合法性"、更有可能性，因而也更加注重利用国际多边组织制定对其有利的国际行为规则以维持其霸权。与之相应，中美之间在国家间游戏规则制订领域的博弈也日趋激烈。特别是后"冷战"时代，国际关系中一个突出的新特点是，"尽管国家仍然是国际事务中的主要活动者，它们却也正在某种程度上失去主权、职能和权力。国际机构现在宣称拥有判断和限制国家在自己领土范围内行事的权利"。③

需要强调指出的是，真正的中美博弈从来就不是简单的双向对弈，其背景和基础是复杂多变的大国关系和全球国际关系格局。这就如同博弈论中的多人赛局，参赛者可能出现结盟、半结盟和不结盟等多种选择以及如何结盟等新的问题。

相应地，博弈结果也就超越了"你死我活"的"零和对局"，而出现了"双赢"乃至"多赢"的可能性。其博弈进程也表现出大国控制、均势、两极对抗、集团冲突、国际协调、"中心—边缘"等各种形态。亨廷顿甚至认为，"冷战"后的世界已经出现了"一种奇特的混合体系"——"一个超级大国与若干大国共存的单极加多极体系。解决重大的国际问题既需要超级大国采取行动，也需要与某些大国联合采取行动。然而，这个超级大国可以否决其他国家联手就某些重大问题将采取的行动"。④

此外，中美关系涉及政治、经济、科技、军事、意识形态等各个领域。一个问题的博弈往往牵扯其他各个方面。例如，20 世纪 90 年代早期，曾经扣人心弦的所谓"最惠国待遇"问题既是一个经贸问题，又是

---

① 刘靖华：《霸权的兴衰》，中国经济出版社 1997 年版，第 56—58 页。
② 约瑟夫·奈：《美国定能领导世界吗》，军事译文出版社 1992 年版，第 26 页。
③ 塞缪尔·亨廷顿：《文明的冲突与世界秩序的重建》，新华出版社 1999 年版，第 16 页。
④ 塞缪尔·亨廷顿：《孤独的超级大国》，美国《外交》1999 年 3—4 月号。

人权政治问题；既是中美两国国内政治问题，也决定着中美关系能否健康稳定发展；既是中美之间的双边问题，又涉及美国与亚太地区一系列国家或地区间相互关系；等等。因此，在实际的社会、经济、政治生活中，博弈无处不在，但千差万别、各具形态。博弈本身就意含着冲突，而冲突也内在地蕴含着合作，从来就没有绝对的冲突与合作；即使是冲突与合作本身，其强度、形式、外部环境等也各自具有不同的特征。

最后要再次强调的是，博弈论给我们提供的是研究问题的方法和思考问题的角度，它不可能给我们一个图解中美关系的公式。运用博弈论去解析中美关系，特别是"冷战"后的中美冲突与合作，我们将看到一幅宏大的全球性场景和波澜壮阔的历史画卷。这也正是一个有生命力的理论的魅力所在。

第六部分

中国的国际环境与战略选择

可持续发展为什么要求法治经济

题记

中国共产党第十八届中央委员会第四次全体会议，审议通过了《中共中央关于全面推进依法治国若干重大问题的决定》。

全会提出，全面推进依法治国，总目标是建设中国特色社会主义法治体系，建设社会主义法治国家。全会明确了全面推进依法治国的重大任务：完善以宪法为核心的中国特色社会主义法律体系，加强宪法实施；深入推进依法行政，加快建设法治政府；保证公正司法，提高司法公信力；增强全民法治观念，推进法治社会建设；加强法治工作队伍建设；加强和改进党对全面推进依法治国的领导。

2013 年秋，十八届三中全会通过《中共中央关于全面深化改革若干重大问题的决定》，提出深化改革的总目标是国家治理体系和治理能力的现代化。时隔一年，十八届四中全会做出关于全面推进依法治国的战略部署。全面推进依法治国已经成为中国国家治理体系和治理能力现代化的总抓手，成为国家治理领域一场深刻而又系统的革命。

本文主要内容原载《中华智库》2015 年第 2 期。

社会主义市场经济本质就是法治经济。改革开放在中国造就了世界经济史上的奇迹；但是，一系列新的挑战，例如改革动力减弱、市场空间不足、资源环境约束、社会矛盾凸显、国际形势复杂，等等，显示中国经济已经无可避免地进入了转型时期。中国经济是将陷入"中等国家陷阱"，还是能实现可持续发展？全面推进社会主义法治国家建设，进一步建立和完善社会主义法治经济，正是破解这一世纪难题的关键答案。

一 法治经济与改革动力

法治化的权利保障，有利于进一步激发市场主体创业、创造、创新的动力。对此，十八届四中全会《决定》明确提出"保护产权、维护契约"；进而言之，依法保障更广泛的公民权利，包括"公民人身权、财产权、基本政治权利等各项权利"，"公民经济、文化、社会等各方面权利"。

其中，"健全以公平为核心原则的产权保护制度"具有特别重要的意义。《决定》提出，"加强对各种所有制经济组织和自然人财产权的保护，清理有违公平的法律法规条款。创新适应公有制多种实现形式的产权保护制度，加强对国有、集体资产所有权、经营权和各类企业法人财产权的保护。国家保护企业以法人财产权依法自主经营、自负盈亏，企业有权拒绝任何组织和个人无法律依据的要求"。产权的明晰与保护不仅包括有形的"物权"，更包括"完善激励创新的产权制度、知识产权保护制度和促进科技成果转化的体制机制"。

中国经济高速发展30多年后，运动式的增长已经不可持续。对所有有形的和无形的权益在法律上给予全方位的保护，使市场主体通过诚实劳动和锐意创新，能够真正获得、切实拥有、自由处分在"权利公平、机会公平、规则公平的法律制度"下应得的所有权益，这才是市场主体创业、创造、创新的不竭动力。

二　法治经济与稳定预期

成熟的经济管理者总是善于管理预期；更积极、更稳定的市场预期，有利于进一步推动长期性、战略性要素，特别是资本要素的投入。

四中全会《决定》提出，要"加强市场法律制度建设，编纂民法典，制定和完善发展规划、投资管理、土地管理、能源和矿产资源、农业、财政税收、金融等方面法律法规，促进商品和要素自由流动、公平交易、平等使用。依法加强和改善宏观调控、市场监管，反对垄断，促进合理竞争，维护公平竞争的市场秩序"。

市场预期的形成并不仅仅源自经济领域。依法治国首次被确定为中共中央全会的主题，这在党的历史上本身就具有开创性和里程碑意义。《决定》开宗明义："依法治国，是坚持和发展中国特色社会主义的本质要求和重要保障，是实现国家治理体系和治理能力现代化的必然要求，事关我们党执政兴国，事关人民幸福安康，事关党和国家长治久安。"这就进一步明确和深化了党对自身发展以及国家发展"历史方位"的认识，是更广、更深刻意义上的市场预期。

在改革开放进入"深水区"后,快餐式的增长已经不可持续。确定的法治框架、全面深化改革和全方位开放市场的预期,才可能吸引中国,乃至全球要素资源进行长期性、战略性的投入,从而为中国经济的长期稳定增长提供新的源泉。全会结束后,一系列对内对外开放市场的改革举措接踵推出,涉及包括金融在内的多个领域,为各类资本平等参与市场竞争进一步打开了大门,也在市场主体中,特别是资本市场上得到了积极的回应。

三 法治经济与统一市场

法治经济有利于打破对市场经济活动人为的分割与束缚。在原有的利益格局和体制机制下,中国经济的发展空间已经日显局促。依法治国一个核心的经济学内涵,就是要尽快形成"平等交换、公平竞争、有效监管"的全国性统一大市场。这样的统一市场法制完备、政令统一、施政畅通,市场主体人人平等。普天之下,莫非法治之土;率土之滨,莫非法治之民。

其中,有效防止部门利益和地方保护主义及其法律化对统一市场的分割、对市场空间的抑制,是当前必须集中解决的突出痼疾。四中全会《决定》提出,"完善全国人大及其常委会宪法监督制度,健全宪法解释程序机制。加强备案审查制度和能力建设,把所有规范性文件纳入备案审查范围,依法撤销和纠正违宪违法的规范性文件,禁止地方制发带有立法性质的文件。"《决定》同时提出,"明确立法权力边界","对部门间争议较大的重要立法事项,由决策机关引入第三方评估,充分听取各方意见,协调决定,不能久拖不决"。在司法体制改革领域,一个突出的亮点是,"最高人民法院设立巡回法庭,审理跨行政区域重大行政和民商事案件。探索设立跨行政区划的人民法院和人民检察院,办理跨地区案件"。

中国已经步入全面深化改革的新纪元,割据式的增长已经不可持续。历史上,资本主义统一大市场的形成与君主专制政治取代封建领主政治的进程相伴而行。今天,在中国特色社会主义制度下,以人民民主专政为强大依托,通过全面建设社会主义法治国家,打破阻碍社会主义统一市场形成、发展的一切樊篱与束缚,堪称历史创举。

四 法治经济与产业升级

十八届三中全会提出,要"紧紧围绕使市场在资源配置中起决定性作用深化经济体制改革";四中全会提出"全面推进依法治国",从而使市场在资源配置中的决定性作用进一步得到法治保障。

市场配置资源首先意味着资源及其使用权具有稀缺性、有限性；其次是确认资源及其使用权具有产权性质，相应地应当并且可以进行市场定价和市场交易；通过确权、定价、交易等一系列市场活动，资源及其使用权将向效率和效益更高，因而更能承担相应成本和代价的产业和部门流动；如果这种流动导致经济结构出现质的、革命性的变化，这就是产业升级。

在这看似简单的道理上达成共识并付诸实践，远非易事。尤其是对一些不那么有形化的环境资源及其使用权，如大气污染排放权等，如何确权、定价、交易，其认识更是经历了漫长过程，付出了巨大代价。

十八届四中全会《决定》提出要"建立健全自然资源产权法律制度，完善国土空间开发保护方面的法律制度，制定完善生态补偿和土壤、水、大气污染防治及海洋生态环境保护等法律法规"等"生态文明法律制度"，在这个领域迈出了关键性的步伐。

最直接地，这意味着中国将用更严格的法律制度有效约束开发行为，强化生产者环境保护的法律责任，大幅度提高违法成本，从而保护、形成可持续发展所必需的良好生态环境。

更深远意义则在于，在中国传统产业开发空间日益缩小、边际成本呈加速度递增、边际效益呈加速度递减的背景下，粗放式的增长已经不可持续。"促进绿色发展、循环发展、低碳发展"，实现资源及其使用权从传统产业向战略性新兴产业的流动，已经成为中国经济输不起的关键战役。

因此，《决定》重申"促进生态文明建设"绝不仅仅是一个整治、保护环境的政治宣示，而是在以法治的方式倒逼、促进、推动中国经济结构调整和产业升级，从而实现打造中国经济升级版的战略目标。这是"后起飞时代"中国经济的主题，也将为中国经济持续增长提供更广阔的空间和舞台。

五 法治经济与交易成本

十八届四中全会《决定》提出，"深入推进依法行政，加快建设法治政府"，标志着新一届中央领导集体若干开创性的执政理念在中央决策和法律意志的层面得到进一步确立。

一是要坚持"法定职责必须为"。也即要求勇于负责、敢于担当，坚决纠正不作为现象，坚决克服懒政、怠政，坚决惩处失职、渎职。

二是要坚持"法无授权不可为"。也即要求"不得法外设定权力，没有法律法规依据不得作出减损公民、法人和其他组织合法权益或者增加其义务的决定"，坚决纠正乱作为现象。

三是"推行政府权力清单制度"。也即要求"全面推进政务公开"，"各级政府及其工作部门依据权力清单，向社会全面公开政府职能、法律依据、实施主体、职责权限、管理流程、监督方式等事项"，而且"以公开为常态、不公开为例外"。

三大执政理念的本质和核心是推进机构、职能、权限、程序、责任法定化和公开化。当什么是"必须为"、什么是"不可为"通过"权力清单"处于阳光之下时，"必须为"的职责怎么为、"不可为"的事项是否真的得到全程管理和相应的监督，市场主体"法无禁止即可为"的权利才能得到保障，权力设租、寻租空间才能受到抑制直至坚决消除，政府的行政成本才能大幅度降低，行政效益和效率才能大幅度提升。

交易成本既存在于一定的市场关系之中，也存在于一定的社会关系和政治关系之中。发展中经济体的现代化实践表明，在经济起飞阶段，大进大出、高代价、高利润的增长模式可能成为常态，市场对交易成本的敏感度可能较低；当经济完成起飞之后，质量型、效益型、精细化的增长模式将成为新常态，市场对交易成本的敏感度上升。

打造中国经济升级版要求中国经济治理体系和治理能力的升级版，负重式的增长已经不可持续。

六　法治经济与社会脱困

可持续发展不是简单、孤立的环境问题、资源问题、金融问题，甚或更广意义的经济问题，而是进而涉及社会与政治诸领域、国内与国际诸方面、内生与外生诸因素的系统工程。在极端情形下，战争、自然灾害、特重大公共事件等，同样可以影响甚至阻断某一经济体的持续发展和现代化进程。

从新兴经济体现代化实践来看，在跨越最初的起飞阶段之后，大多数经济体未能实现可持续发展，步入发达经济体的行列。其表象并不仅仅是结构调整缓慢、增长动力不足、发展长期停滞、环境与金融体系崩溃等，进而也往往是伴随着政治腐败盛行、社会不平等和社会冲突加剧、政治危机不断等现象。所有这些现象互为因果、相互关联、相互推动，形成下行螺旋，此即所谓的"中等国家陷阱"。

跨越"中等国家陷阱"、化解起飞阶段高速发展过程中积聚的矛盾，同样需要用法治规范各类经济活动、调节经济活动中不同社会群体之间的利益。十八届四中全会《决定》提出，要"健全依法维权和化解纠纷机制。强化法律在维护群众权益、化解社会矛盾中的权威地位，引导和支持人们理性表达诉求、依法维护权益，解决好群众最关心最直接最现实的利益问题"。这包括"构建对维护群众利益具有重大作用的制度体系，建立健全社会矛盾预警机制、利益表达机制、协商沟通机制、救济救助机制，畅通群众利益协调、权益保障法律渠道。把信访纳入法治化轨道，保障合理合法诉求依照法律规定和程序就能得到合理合法的结果"；"健全社会矛盾纠纷预防化解机制，完善调解、仲裁、行政裁决、行政复议、诉讼等有机衔接、相互协调的多元化纠纷解决机制"；等等。

随着社会经济水平、受教育程度的不断提高，以及现代信息传播的不断普及、加速，公民权利意识、法律意识的觉醒和强化已经是不争的事实。在这样的时代背景下，野蛮式的增长已经不可持续。只有按照全会精神，在建设和发展中进一步增强尊重和保障权利的意识，健全公民权利救济渠道和方式，才能为中国经济再上台阶提供稳定的发展环境，避免像许多新兴经济体那样社会冲突与社会危机加剧，跌入迟滞、中断经济发展和现代化进程的"陷阱"。

中国共产党人正在迎接世纪性的挑战、解决全球性的课题、创造世界性的经验。

变革与稳定：后"冷战"时代如何
建设新型大国关系

题记

中美关系是当今世界最重要也是最复杂的双边关系之一。中美关系的走向，关乎两国命运，关乎世界和平与发展。

2012 年 2 月，时任国家副主席习近平访美，提出推动中美合作伙伴关系不断取得新进展，努力把两国合作伙伴关系塑造成 21 世纪的新型大国关系。三个月后，第四轮中美战略与经济对话在北京举行。时任国家主席胡锦涛发表题为《推进互利共赢合作 发展新型大国关系》的致辞，强调中美应该坚定推进合作伙伴关系建设，努力发展让两国人民放心、让各国人民安心的新型大国关系。

2012 年 11 月，中共十八大报告提出："我们将改善和发展同发达国家关系，拓宽合作领域，妥善处理分歧，推动建立长期稳定健康发展的新型大国关系。"2013 年 6 月，习近平主席与奥巴马总统在美国加州安纳伯格庄园举行两国换届后的首次元首会晤。双方一致同意，中美将共同努力构建新型大国关系。

2013 年 11 月，美国白宫国家安全顾问苏珊·赖斯在乔治城大学发表题为"美国在亚洲的未来"的讲话，勾勒了美国对亚太政策的要点。其中，对于美中关系，赖斯表示，美国将寻求具体实施新型大国关系（to operationalize a new model of major power relations），在两国利益存在交集的事务上形成更深入的合作，同时管控不可避免的竞争关系。赖斯使用了中国提出的理念（新型大国关系），这被认为是美国官方进一步"承认"新型大国关系。但她也增加了一个词，即"操作"或"具体实施"（operationalize），实际上传达了一个重要信息，即强调进一步具体实施或实际建立。"赖斯悉心挑选措辞旨在向中国领导人传递清晰的信息，表明美国有兴趣也有意愿探索习近平所提出的新型大国关系。但是赖斯所用的 'operationalize' 一词也同样意义重大，表明美国的首要关注在于如何将这一概念转变成为能够加深双边合作的实际努力，而不是仅仅为中美关系创造出又一新标签或是新定义"。①

当然，美国对华政策总是充满着复杂性、矛盾性。就是在中美双方共同努力构建新型大国关系的时代背景下，美国战略思想方面，包括智库、国会、军方、政府等，在涉华问题上也存在前景展望消极、应对态度强硬的另一面。例如，兰普顿就悲观地认为："美中关系的临界点正越来越接近。""我们各自的恐惧比关系正常化以来的任何时候都更接近于超越对双边关系的希望。""美国政策精英的重要组成部分日益倾向于把中国看成是美国在全球主导权的一个威胁。"又比如，兰德公司国际防务问题专家蒂莫西·R. 希思撰文称，"美国应对中国的最佳方式或是加强自身在亚洲的战略再平衡努力"；"华盛顿在该地区拥有强大的安全联盟和伙伴关系网络"，"这些都为美国提供了现成的手段，让它可以平衡中国的影响力"。②

还是约瑟夫·奈的评论看起来更为客观。他认为，"对中国崛起的恰当政策反应必须在现实主义和融合之间找到平衡"。他回忆说："当克林顿政府在20世纪90年代首次考虑如何应对中国崛起时，一些批评人士曾主张在中国变得过于强大之前采取遏制政策。我们拒绝采纳这一建议……。正如我在五角大楼负责东亚事务时所说过的，如果把中国视为敌人，那它肯定会成为敌人。""相反，美国选择了一种可以称为'融合与保障'的政策。"他的结论是，"与一个世纪前的英国相比，美国有更多时间来管理与崛起中大国的关系"，而中国情况也与过去的新兴大国不同，"这提供了一个建立新型大国关系的机会"；"人为错误和误判总是可能发生的。但是只要作出正确选择，冲突就不是无法避免的"。③

展望未来，正如习近平主席指出，中美构建新型大国关系，既要有"不到长城非好汉"的决心和信心，又要有"摸着石头过河"的耐心和智慧。④ 毕竟，历史性变革的大幕才刚刚开启。

---

① 《中美新型大国关系意味着什么》，《凤凰周刊》2014 年 1 月 15 日。
② 陆忠伟：《构建中美新型大国关系须破零和博弈"心中贼"》，《人民政协报》2015 年 6 月 2 日。
③ 《约瑟夫·奈：中美有机会建成新型大国关系》，《观察者》2015 年 3 月 12 日。
④ 崔天凯：《推动构建中美新型大国关系》，《求是》2014 年第 10 期。

本文主要内容原载北京大学《国际政治研究》1999 年第 3 期，原题为《变革与稳定：后"冷战"时代大国关系调整的基本课题》。《博弈：冷战后的美国与中国》（中国传媒大学出版社 2005 年版）一书对有关内容也进行过进一步讨论。

2002 年 3 月，基辛格在美全国记者俱乐部召开的庆祝中美《上海公报》发表 30 周年的聚会上说："人们常说，如果中国继续以目前的增长速度发展，中国也将成为超级大国。"基辛格认为："这是我们的命运，历史并未说明世界上永远只能有一个超级大国。而美国并不能阻止其他国家发展成在某些方面类似今日美国这样的超级大国。"①

当然，中国并没有试图成为一个"超级大国"；中国只是希望自己作为一个和平发展的大国能够得到美国以及整个世界的接纳、欢迎与尊重。中国也不是非要如同英国历史学家汤因比所预言的那样，试图让"太阳重新从东方升起"；中国衷心祝愿在一个彼此宽容的世界上到处都能沐浴温暖的阳光。

由此，后"冷战"时代的中美关系为我们研究构建新型大国关系的一般性原理提供了历史上从未有过的典型案例和良好机遇。

一　大国关系：国际战略研究的基本课题

一般而言，大国关系决定着国际关系格局的基本形态和国际秩序的基本规则，因而成为国际关系学研究的基本课题。一部国际关系史，在一定意义上讲，就是大国关系以及由此决定的国际关系基本格局与国际秩序基本规则的形成、维持、调整与再形成的历史。

在后"冷战"时代，中美关系无疑是影响甚至决定国际关系基本格局及国际行为基本规则的最为重要的大国关系之一。中美之间十余年来的冲突与合作表明，积极推动中美关系中不合理层面的变革，同时着力维护中美关系——相应地也是维护国际社会的和平与稳定，这是中国国际战略研究的基本课题。

迄今为止的大国关系史表明：国家间综合国力发展不平衡，决定了大国关系必然处于不断调整之中；新兴大国总是试图取得与其综合国力相符合的地位，从而导致国际关系格局与国际秩序的变革。列宁就曾经对资本

---

① 法新社，华盛顿，2002 年 3 月 7 日电。

主义发展不平衡的规律进行过经典的论述。

历史地研究国际关系，我们看到的是一幅大国兴衰的画卷。历史上先后出现的罗马帝国、阿拉伯帝国、奥斯曼土耳其帝国，地理大发现时期的葡萄牙、西班牙、荷兰，主宰 18 世纪欧洲外交和军事的法国、英国、俄国、奥地利、普鲁士，19 世纪上升到世界权力顶峰的英国，随后地位不断上升的美国、俄国、日本，战后形成两极对立格局的美国和苏联，以及后"冷战"时代的美国、俄罗斯以及作为一个整体的欧盟，还有重新恢复大国追求的日本、德国，正在崛起中的发展中大国如中国、印度、巴西等，都是这幅大国兴衰图中的重要角色。它们之间的关系及其调整对不同时期国际关系格局与国际秩序的基本形态及其调整产生了决定性影响。一些大国或兴或衰，一些大国甚至永远消失了。

导致大国关系变化的决定因素是综合国力对比的变化。其中，经济因素带有根本性意义。例如，战后日本经济的迅速重新崛起，使日本首先以经济大国面目出现，继而向政治大国、军事大国方向迈进。技术因素不可忽视。例如，后起大国对新技术的掌握，导致经济或军事实力出现跨越式发展，经济实力不强的印度对核技术的掌握，形成对南亚地区乃至全球战略均势的重大影响和改变即是一例。军事因素十分关键。例如，历史上经济、文化远远落后于中原地区的蒙古帝国，由于强大的军事战斗力而形成了对经济、文化先进的国家和地区，如当时更为发达的中国中原地带的压倒性优势，并进而形成横跨亚欧的世界性霸权。同时，政治、外交、文化、社会等因素也产生着深远的影响。例如，经济、技术、军事等实力相对较弱的新中国由于社会制度与传统文化等因素的作用形成了强大的民族凝聚力，外交战略、策略运用得当，从而产生了远远超过自身实力"份额"的世界性政治影响力。相反，苏联由于国内政治斗争与大一统文化缺失等因素导致国家与社会解体，则是此一领域的反证。费正清还说："尽管中国疆土广袤而各地景象又千差万别，但这个大陆始终维持一个政治统一体，而欧洲却未能做到这一点，这是不足为怪的，因为维系整个中国在一起的生活方式比我们西方的更加根深蒂固，并且自古一直延续到今，可以说是更加源远流长。"[1] 此外，还有民族种族、宗教，甚至包括气候、地理、领导人性格及其他一些偶然因素影响，等等，导致一国综合

---

① 费正清：《美国与中国》，商务印书馆 1987 年版，第 9 页。

国力的增强或削弱。在上述影响综合国力变化的诸因素之中，经济因素虽然是根本性的，但不一定是直接地、同步地发生作用。综合国力增强的国家必然要求改变现存国际关系形态与国际秩序规则。而传统大国与新兴大国之间维持现状与变革现状的斗争就将成为国际关系的重要内容。事实上，在大国关系出现标志性变化之前，大国综合国力的对比早就处于不断的变化之中。

值得注意的是，维持现状与变革现状的关系模式只是对传统大国与新兴大国之间大国关系形态的总体性概括和抽象，它并不是一成不变的公式和教条。在特定情况下，新兴大国也存在或维持现状，或抵制传统大国强化现状，或抵制传统大国朝向增强自己优势地位的方向进一步改变现状等多种行为模式、政策选项。而在另一些特定情况下，传统大国也并不仅仅是简单地维持现状，它也可能强化现状或朝向增强自己优势地位的方向进一步改变现状，其行为模式与政策选项同样丰富多样。在一些特殊历史时期和特定问题处理上，传统大国与新兴大国甚至可能同时选择维持现状或改变现状，从而使大国之间的合作与冲突出现更为多样化的特征。

例如，中国和美国在台湾问题上的根本目标、政策底线都可能存在冲突，但中美在台海地区博弈的结果却是双方在阶段性目标上可能有着共同的特点，即维持台海地区的"现状"。尽管对于中国和美国来说，此"现状"非彼"现状"，但毕竟可以利用这一利益交汇点维护台海地区的稳定，持续推进两岸关系的和平发展。如同"一个中国、各自表述"毕竟为维持海峡两岸的长期稳定局面提供了起码的政治基础一样，中美之间在"现状"问题上的"一个现状、各自理解"也为双方在台海地区维持稳定的局面提供了基本政治基础。由此，中国也才存在与美国进行某种程度的协作以制止或者迟滞"台独"的空间。当然，中美之间在台海问题上的协作既存在可能性，也存在局限性。所以，现状只不过是起点。中美双方显然都在竭力维持现状，以防止对方可能导致台海地区出现不利于自己的变化。与此同时，双方其实一刻也没有停止博弈，以希望局势朝有利于自己的方向发展。①

二　大国关系调整的基本模式和多重可能性

大国关系的调整有战争与和平两种基本模式（由此还可派伸出"冷

---

① 《一个现状　各自理解——试析中美在台海问题上的协作空间》，载中国国际问题研究所、中国国际问题研究基金会《2006年国际形势研讨会论文集》，世界知识出版社2007年版。

战"、"冷和平"以及最近出现的或称作"凉战",或称作"酷战",或者以低烈度局部可控冲突为特征的"温战"等次生模式)。后"冷战"时代大国关系发展的基本特征,决定了在国际关系变革中谋求相对稳定,既是必需的,也是可能的。

大国关系调整的实质是以权力(实力,国家综合国力)为基础的利益再分配。在实现自身国家利益的各种对外行为中,冲突和摩擦经常被引发出来,发展到极点便会爆发战争。麦金德认为:"历史上的大规模战争……直接或间接地都是国家之间发展不均衡的结果。"①

"历史每过一段时间,就会出现一个分水岭,为历史划出阶段"。② 而标志性战争在大国关系演变中常常就是这样的分水岭,它往往既是传统大国关系的终结者,又是新型大国关系的缔造者。往往是在一次或一系列大的标志性战争之后,形成相对稳定的大国关系。但是,任何一种大国关系形态从其形成之日起便孕育着变动因素。随着综合国力对比的消长,在传统大国关系基础上形成的国际关系基本格局和国际秩序基本规则的规范和约束能力便日益减弱,战争和冲突不断发展,先从局部上,继而从整体上冲击和破坏传统大国关系的基本形态。

例如,欧洲三十年战争形成了威斯特伐利亚体系,此后连绵的欧洲战争不断破坏这一体系。以法国大革命和拿破仑战争为标志,形成了1815年以后的维也纳体系,奠定了欧洲五大国的基本关系形态。1914—1918年的第一次世界大战形成了以美、英、法、日等国凡尔赛—华盛顿体系为基本形态的大国分配全球利益的关系。但是,新生的苏维埃俄国、战败国德国、亚非民族解放运动等各类性质不同的力量又对凡尔赛—华盛顿体系进行了不断冲击。第二次世界大战是大国关系的又一次重大调整。第二次世界大战后世界形成了以美、英、苏等主要战胜国利益分配为基础的雅尔塔体系,这一体系更由于随后展开的美苏争霸而突出了大国两极对立的特征。20世纪80年代末、90年代初,雅尔塔体系逐步解体,大国关系在迄今已经20多年的后"冷战"时代进入了一个以综合国力为基础展开激烈争夺的再调整时期。

随着当今世界政治、经济、文化的发展,后"冷战"时代的大国关

---

① 保罗·肯尼迪:《大国的兴衰》,世界知识出版社1990年版,第603页。
② 陈乐民:《西方外交思想史》,中国社会科学出版社1995年版,第37页。

系调整出现了一些新的历史特征，从而为实现国际关系变革中的相对稳定提供了难得的历史机遇；另外，传统形态的竞争、冲突仍然存在并不断发展，使大国关系调整并不能排除战争方式的可能。"'冷战'结束时的异常欢欣时刻产生了和谐的错觉，它很快就被证明确实是错觉。世界变得不同于20世纪初了，但并不一定是更加和平"。① 历史的课题是，大国如何正确把握时代潮流，进行正确决策，并采取正确行动，真正把人类引向一个和平的未来。原因如下：

（1）一方面，与历史上总是以战争打破传统大国关系形态不同，战后大国关系的解体最终是以"和平演变"方式实现的。柏林墙的倒塌而非大国间的第一声枪响成为传统大国关系解体的标志。"冷战"而非"热战"既是战后大国关系的基本形态，又是战后大国关系的终结者。决定、影响战后半个世纪大国关系的美苏对峙的结束是由于苏联东欧集团的解体而非美苏之间的直接战争。另一方面，大国关系的"和平演变"又绝不是一个完全和平的进程，在东南欧、中亚、中东、东南亚、非洲、拉美，伴随而来的内战、民族冲突、代理人战争、局部战争又为我们敲响了警钟。

（2）一方面，新兴大国，包括作为发达国家的日本、德国与作为发展中国家的中国、印度、巴西、南非，甚至包括正处于"再崛起"进程之中的俄罗斯等，都尚未在军事上以及其他全方位领域里对传统大国（这里主要是指美国）形成全球性挑战的能力。另一方面，各新兴国家对军事实力的追求或者军事发展的进程和潜力已经让传统大国充满疑虑，在若干敏感地区被认为已经对地区战略均势产生了明显影响，地区性的军备竞赛也隐然成形并不断发酵。奥巴马政府的"亚太再平衡"战略一定程度上也可以在这样的背景下进行解读。

（3）一方面，科学技术的迅速发展、信息革命的巨大推动，使大国之间在经济发展中，包括生产、贸易、金融等各个领域的相互依存关系日益加深，资本的利益已经超越国界，战争，尤其是全面战争已很难成为大国间进行全球利益调整的手段，甚至可能成为全球共同利益的破坏者。另一方面，大国在资源、市场、技术、资本等领域的激烈竞争常常出现剑拔弩张的紧张局面。从历史看，经济上的相互依赖并不必然地有利于避免战

---

① 塞缪尔·亨廷顿：《文明的冲突与世界秩序的重建》，新华出版社1999年版，第12页。

争，甚至有可能促使依赖性较强的一方发动战争。在利益面前，战争仍然是重要的选择。日本在历史上长期对东亚大陆的入侵以及美国通过海湾战争、伊拉克战争对中东的控制等都是典型案例。无论从理论看还是从实践看，"商业自由主义"无条件地认为贸易促进和平、经济依赖性有利于避免战争，这种观点都是缺乏根据的。

（4）一方面，两次世界大战及战后若干局部战争的巨大灾难，国际社会对人权的进一步关注，以及世界和平、民主思潮的进一步发展，使大国国内抑制战争的因素和力量继续增长。另一方面，民族主义、国家主义乃至军国主义、原教旨主义的复兴又成为后"冷战"时代全球思潮中的一个鲜明特色。甚至共同的文化、宗教等意识形态背景也并不能必然地可以防止战争。

（5）一方面，国际安全机制进一步健全，国际磋商、对话渠道和方式进一步畅通、便捷，处理危机的手段、经验进一步丰富。另一方面，现代技术的发展使战争的破坏性、战争与攻击手段的多样性、便捷性以及危机爆发的偶然性达到了一个新的历史程度。

（6）一方面，"核武器的问世以及它具有的将任何交锋变成相互摧毁的内在威胁，的确最终制止了在大国力量对比缓慢变动中诉诸武器冲突的习惯性做法"。另一方面，"相互害怕核武器也只可能确保未来的冲突（如果这些冲突发生在大国之间）继续保持在常规战争范围内，即使如此，由于现代战争的武器装备，这些冲突也将是可怕的流血冲突"。① 进一步看，当代核武器小型化、精准化、可控化等领域技术的跨越式发展，使其战术性使用的可能性正在前所未有地增大。

从以上分析可以得出这样的结论：后"冷战"时代的大国关系调整存在着和平与战争两种可能性；日趋成熟、理智的人类社会通过可控的行动，最终实现国际关系变革中的"软着陆"，既是应当的，也是可能的。

三 新型大国的本质与新型大国关系的核心内涵

为实现这样的目标，核心问题在于有关大国对于大国的本质以及大国关系的核心内涵达成有别于最终导致冲突的传统观念的共识。这一共识是，新型大国的本质应是承担国际责任，新型大国关系的核心内涵应是"大国合作、分担责任、同享利益、共建价值"。从这样的认识出发，中

---

① 保罗·肯尼迪：《大国的兴衰》，世界知识出版社 1990 年版，第 603 页。

国作为新兴的发展中大国，才可能既推动当今世界不合理国际关系的变革，同时有力维护国际社会的和平与稳定。

传统大国的本质是国际霸权与国际控制，决定、影响其国际地位高低的是霸权的强弱。新型大国的本质是国际责任，决定、影响其国际地位高低的是责任的大小。由此出发，传统大国关系的调整常常意味着争霸与战争，新型大国关系的调整则可能更多意味着国际协调与分担责任；传统大国地位的获得损害经济增长、消耗和毁灭人类财富，新型大国地位的获得则可望创造价值、增进人类福利。因此，无论是理论推导，还是后"冷战"时代大国关系调整的实践，都需要更加突出国际责任这一概念，引导、推动大国地位和影响力的实现过程成为协调与分担国际责任的过程。

在这样的理论模型下，我们假定：中国作为最大的、发展速度最快的发展中大国，将逐步承担起与其他大国共同维护全球及地区稳定、积极参与全球共同事务管理与共同问题解决的责任，以及在经济全球化过程中推动实现发展中国家经济安全与发展的责任，维护包括中国自身在内的广大发展中国家的合法权利的责任，推动世界文化的多样性发展的责任，此外还有相应地渐进变革现存不合理的国际秩序的责任等。我们同样假定：美国作为"目前唯一的全球性超级大国"，应当改变"冷战思维"和试图实现"罗马统治下的和平"式的大国追求，承认一系列新兴大国逐步崛起的事实并尊重它们的权利，与它们共同维护国际社会的稳定，推动全球经济的可持续复苏与可持续繁荣，缩小南北差距，协调解决人类面临的共同问题，而不应试图建立一个什么"以美国为政治仲裁者"的世界秩序。[①]如此美国也才能够真正赢得其以前的所有传统大国从未得到过的尊重与光荣。此外还要假定：其他大国同样放弃通过争霸战争谋取世界霸权或者地区霸权的企图，特别是正在重新恢复大国自信与追求的德国和日本，更应当牢记历史教训，避免重蹈军国主义覆辙，以承担更大的经济、政治责任和为人类的共同发展做出更大贡献的方式赢得国际社会的信任和尊重。另外，美国、中国以及俄罗斯等大国应与德国、日本以及其他相关国家一道，分别在欧亚大陆的东西两端提供地区性安全机制并进而对全球安全做出安排，使相关新兴大国相信自己的利益能够在这样的安排中得到充分保证，从而没有必要以更积极的军事手段参与世界事务。处于"再崛起"

---

① 布热津斯基：《大棋盘》，上海人民出版社1998年版，第2页。

进程之中的俄罗斯、处于综合国力上升期的印度等，也应当放弃军事立国的思想，以自身更快、更健康和更可持续的发展以及对世界和平与发展的更大贡献树立自己负责任的大国的形象。

强调国际责任而非国际霸权，要求大国更加重视联合国的作用以及其他多边、双边国际机制的作用，努力防止暴力和威胁，通过对话、谈判等方式协调各国立场，分担各国的责任，同享大国合作创造的利益，在不同文明的相互尊重、对话和沟通中共同构建全球价值，而不是步入"文明冲突"的死胡同。当前，特别是在国际安全领域，要特别突出联合国及其安理会的作用，尤其要反对一个大国或少数大国通过单方面行动解决国际问题的企图。只有这样，国际社会才有可能在相对和平与稳定的演变中实现"大国合作、分担责任、同享利益、共建价值"的新型关系，21世纪的世界也才更有可能实现持久的和平与繁荣。

美国前总统尼克松曾经说过，"除非美国和苏联建立一种新型关系，否则世界就不会有真正的和平"。[①] 对于"冷战"后中美关系来说，无疑也是如此。当然，上述模式只是一种理论上的假定。在风云变幻的后"冷战"时代，中美两国的综合实力对比、全球目标、博弈策略、内外环境等诸多因素都在发生并将进一步发生或渐进、或急剧的变化。在历史性变革中能否维持大国关系的稳定，"大国合作、分担责任、同享利益、共建价值"的新型大国关系能否最终形成，将接受中国与美国这对后"冷战"时代最重要的大国关系的实践的验证。

"许多世纪以来，人类只有一种通用语言，那就是武力"。[②] 按布热津斯基的说法，20世纪更因为其空前规模的流血而成为"大死亡的世纪"。[③]《圣经》云，"他们要将刀打成犁头，把枪打成镰刀。这国不举刀攻击那国，他们也不再学习战事"。这虽然只是人类美好的理想，但我们仍然要衷心地祝愿21世纪的世界能够逐步走出战争与冲突的梦魇。

---

① 理查德·尼克松：《真正的和平》，世界知识出版社1999年版，第1页。
② 费德里科·马约尔：《"冷战"之后》，中国社会科学出版社1997年版，第89页。
③ 布热津斯基：《大失控与大混乱》，中国社会科学出版社1995年版，第14页。

从"中国崩溃论"到
"同舟共济论"

——评析西方涉华"六论"

题记

美国《国家利益》季刊主编欧文·哈里斯曾有一段名言:"多少年来,美国人一直很难理性地看待中国。他们总是在要么浪漫化中国,要么妖魔化中国之间剧烈摇摆。对中国的观察思考总是拘泥于某种刻板的模式:中国是一个聚宝盆,拥有广大的市场和投资机会;中国是一个楷模,无论从古代的孔夫子还是到现代的小红书,都是超凡智慧的源泉;中国是一个病夫,需要基督教或西方民主对之谅解帮助和理疗;中国是一个忘恩负义的民族,对我们的善意帮助缺乏回应甚至毫不领情;当然还有中国是一个威胁——原来是黄祸,后来是红色恐怖,现则在一些夸夸其谈并不乏影响的美国人眼中是对手,一个怀有恶意的超级大国。"①

"冷战"结束后,美国和西方对中国国家发展的"历史方位"以及国际角色的认知发生了一系列重要变化。梳理这些变化,对于我们把握国际形势,特别是把握西方国家对华政策、中国面临的国际环境,做出正确的战略选择,具有重要意义。

其中特别值得一提的是,2005年9月21日,佐利克曾在纽约美中关系全国委员会的晚宴上发表题为"中国往何处去:从成员到责任?"的演讲。② 佐利克是当时地位仅次于美国国务卿赖斯的高级对华政策制定者,素以"富有战略眼光"著称,他演讲所透露出的信息,立即引起各界的

---

① Owen Harries, "A Year of Debating China", The National Interest, Issue 58, Winter 1999/2000.

② 本文有关佐利克演讲的引述均参见:Whither China: From Membership to Responsibility? U. S. Department of State Archive, http: //2001 - 2009. state. gov/s/d/former/zoellick/rem/53682. htm。

广泛关注。美国国防部前副部长、美国著名思想库战略与国际问题研究中心（CSIS）总裁约翰·哈姆雷甚至建议中国人去"认真学习"这次讲话。他说："佐利克的演讲为未来的中美关系描述了框架，这是一份非常重要的、非常严肃的、非常深入思考的一份演说。它既是说给中国人听的，也是说给美国人听的。……这是一次对中国非常有用的演讲。"①

但是，在"学习"过程中，各界人士对佐利克演讲的一段纲领性表述却产生了困惑。佐利克如是说："对于美国和世界来说，本质的问题是中国将如何运用其影响力。要回答这一问题，现在是超越对中国在国际体系中的成员资格敞开大门的政策的时候了：我们需要促使中国成为国际体系中负责任的'stakeholder'。"据报道，这句话在文字稿中用斜体字表示，佐利克讲到此处也加重了语气；而在整个演讲中，他总共七次提到了"stakeholder"。可见，"stakeholder"是佐利克传达美国对华政策新见解、新信息的关键，无可回避。

有意思的是，在中文里恰恰没有能与"stakeholder"相对应的词汇，以至于在演讲发表后的几个小时内就出现了大量的问询电子邮件。美国国务院发布在美国政府中文网站上的译法是"利益相关的参与者"。这大概是后来中国学者普遍使用"利益相关者"这一概念的由来。但是，不少学者并不接受这样的说法。在随后进行的讨论中，相继出现的概念包括"利害当事方"、"利害攸关的参与者"、"共同经营者"、"合伙人"、"参股人"，等等。

新华社《瞭望东方周刊》2006年第8期（2006年2月23日）刊发了《中美关系：重新解读"利益相关者"》一文，对于"stakeholder"理念进行了详细解读。文章认为，如果说有关"stakeholder"的争论仅仅涉及"名"的问题，我们似乎也没有必要如此"认真"。但将"stakeholder"仅仅认定为"利益相关者"，可能会导致对佐利克所要传达的信息的误读。

其实，从词源角度看，上述译法都很难说反映了"stakeholder"的"精神实质"。该词最早出现在英国赌博圈内。据传赌金早先挂在木桩（"stake"）上，因此"stake"就有了"赌金"和"下在投机生意上的股本"的含义，"stakeholder"相应地指赌金保管者。进一步引申，从法律

---

① http://news.sina.com.cn/c/2005-11-04/16177359613s.shtml.

上说，一个人，通常是一名律师，在一场争执或交易中对有关资产在一定时期内进行托管或监管，这样的人就是"stakeholder"。

那么，将这样一个概念运用到国际关系领域意味着什么呢？事实上，佐利克通篇强调的是"中国有责任去增强使她的成功成为可能的国际体系"。今天的美国已经认识到：如何应对中国崛起已经成为美国对外政策的核心问题。佐利克开出的"药方"正是将美国执行了30年的融合政策（其实还配合有"遏制"政策）转变为促使中国成为"负责任的'stakeholder'"的政策。他认为，只有如此，而不仅仅是作为一个"成员"，中国才可能采取更具建设性的行动，和美国一起努力维持"使中国的成功得以实现的国际体系"。

所以，如果说佐利克也在谈论利益相关性的话，这种利益相关性的核心已经是维护国际体系了。他非常明确地说明"负责任的'stakeholder'"与一般利益相关者的区别："所有国家都实行推进其国家利益的外交政策。负责任的'stakeholder'却更进一步：他们承认国际体系维持着他们的和平繁荣，因而他们努力维护这样的体系。"佐利克演讲的题目是"从成员到责任"。"成员"不也是"利益相关者"吗？但"成员"毕竟不是完全意义上的"stakeholder"。作为一般"利益相关者"的"成员"也承担不起维护国际体系这样的"责任"。

从这个角度出发，"stakeholder"的讨论本来可以包含更多远为丰富的内涵。可惜的是，当大家还没太完全明白这个"stakeholder"的时候，佐利克就"走了"。然而，尽管佐利克"走了"，这一场热热闹闹的"争论"却表明，关于"冷战"后中美关系定位问题的讨论仍将持续下去。

言归正传，本文讨论的是西方涉华"六论"，佐利克的"stakeholder"只属其中"一论"，尽管他留下的"stakeholder"理念给人们留下了太多遐想的空间。

本文主要内容原载于中国国际问题研究所《国际问题研究》2009年第3期；转载于中国国际问题研究所、中国国际问题研究基金会《2008年国际形势研讨会论文集》（中、英两种版本，世界知识出版社2009年版）。

中国应对国际金融危机的种种努力，为国际社会重新认识中国、定位中国，提供了超越过去一些基本理念的新标尺，得到了国际舆论的广泛赞誉。可以预计，在相当长时期内，国际社会将更加认同中国在国际经济体系中日益重要的作用，更加相信中国与世界各国"同舟共济"、共克时艰的真诚，更加愿意与中方携手合作，共同推进国际金融体系的改革与世界经济的发展。

但是，国际舆论形势也具有复杂性、多面性和易变性的另一面。近20年来，有关中国国家发展"历史方位"以及国际角色的抽象和认知，常常是引起激烈辩论的话题，迄今为止先后出现并持续演变至今的"崩溃论"、"威胁论"、"机遇论"、"责任论"、"管理论"以及近期出现的"同舟共济论"等都是明显例证。随着形势变化，有关中国的各种"理论"将出现新的发展，并且具有在不同时期此消彼长、或明或暗、交替演进的特征。

一 "崩溃论"

1989 年以后，美国及西方舆论预测中国政府很快就会垮台，此即"崩溃论"。此后风云突变，东欧诸国变色，苏联红旗落地。美国及西方舆论更是认为"苏联的今天就是中国的明天"。当然，后来的事实发展并未能如其所愿。

但是，"崩溃论"的线索并没有因此中断。特别是 20 世纪 90 年代以来，中国经济稳步发展，使得西方一些人既大跌眼镜，又心生妒忌。在"冷战"思维的惯性下，有关中国发展的各种奇谈怪论纷纷出笼。

2000 年，美国匹兹堡大学经济学教授托马斯·罗斯基先后发表《中国 GDP 统计出了什么问题》、《中国的 GDP 统计：该被警告?》等文章。他研究了中国各省市的经济统计资料发现，这些资料与中国国家统计局发表的数字有不相符合之处，因而质疑中国经济增长统计数据的真实性。

2001 年，美籍华裔律师章家敦出版《中国即将崩溃》一书。章家敦认为，"与其说 21 世纪是中国的世纪，还不如说中国正在崩溃"。他断言，"中国现行的政治和经济制度最多只能维持 5 年"，"中国的经济正在衰退，并开始崩溃，时间会在 2008 年中国举办奥运会之前，而不是之后"。章家敦的预言已经落空，但在当时的美国以及国际上却引起了很大反响。美国国会甚至为此专门举行听证会，许多专家和学者也大谈中国经济存在的种种问题。

此后，种种怀疑中国经济增长的著述不断出笼。2002 年，美国《中国经济》季刊主编斯塔德维尔在其出版的《中国梦》一书中把中国经济比喻为"一座建立在沙滩上的大厦",预言中国将出现大规模的政治和经济危机,并警告投资者"不要轻易把亿万美元的投资扔进中国这个无底洞"。同年4月1日,美国《时代》周刊也刊登了一篇题为《中国为什么造假账?》的文章,称中国已"被虚浮的数字淹没","在某种程度上,中国作为经济大国的名声是建立在纯属虚假的基础上的"。再后,法国的大证券商里昂证券公司发表报告,声称:"不值得浪费纸张去写那些显示中国是世界上经济增长最快国家的数字,因为中国各级政府都虚报经济数据,使官方统计数字言过其实。"①

美国经济学家拉斯穆尔·佩佐夫则预言中国将不可避免地陷入一次大萧条。他认为,经济学者在欢呼中国增长时,没有意识到中国正在经历一次膨胀性信贷扩张,其规模让美国喧嚣的20年代相形见绌,而多年的信贷扩张预示着泡沫破灭在所难免;大部分贷款将变得成本非常高,因为贷款将被以币值出现大幅变动的美元偿还,这反过来将加剧中国银行业日益积累的金融灾难。

拉斯穆尔·佩佐夫还曾经具体预言,中国的泡沫破灭将会在2008—2009年间某个时刻发生。当然具有讽刺意味的是,国际经济泡沫破灭的确在这个时刻发生了,只不过引爆点变成了美国。但值得注意的是,拉斯穆尔·佩佐夫预测以下几种情形可能会成为中国萧条的触发点:(1)一场世界范围的货币、银行或者衍生产品危机;(2)美国的一次衰退;(3)扼制通货膨胀的措施;(4)中国失去贸易盈余;(5)一场石油供应危机。从国际金融危机形势发展看,这样的大背景的确多多少少依然存在,而出口减少、失业增加、房地产和金融泡沫出现、股市动荡等问题,在一系列新兴经济体也的确在不同程度发生和演变着,需要防患于未然。

2009年3月24日,曾任欧洲重建与发展银行(European Bank for Reconstruction and Development)主席、欧洲经济和金融委员会(European Economic and Financial Committee)主席的法国学者Jean Lemierre到日内瓦高等研究院做题为"新兴市场与全球危机"的演讲,再度谈论上述问题。他总结说,当前中国经济面临的核心问题之一是实现从外向型经济到内需拉动型经济的转变,而这样的转变在当今世界还没有成功的先例。他说,日本曾经试图实现这样的转变,但是我们看到了日本长达十年的经济低

---

① 参见《美炒作"中国崩溃论"》,《环球时报》2002年6月6日。

迷；中国"也许"能够成功。当现场听众问及中国的经济刺激计划是否会产生效果时，他揶揄地说：我想会的，因为中国的统计数字会证明中国的经济刺激计划产生了效果。

看来，当"崩溃论"遭遇现实尴尬时，"怀疑论"可能会成为这一理论新的变种。

二 "威胁论"

1990 年，日本防务大学学者村井友秀在《诸君》月刊发表《论中国这个潜在的威胁》。自此，"中国威胁论"开始伴随中国迅速发展的全过程。

其中，美国费城外交政策研究所亚洲项目主任芒罗于 1992 年在传统基金会《政策研究》（秋季号）上发表《正在觉醒的巨龙：亚洲真正的威胁来自中国》，哈佛大学教授亨廷顿于 1993 年夏在美国《外交》季刊上发表《文明的冲突?》，成为 20 世纪 90 年代初期有关中国"威胁"的代表性言论。

1995—1996 年的"台海危机"在美国国内引发了一场对华政策大辩论，中国"威胁"的舆论在海外一度迅速扩散。1997 年 2 月《时代》周刊记者伯恩斯坦和芒罗出版的《即将到来的美中冲突》是当时最有影响的著作之一。

1998—1999 年间，美国抛出《考克斯报告》，炒作"李文和案件"、"政治献金案"，渲染"中国窃取美国核机密"、"利用华人科学家和学生在美国广泛搜取情报"、"企图收买美国政府"，等等。作为此一时期的代表作，中央情报局前中国问题专家特里普利特和共和党国会前对外政策助手爱德华·廷珀莱克合写的《鼠年》（1998 年）和《红龙跃起》（1999 年），则明确声称"中国对美国国家安全构成重大威胁"。

2004 年以来，伴随有关"中国崛起"问题的讨论，有关"中国威胁"的国际舆论出现了新的发展。此后的"中国威胁论"除继续"地缘政治威胁"和"军事威胁"等老生常谈外，已经扩展到所谓的"经济威胁"、"资源和能源威胁"、"生态环境威胁"、"发展模式威胁"、"文化及软实力威胁"等更为广泛的话题。对这一舆论倾向认同的人群也在各个领域扩散，特别是出现了向普通民众和决策层两极蔓延的势头，并开始直接影响有关国家的对外政策。从地域的角度看，有关"中国威胁"的舆论也一度出现了由美、日等西方国家向拉美、非洲国家及中国周边一些国家蔓延的趋势。

时至今日，代表"冷战"思维的"中国威胁论"仍在持续演进。2009 年以来，就在"同舟共济论"影响力逐步显现之际，中美围绕美国测量船"无瑕"号在海南岛附近海域的争执事件，以及美国一些鹰派如国家情报总监布莱尔的"中国威胁"言论仍然为两国之间的舆论氛围蒙上阴影。

二十国集团领导人伦敦峰会即将召开前夕，加拿大多伦多大学公布的一份报告再次推出"中国黑客论"，声称中国有一个庞大的"幽灵网络"，"中国的互联网间谍在两年内入侵了 103 个国家的 1295 台电脑"，专门盗取各国大使馆、外长、媒体组织以及国际组织的机密信息。无独有偶，英国多名情报部门官员最近几年来也将矛头对准中国，向政府提出警告说，中国的网络攻击威胁足以令英国瘫痪。如同美国国会曾因"中国网络间谍"阻挠白宫和其他美国政府部门订购中国联想电脑一样，英国 JIC 智库日前也警告英国政府和警方，应避免在电脑互联网设备更新时使用中国产品，"以免被中国网络间谍所渗透"。稍早，美国专业新闻网站"审核者"（Examiner）转述美国联邦调查局提交给全美警长联合会的一份战略报告说，美英情报部门都认为，尽管 FBI 怀疑多个国家的间谍都在美国"各取所需"，但他们最担心的还是在美国境内的 2600 多家中资公司。

上述动态表明，无论政治领域还是经济领域，"中国威胁论"在西方社会都将长期占有一定的市场；在特定情势下，甚至可能再次向主流舆论转化。

三 "机遇论"

尽管"中国崩溃论"未能绝迹、"中国威胁论"也在不断演变，但这"两论"并未成为国际涉华舆论的绝对主流。特别是近年来，由于有关中国的报道和研究不断深入、全面，客观看待中国的声音不断增多，"中国机遇论"等较为理性的观点相继出现。

今天，无论是在发达国家还是在发展中国家，主流舆论都不同程度地承认中国发展对世界经济持续增长的贡献。美国彭博新闻社也承认，若干年前，世界似乎靠美国一个引擎腾飞，现在它越来越多地依靠美国和中国这两个引擎腾飞。不少海外媒体还载文认为，中国崛起有利于维持世界和平，有利于实现全球政治稳定。

特别是作为中国近邻的东南亚地区，由于历史和自然原因，加之西方媒体的炒作，曾经出现过各种各样的"中国威胁论"，该地区一些国家还与中国在南海问题上一度颇多龃龉；但近年来，由于中国"睦邻、安邻、富邻"的周边外交政策和负责任的大国行为，东盟国家逐步认识到中国的发展是机遇而非威胁。"中国机遇论"在马来西亚前总理马哈蒂尔等领导人的倡导下，逐渐成为东南亚国家官方和媒体的主流声音。

如今，几乎不可能找到哪位东南亚国家领导人公开质疑中国的崛起，这与仅仅五六年前的情况构成鲜明对比。许多东南亚国家领导人认为，积弱、分裂的中国将损害该地区利益，因而对日益强大、自信的中国抱有更乐观的态度。东南亚的"中国热"已取代了"中国恐惧症"。许多家长不再为子女没进入美国著名大学而苦恼，选择中国大学成了更实际的想法。

同一时期，"中国机遇论"在非洲、拉美也有所体现。2006 年 8 月 7 日，德国《经济周刊》题为《新时代》的文章称："在非洲历史上，以经济投资形式流入的资金首次超过了以发展援助形式流入的资金——许多人认为这是非洲历史的转折点。"文章称，"非洲有史以来首次掌握了自己的命运——而为其创造这一绝佳契机的正是中国人"。2006 年 9 月 25 日，埃及《金字塔报》刊文说，"中国的崛起改变了世界政治和经济力量对比。中国将是 21 世纪有影响的力量，将为发展中国家提供崛起的机会"。2006 年 11 月 2 日，英国《泰晤士报》引述塞拉利昂驻中国大使的话称："中国在帮助非洲脱贫方面，比八国集团做的还要多。"美国《国际先驱论坛报》2006 年 8 月 18 日引述联合国秘书长特别顾问杰弗里·萨克斯的话称："中国几乎从不对非洲进行说教，但对非洲的实际帮助却很大。"2007 年 1 月 8 日，墨西哥《宇宙报》的文章引用拉美经委会的话说："中国进入世界贸易体系对于拉美各国来说无疑是一大福音。"

"中国机遇论"甚至在发达国家主流舆论中也有突出表现。美国自由市场研究机构卡托学会一份报告称，对中国持批评态度的人忽视了加强中美贸易关系给美国人带来的巨大好处；美国从中国进口的大多是消费品，它们改善了许多美国人的生活。针对欧洲、北美和亚太地区知名企业高管的多项调查也显示，世界商业领袖普遍将中国视为各自企业的"机遇"。2007 年美国"次贷"危机爆发，特别是 2008 年秋季演化为全球性金融风暴以来，西方国家以及整个世界对中国发展所带来的机遇有了更深刻体会，并直接导致"同舟共济论"随后的出现。

四　"责任论"

2005 年 9 月 21 日，美国副国务卿罗伯特·佐利克发表题为"中国往何处去：从成员到责任？"的演讲。佐利克当时是地位仅次于美国国务卿赖斯的高级对华政策制定者，素以"富有战略眼光"著称，他此番演讲所透露出的信息，立即引起了各界的广泛关注。

其中，佐利克演讲的一段纲领性表述如是说："对于美国和世界来说，本质的问题是中国将如何运用其影响力。要回答这一问题，现在是超越对中国在国际体系中的成员资格敞开大门的政策的时候了：我们需要促使中国成为国际体系中负责任的'stakeholder'。"这句话在文字稿中用斜体字表示，佐利克讲到此处也加重了语气；而在整个演讲中，他总共七次提到了"stakeholder"。可见，"负责任的'stakeholder'"是佐利克传达美国对华政策新见解、新信息的关键，无可回避。

有意思的是，在中文里恰恰没有能与"stakeholder"相对应的词汇。尽管后来中国学者普遍使用"利益相关者"这一概念，但事实上，佐利克通篇强调的是"中国有责任去增强使她的成功成为可能的国际体系"。今天的美国已经认识到：如何应对中国的崛起已经成为美国对外政策的核心问题。佐利克开出的"药方"正是将美国执行了 30 年的"接触"政策（其实还配合有"遏制"政策）转变为促使中国成为"负责任的'stakeholder'"政策。他认为只有如此，中国才可能采取更具建设性的行动。

美国的"中国责任论"得到其他西方国家的呼应。欧盟表示希望中国意识到，双方建立战略伙伴关系也意味着彼此责任的增加；中国必须承担起与其拥有的对世界贸易、安全和环境的巨大影响力相匹配的全球责任，在世界贸易组织和全球贸易体系中展现"强有力的领导能力"，甚至在国际体系中肩负起许多"富有挑战性的责任"。2007 年 1 月，伦敦皇家国际问题研究所所长维克托·托马斯发表《2020 年，世界将有中美两个超级大国》一文，并在结尾写到，人们需要不断提醒中美这两个"超级大国"，它们的责任已"扩大到整个地球"。①

当然，在西方舆论中，"责任论"包含的另一方面内涵同样值得关注。比如佐利克演讲用了将近一半内容讲述中国的一些所作所为如何引起美国的"疑虑"，同时"教导"中国如何肩负"战略责任"以成为

---

① 《我们不能失掉自信力》，中青在线—中国青年报，2008 年 3 月 3 日。

"stakeholder"——这些责任包括协助美国处理诸如朝核问题这样的美国难以处理的"头疼问题"的"外交责任",解决贸易不平衡问题、知识产权保护问题、人民币可兑换问题等领域的"经济责任",实现美国式"民主"、"自由"的"政治责任",增加军事透明度的"军事责任",等等。总之,这个"责任"并不那么好负,甚至存在着陷阱,也包含通过强调"责任"转嫁矛盾,加重中国发展负担,牵制、约束中国快速发展的一面。

2009 年 1 月,行将卸任的美国财长保尔森还在继续大谈"中国责任论",称此次国际金融危机的部分成因是中国等新兴市场国家高储蓄率导致全球经济失衡等。此外,"责任论"的出现,也并不表明"中国威胁论"等其他各"论"的消失,这些论调将长期共存,有时还会相互转化。

"中国责任论"在发展中国家也有所反映。其一,一些国家在经济方面对中国的期望值不断提高,甚至抱怨中国在对非经济技术援助方面做得还不够,没有充分发挥出"一个大国应有的作用"。其二,它们认为,中国在政治上应该是发展中国家的"领头羊",在国际事务中应态度鲜明地为非洲国家仗义执言、排忧解难,相应地对于中国的韬光养晦等提法和做法表示出一定程度的不理解。

在这种情况下,中国能否接受类似的理念另当别论。但从积极的角度看,"中国责任论"明显地包含有这样一层意义:中国作为大国崛起并在全球事务中发挥更重要而持久的作用的事实,正日益得到承认、接受(不管是情愿还是不情愿)。这样的理论相对"中国威胁论"而言,显然更为理性、温和。佐利克也引述赖斯的话说,"美国欢迎一个自信的、和平的和繁荣的中国,一个珍视其基于与世界其他国家的建设性联系而获得的增长和发展的中国"。

五 "管理论"

1992 年春末,哈里·哈丁率先提出"非敌非友论"观点。他在《脆弱的关系:1972 年以来的美国和中国》一书中说:"美国的政策应当基于这样的认识:两国的利益既不完全一致,也不完全冲突,而是部分一致,部分对抗。中国既不是盟友,也不是敌手,而是美国必须与之对话、在共同关心的问题上用力气与之讨价还价的国家。"① 基辛格、布热津斯基等也持中国定位"模糊论"观点：中国究竟是美国的敌人还是朋友，还在变化之中；而如果把中国视作敌人对待，那么它就会变成敌人；如何对待中国很可能成为自我实现（self‐fulfilling）的预言。

可见，在涉华国际舆论，特别是西方舆论中，既有对中国"妖魔化"的一面，但也非绝对的"妖魔化"；既有对中国"浪漫化"的一面，但也非绝对的"浪漫化"——涉华国际舆论常常处于"浪漫化"与"妖魔化"之间。相应地，从应对中国的方式来看，美国等西方国家尽管始终存在"接触"与"遏制"两种声音的争论，但是，随着国际格局的演变，他们或许可以逐步学会和适应一个新兴大国正在崛起的事实，而这种对中国的认识和判断的改变，也直接导致其对华政策逐步超越"遏制"与"接触"的二分法格局。

自佐利克2005年发表"负责任的'stakeholder'"演讲后，美国及西方国家政要持续"敦促"中国成为一个负责任的、建设性的、更为融入国际体系的参与者，在一系列问题上要中国出面"排忧解难"、"分担责任"，其实质就是试图以现有国际规则来"规范"、"管理"中国的发展和影响。所以，"负责任的'stakeholder'"其实也是一种早期版本的"管理中国论"。

2007年1月22日，美国《时代》周刊题为《中国：一个新王朝的开始》的封面文章，全方位评估中国的崛起，指出"一个新的王朝已经降临"，"中国世纪"将是毫无疑义的事实。文章最后称："中国朝着世界大国方向的崛起是可以被管理的。这不一定会引发德国和日本当年崛起带来的恐怖。"在这期杂志封面，红色的长城背后，一颗金黄色的五角星正冉冉升起。杂志用11页篇幅详细报道了正在崛起的中国对世界的影响。

作为美国最大的和最有影响的时政期刊，《时代》相当程度上代表着美国甚至西方主流社会的声音，反映了西方精英对中国崛起的主流看法。《时代》的报道表明，单一的"中国威胁"以及"遏制中国"，已经不再是西方看待中国的"时髦词汇"；当然，认为中国的崛起是机遇的也还不是主流，对中国崛起的前景感到不确定、认为中国的崛起需要"管理"

① 哈里·哈丁：《脆弱的关系：1972年以来的美国和中国》，新华出版社1993年版，第118页。

和"规范"等看法可能倒是堪称主流。在西方主流舆论中，中国的崛起是大势所趋、是"现在进行时"、是"一个事实"；像对付苏联那样构筑一个以应对中国崛起为中心的全面的围堵战略，既不现实，也不可取，现实的选择还是"合作并管理着"。

值得一提的是，2005 年 8 月，中美举行首次战略对话。2006 年 12 月，中美首次举行战略经济对话。这是中美两国交流机制深化的一种重要举措，但从另一个角度看，也是美国和西方试图运用国际制度"管理中国"的一个重要标志。这样的舆论呼声仍在进一步发展。

六　"同舟共济论"

"同舟共济论"出现的基本背景是 2007 年以来持续恶化的美国"次贷"危机以及迄今仍然不断演变的国际金融危机。

2008 年 5 月，经济学家伯格斯腾建议，美中战略经济对话机制应该升级为"领导世界经济秩序的两国集团格局"。此后，经济史学家尼尔·弗格森提出了"中美国（共同体）"（Chimerica）这样一个"新概念"，认为中美两国已走入"共生时代"。2009 年 1 月，在中美建交 30 周年纪念活动上，布热津斯基说，中美之间建设性的相互依存是全球政治和经济稳定的重要根源，现在需要全力推进一种非正式的"两国集团"。基辛格在此期间也发表了类似观点。

当然，困境之中，相互指责也可能成为常态。例如，美国和西方舆论近一时期来就出现了不少杂音，包括美国前财长保尔森在内的一些高官就试图将国际金融危机的责任推给中国，同时继续指责中国操纵人民币汇率等。在全球期盼经济复苏之际，这样的舆论冲突引起了有关中美这两个"世界经济发动机"的关系何去何从的广泛忧虑。

2009 年年初美国换届选举完成，将这一舆论"两分"态势引向一个阶段性结论。1 月 30 日，胡锦涛主席应约与奥巴马总统通电话，为两国在应对金融危机方面的合作奠定了良好基础。2 月 13 日，美国国务卿希拉里在纽约亚洲协会发表讲话，引用了"同舟共济"这一中国成语。她说："这一成语所蕴含的智慧在今天仍将为我们提供指导。"此后不久，希拉里访华，并在接受中国记者采访时再次表示："我们需要共进退，我们确实要同舟共济。好在我们步调一致，正在划向彼岸。"她还对记者说："美国和中国建立积极的合作关系是至关重要的。"针对中国的关切，希拉里还特别说："我非常赞赏中国政府对美国国债一如既往地保持信心。我认为这种信心是有充分理由的。我们完全有理由相信，美国和中国会复苏，而且我们将一起引领世界的经济复苏。"①

希拉里的"同舟共济论"集中反映了奥巴马政府的务实主义政策主张。在一定程度上，鉴于中美之间日益加深的相互依存，特别是金融危机爆发后，美国面临的选择十分有限。中国美国商会前负责人吉姆·麦格雷戈说，"10 年来，美中关系发生了巨大变化，在过去三个月更是有着翻天覆地的变化。美国现在非常需要中国"。② 没有这样的新型伙伴关系作为支撑，不仅重大国际问题解决不了，连美国自身问题解决起来都举步维艰。这也正是中美关系一改多年常态，似乎未经多少磨合，迅速走到双方比较理解的结合点，开始推动实质性合作的重要背景。

对于美方的"同舟共济论"，中国给予了积极的回应。温家宝总理曾评价说，他非常欣赏希拉里引用"同舟共济"这一中国成语来表明所有国家都应和平相处，一起渡河，因为大家同在一条船上。他甚至表示，中美之间不仅要"同舟共济"，更要"携手共进"。

在伦敦金融峰会期间，中美之间的互动也很明显。奥巴马在与胡锦涛晤谈时表示，"美中关系是世界上最重要的双边关系"③，这是对希拉里作为美国首席外交官先前提出的一个论断的确认；事实上，这次峰会也反映了中美关系基础的历史性演变，也是对奥巴马就任美国总统两个多月来中美关系成果的再次和最高级别的确认。两国元首一致同意提升中美之间的对话级别，建立中美战略与经济对话机制，为中美之间深化"同舟共济"的建设性关系提供机制保证。

"同舟共济论"还进一步在更大的范围产生影响。胡锦涛主席在伦敦会见英国首相布朗时，特别提到，全球各国都处在世界经济这条大船上，面对国际金融危机的狂风恶浪，只有大船上所有成员都齐心协力，同舟共济，共克时艰，才能把世界经济这艘大船平安地驶向彼岸。4 月 2 日，胡锦涛在伦敦峰会上发表重要演讲，其题目即为《携手合作 同舟共济》。

需要再次强调的是，"同舟共济论"既包含了奥巴马政府希望"深化和扩大"美中关系的长远目标，也是出于美国摆脱金融危机困境需要中国帮助的窘状，在很大程度是形势所迫的产物。

---

① 《外媒：中美合作成希拉里访华主调》，新华网，2009 年 2 月 22 日。
② 同上。
③ 《国家主席胡锦涛会见美国总统奥巴马》，新华网，2009 年 4 月 2 日。

"同舟共济论"的出现为美国和西方重新认识中国、重新定位中国，提供了一个超越过去一些基本理念的新标尺，这对改善国际涉华舆论以及各主要大国对华关系具有重要意义。但是，中美之间，整个中西方之间的矛盾并没有因为国际金融危机的出现而彻底消除，带有根本性质的冲突也依然存在。相应地，应对危机时期的"同舟共济"也就并不意味着绝对的和谐。

《孙子·九地》说："夫吴人与越人相恶也，当其同舟共济，遇风，其相救也如左右手。"不过，相关各方事实上已经在如何"同舟共济"的问题上出现了交锋；更不用说，风过之后，他们将如何重新相互看待、审视。因此，包括"同舟共济论"在内，近20年来相继出现的涉华"六论"，将出现什么样的演变态势，仍然有待于继续观察。

从国家形象到国家品牌

——九组概念解析国家形象的国际传播

题记

本文主要内容摘编自《当代中国国家形象定位与传播》（外文出版社2007年版）一书。国务院新闻办公室研究室原主任沙奇光先生评价《当代中国国家形象定位与传播》的出版，"不仅为我国对外传播事业的发展提供了一些可参照的新思维，也为中国特色对外传播理论建设提供了新的篇章"。

沙奇光先生对于国家形象问题也有自己独到的见解。他认为，"国家形象对一个国家的国际定位和国家战略目标的实现起着很重要的作用。而奠定国家形象的基础，是以经济为主导的综合国力。也就是说，国家形象的基本要素是：社会制度、民族文化、经济模式、社会文明、政治局势以及是否坚持'以人为本'、外交为民的内外政策等。当然，国家传播工作的水平和影响，尤其是对外传播所担负的责任和所起的作用，也十分重要"。①

以历史和全球的视野，把握当今传播时代特征，对当代中国国家形象的核心要素和一系列关键性问题进行深入探讨，针对国际社会的关切做出更容易被外界接受、更可能产生良好传播效果的"中国答案"，向世界传播更具接纳性、更令世人信服的中国形象，也是当代中国体认自己所面临的国际环境，着眼自身的和平发展与和谐世界的构建，所做出的一项重要战略选择。

《当代中国国家形象定位与传播》一书出版6年之后，中国国际问题研究所、中国国际问题研究基金会《国际安全新态势与中国外交新应对》

---

① 《评〈当代中国国家形象定位与传播〉》，《对外传播》2007年第3期。

（世界知识出版社 2013 年版）一书再度以"从国家形象到国家品牌——九组概念解析国家形象的国际传播"为题摘编刊载本文，其更重要的意义在于说明，建构与传播当代中国国家形象，我们任重道远。

形象是认识对象在认识主体头脑中的再现。国家形象是国家政治、外交、经济、军事、社会、科技、文化、自然等各个领域里，现实的与历史的客观存在，在认识主体（包括政府、政党、社会集团、组织机构、大众等）中所形成的模式化的总体印象和群体观念。

一 "国家形象"与国家的"国际形象"

认识主体可以有不同分类方法和角度，例如，政治党派和利益集团、社会经济地位、职业、民族种族、受教育程度、性别、年龄、地域（包括国别和本国内部不同区域，特别是城市与乡村的区别等）、兴趣组合，等等。

其中国别的划分在国家形象研究中具有核心意义。按照这一分类标准，认识主体可以分为本国和非本国两类。一些学者认为，国家形象广义包括一个国家自己的认识主体对自身形象的认知以及国际体系中其他行为体对该国形象的认知。但是，总体看，研究在非本国的认识主体中，一国国家形象的形成和建构，这是一国主要国家形象建构者所重点关注的问题。所以，从研究对象的角度看，国家形象常取狭义的理解，即相当于国家的国际形象。

进一步看，尽管我们认为，研究当代中国国家形象应当具有全球视野，但从"冷战"后的实践来看，着力在西方主流社会打开局面，回应西方主流社会对中国进行的若干"妖魔化宣传"，使中国的国家形象在西方主流社会更能被认同和接纳，仍然是中国新时期国家形象建设的重中之重，这也是中国改革开放和现代化建设的大局所决定的。

事实上，自 20 世纪 80 年代末、90 年代初迄今，中国在美、欧等西方主流社会的"负面形象"长期延续，而且内容、方式不断被翻新。主要来自西方媒体的一些有关中国的初始印象和观念，在中国人看来可能是那样的幼稚和可笑，但在一些西方民众中这种"偏执"却惊人地存在着。这些成见之深，别说中国人难以理解和接受，甚至美国前总统克林顿都说，他 1998 年访华的"最重要目标之一就是促进美国人民对中国的了解，改变成见，增进合作，并希望随行的 300 多名记者能够反映一个变化的

'新中国'形象"。①

多年来，特别是近年来，中国正面国际形象的形成、建构和传播取得了巨大成绩，有目共睹。但是，进一步打造当代中国改革、开放、文明、进步的良好国际形象的任务仍然任重道远，并且随着形势发展正在出现新的特点和需求。与中国综合国力的不断增强、全球化背景下自身经济与世界经济一体化程度的进一步加深、中国各个领域对外交往与合作的日趋频繁相比，中国在国际信息传播中的地位和影响力也仍需进一步提升。对自身国家形象给予准确的定位并进行有效的传播，在相当长时期内仍将是中国进一步提升自己国际地位和国际影响力的"瓶颈"问题。这一基本态势和格局没有改变。

二　"自视形象"与"他视形象"

第一组概念的理论延伸是，尽管同一国家内部在国家形象建构中具有重要影响力的角色——政府、知识精英、利益集团、传播媒介、大众等——在国家形象的理解、认知、传播等各个方面均有差异且影响力大相径庭，然而影响国家形象建构的主要角色的国别划分仍然具有核心价值。这分别就是所谓的"自视形象"（即本国主控族群主导抽象出并着力传播的一国国家形象）和"他视形象"（即他国主控族群主导抽象出并着力传播的一国国家形象）。

随着现代信息传播技术的发展，特别是国际广播技术的日益成熟、数字卫星电视的逐步普及、计算机网络技术的媒体化运用等，国家间的信息疆界正日趋模糊。在这一信息全球化的大背景下，不仅重大国际事件，甚至一国国内政治、经济、社会诸领域的演变都能得到迅速的甚至是即时性的国际传播。其结果是，国际舆论不仅深刻影响着国际政治进程，而且更加直接地对一国国内政治、经济、社会诸领域的形势演进产生日益重要的影响。

相应地，一国也更加在意国际社会有关自身的舆论，并更加试图影响这种舆论，也即有关本国的"他视形象"，并以此作为推进自身国际战略的重要手段。从被动角度看，那些在国际信息传播中处于劣势的发展中国家或者经济、政治、军事实力等领域的"弱国"，也都纷纷把改善本国在世界主要大国中的"他视形象"作为"与国际接轨"、实现自身国家利益

---

① 《从克林顿访华报道看美国媒体上的中国形象》，《国际新闻界》1998 年第 5—6 期合刊。

的重要手段。而从全球性的社会公正的角度说，更加均衡的国际信息传播也有利于全球化进程朝向更加公平、和谐和有序的方向发展。

由于不同国家在政治信仰、国家制度、价值观念、生活方式、文化传统、历史背景、语言习惯、教育水准、所处地域等方面都存在着或大或小的差距，因而一个国家在另一个国家最后形成的"他视形象"与其所谓的"自视形象"当然也存在或大或小的差异。一国，特别是该国主控族群自然着力传播该国的"自视形象"；而他国，特别是他国主控族群抽象出并着力传播的"他视形象"，则对一国的"自视形象"进行着反馈。由此，国家形象的形成实际上就是全球性、全方位的信息传播过程。国家形象相应地就是全球性、全方位的信息传播的结果。一国在他国的认识主体中所谓的"国家形象"正是在"自视形象"和"他视形象"的互动甚至博弈中动态形成的，并且不断演化。

这就说明，当研究一国国家形象定位的时候，我们不仅要从自身的立场出发去对国家现实和历史的客观存在进行考察、解读和抽象，而且要注重研究他国对于自身国家形象的建构，并善于做出符合自身国家利益的回馈。从实践看，当代中国的国家形象定位研究在很大程度上本来就是来源于对世界，特别是对西方主流社会有关中国的认识和看法的回应。没有美国等西方大国的"中国威胁论"，我们或许就没有必要那么着力地宣示中国的"和平发展"。没有美国等西方大国指责中国"不负责任"，我们或许也没有必要那么强调中国要做一个"负责任的大国"。没有美国等西方大国吵吵嚷嚷中国进入世界市场是"狼来了"，我们或许同样没有必要反复向世界表明，中国的发展"不会妨碍任何人，也不会威胁任何人，也不会牺牲任何人"。如此等等。

这样的逻辑关系也正是在国家形象的国际传播研究中，"回应"概念得到相当重视的重要原因。

三　直接印象与国家形象

认识主体对于一个国家总体印象和群体观念的形成或许始于直接的、个别的、感性的认识。这种直接的、个别的、感性的认识并不等同于这个国家在认识主体所在国家的国家形象。但是，一旦这种直接的、个别的、感性的认识进而形成模式化的总体印象并经多种传播渠道形成一定范围的群体观念，这种模式化的总体印象和群体观念就成为一国在其他国家认识主体中的国家形象。

不妨以最具感性和直观特征的"产品"为例，来解读直接印象如何最终影响一国国家形象的形成。在中日青年交流50周年之际，日本青少年研究所公布了一份名为《高中生朋友关系和生活意识调查——日美中韩四国比较》的调查报告。在这项调查中，回答去过中国的不足7%，但回答拥有中国产品的日本学生比率竟然达到65%；除此以外，日本、韩国的高中生与中国接触的机会非常少。① 这可以说明，中国产品作为其他国家认识主体最初了解中国并形成初步的直接印象的主渠道，其作用不可低估。

当然，直接印象并不等同于国家形象，在国家形象的概念上不能简单地泛化；但另外也要认识到，总体性的印象和群体性的观念却又的确来自丰富多彩的具体表象。在一个多元化的社会里，不要低估美国人排着长队观看"从中国来的可爱动物"——大熊猫——对整整一代美国人的影响。直到1999年，当中美关系并非那么和谐的时候，美国国务院发言人鲁宾还在新闻发布会上特别提及，熊猫"欣欣"去世让全体美国人感到难过。同样不要小视中国人排着长队等着吃上第一顿麦当劳或肯德基给这一代中国人留下的深深印记；甚至今天，在许多中国小孩眼里，麦当劳或肯德基还代表着成功后的荣誉——更值得忧虑的是，可能还代表着他们心目中一种不同于，甚至多少有点"高于"我们自身文明的"文明"。2002年，姚明来到美国最高水平的职业篮球联盟NBA，其魅力长达十年而不衰。美国人通过他看到了一个来自古老的东方国度的善意、智慧以及在现代工业社会里的适应能力和生命力。而中国人则通过姚明透视美国这个崇尚个人奋斗和成功以及自我标榜为"大熔炉"的社会——或者说，美国也巧借姚明塑造了本国形象！

事实上，随着现代交通、通信技术的发展，世界各国之间早已告别了"民至老死，不相往来"的时代。今天，无论是工作、经商、求学、旅游，还是以别的什么方式，普通民众相互间的交往日益频繁，产品（包括文化产品）和服务正在出现几乎是同步性的全球交流。所以，每一个具体的人、行为、产品或服务，都在不断地为各自的国家做着事实上的国家形象广告，并使抽象化的、模糊化的国家形象具体、生动起来。每个人

---

① 《中日青年交流：五十而惑——日本高中生的中国观》，《国际先驱导报》2006年3月10—16日，第187期。

的一举一动并不等同于国家形象，但每个人的一举一动却事关国家形象的建构、提升、修补。强化国民的国家形象意识，对于维护并建构一国国家形象具有重要意义。

四　间接印象与国家形象

认识主体对于一个国家总体印象和群体观念的形成也可能始于间接的、一般性的、有意识的信息传播。各类媒体、影视作品、书籍以及有关机构或他人对他国所做的介绍等，都承担着这样的功能。

例如，出于自己中东政策的需要，美国甚至在中东国家耗资数百万美元给自己国家做电视形象广告。至于出于商业如推广旅游产品的需要而在他国大做本国形象广告，或者制作、散发有关一国文化、旅游、生活的指南手册，等等，如今更是屡见不鲜。这样的广告或手册在有意无意之间实际同样传达了有关一国作为整体国家形象的信息。影视作品或其他的文化艺术形式并不一定具有刻意建构国家形象的直接目的，但它们对一国国家形象形成产生的客观影响和作用却是许多刻意建构国家形象的媒介所无法比拟的。在特定的情况下，甚至"纯粹"的商业广告也可能传递某种有关一个国家整体形象的文化信息。例如，可口可乐等美国知名品牌实际代表着美国主流社会的文化和价值。

在不同具体背景下，上述各类信息传播源发挥作用的程度大小各有不同。这样的印象和观念在初始阶段的强弱程度则取决于信息传播源的可信度、权威性及其传播的密集度。其中，现代大众传媒以及文化的作用十分突出，它们向认识主体传递着有关一国的初始印象和观念。在很大的程度上，我们研究的国家形象常常就是指一国在他国主流媒体中所反馈出来的"媒体形象"以及"文化形象"、"艺术形象"。其中，核心的还是"媒体形象"，因为"文化形象"、"艺术形象"等在现代社会也日益依赖大众传媒的传播。

现代传播技术的飞速发展使这样的"媒体形象"往往具有超越时空的性质。早在20世纪60年代，麦克卢汉就提出，全球性的电子传播将使得传统村落的一些特征，例如公共性人际关系和大家庭等重新出现，从而形成"地球村"。他说："电子的速度会取消人类意识中的时间和空间。即使事件一件接一件，也不存在任何延迟的效果。""当信息以电速运动时，时尚和传闻的世界就会变成'真实的'世界。"① 这样的理论有助于解释，为什么在若干情形下，"媒体形象"和"文化形象"常常具有超乎常人想象的影响力甚至冲击力。

五　验证与"选择性验证"

进一步分析，有关一国的国家形象无论来自丰富多彩的具体表象，还是来自间接的、一般性的、理性的信息传播，都只能算作初始的印象和观念。而初始印象和观念有待于验证。在其后的验证过程中，这样的印象和观念或被证实、强化，或被证伪、消解。

由于人们求知欲望、活动范围、技术手段等方面的局限性，初始印象和观念并不一定都有进行验证的机会。即使在验证过程中，初始印象和观念也可能出现"选择性验证"现象，即在既定价值观念支配下，认识主体更倾向于选择那些有利于证实初始印象和观念的事实和数据，从而使初始印象和观念在更大概率上可能自我实现（self-fulfilling）。从认识论角度说，这也正是所谓的"以偏概全"和带着"有色眼镜"观察他国现象出现的原因。

所谓"以偏概全"，是指认识主体常常习惯于根据他国个别的具体表象，例如产品、人物、事件，等等，直接形成有关他国的总体印象。而这种印象随后可能并不会得到验证，或者可能得到的是倾向于认同或者强化初始印象的"选择性验证"。

所谓"有色眼镜"，则是指各类媒体、影视作品、书籍以及他人对他国所做的介绍等间接的、一般性的、理性的信息传播源加之于认识主体的有关一国的初始印象和观念。认识主体常常习惯于根据这类初始印象和观念进行"选择性验证"。

有关国家形象的研究发现，个人对于某一国家某一特定"形象"的执着和偏爱惊人地存在着。对这一"形象"的肯定或否定常常使得特定的认识主体难以超越或摆脱他自己设定的，其实本来可能不过是个人狭隘成见的形象认知，即使面对令人信服的事实或有着大量证据的其他看法时也仍然如此。

在国家之间处于特定的利益冲突、价值冲突、情感冲突之中时，情绪化的选择更可能湮没理性，使一国做出对他国的片面判断。"以偏概全"

---

① 罗杰·菲德勒：《媒介形态变化》，华夏出版社 2000 年版，第81—82 页。

和"有色眼镜"现象也更可能发生。如同人与人之间相互认知和交往，国家之间的"第一印象"也具有十分重要的意义。

六 "误读"与"歪曲"

上述分析也说明，由于国家形象是对国家历史与现实的客观存在的抽象，所以它只是来源于客观存在，并不等同于客观存在。在不少情形下，业已形成的有关一国国家形象的主流认知甚至并不符合这个国家主控族群自己认定的客观存在的实际情况。

在纯理论上，客观存在的复杂性反过来也已经使"形象"与"存在"是否相符的界限日趋模糊，因为不同的"形象"本来就是对客观存在的不同抽象。但是，只要存在着"自视形象"与"他视形象"的明显差异，在"自视形象"的主要建构者和传播者看来，"他视形象"的"误读"甚至"歪曲"就是存在的。

其中，"他视形象"的"误读"是指没有充足理由和证据可以认定这样的差异是认识主体出于自身明确的、现实的、具体的利益需求而故意制造的。从终极角度来看，造成这种"误读"的原因仍然是人为的，比如不同认识主体的价值观念、思维方式、认识水平，等等，只不过建构"他视形象"的认识主体和建构"自视形象"的认识主体同样都认为自己的认识是"客观的"、"真实的"。"他视形象"的"歪曲"则更强调有充足理由和证据可以认定，这样的差异是认识主体出于自身明确的、现实的、具体的利益需求而故意制造的。

早在 20 多年前，美国著名宪法学家刘易斯·亨金就指出，对美国政府而言，"国际人权一直是'仅供输出用的'。国会援引人权标准，但仅仅是作为制裁他国的根据"。① 美国在人权问题上不断暴露出的虚伪性促使像中国这样的发展中国家进一步探讨其推行"人权外交"的真实动机：美国在有关中国人权问题上的"他视形象"在相当大程度上被认为是基于其全球战略需要而对"事实中国"所进行的歪曲，其实质都不在于给中国人民争取什么"人权"、"民主"，当然更不仅仅是热衷于"保护"语言、宗教和文化遗产，而是在执行一项秘而不宣的"分化"中国的图谋。不了解"人权"背后的利益，或许就不可能完整地、实质性地理解美国的"人权外交"。

---

① 美国《哥伦比亚法律杂志》，1979 年 4 月，第 3 期。

　　但是，我们也不能就此说，美国在中国人权问题上对中国的形象认知完全出于对事实的歪曲。在若干情形下，它也是对于同一事实所做出的不同抽象和价值判断，即我们所谓的"误读"。"歪曲"应当予以揭露、回击，而"误读"则更需要沟通和理解。对于这样两种情形，或者说同一情形中的两个不同性质的侧面进行区分，对于我们有针对性地做好国家形象建构工作具有重要的意义。

　　比如，关于中国的计划生育政策问题，从一个侧面看，它主要并不涉及事实问题，而是涉及怎样认识和看待这样的问题。不少美国人和人权组织之所以在中国的计划生育政策问题上显得如此偏执和激进，很大程度是因为他们在本国反对流产而连带地攻击中国。事实上，关于同性恋结婚、安乐死以及堕胎等问题，在美国同样引起了激烈的社会辩论。尽管1992年美国联邦最高法院的一项判决再次确定了堕胎的合法性，但是迄今为止，美国社会仍然对堕胎问题持续进行激烈的辩论。特别是近年来，美国社会在宗教、文化、价值观念等问题上日益分裂，所谓的"保守派"和"自由派"的分野更加明显。

　　所以，在有关堕胎这样的问题上，中国的形象建构者更需要做的是如何让美国人理解，在一个拥有13亿人口的国家里，如果不实行计划生育政策，那将意味着什么——连尼克松都告诫美国人，"我们不应该把我们的观点强加给其他国家，比如人口问题严重的中国。这些国家的领导人面临的选择是，或者允许堕胎，或者听任人口膨胀，让千百万人挨饿"。①而简单地将美国有关中国的"他视形象"中不同于中国"自视形象"的部分一概斥之为"别有用心"，既不符合客观存在的事实，也不利于中国有针对性地做好形象建构或形象修复工作。

　　事实上，在整个中美之间的人权之争中，都存在一个如何相互理解、沟通和说明的问题，因为面对同一事实，不同价值观念的人们进行着不同的抽象和解读。无论美国建构一个什么样的"中国形象"，也无论我们是否认同或喜欢他们建构的这样一个"中国形象"，我们都必须解读和理解这个国家和民族进行这种抽象和形象建构所依赖的特定价值和传统。不注意解读美国有关中国的形象得以形成的历史和文化传统，从而有针对性地做好沟通和解释工作，其结果只能是将自己与美国一些充满理想主义色彩

---

　　① 理查德·尼克松：《超越和平》，世界知识出版社1999年版，第142页。

的民众对立起来，反而达不到回击美国右翼政治势力恶意建构中国在"人权"等问题上的负面形象的效果。

当然，需要强调指出的是，上述案例中所谓的"歪曲"和"误读"都是理论上的解析。也就是说，它们只是对同一认识对象从不同侧面进行的抽象。事实上，"歪曲"和"误读"常常交织在一起并相互影响。如同前文所述，从终极的角度来看，造成"误读"的原因仍然是人为的，只不过认识主体在相当程度并没有认识到自己的这种"人为"因素而已。在认识论上，"误读"其实也是一种"歪曲"。

总的来看，由于人们活动范围和认识能力上的局限，再加上认识主体在心理上一定程度存在的对异己事物的天然排斥倾向，遭受"歪曲"和"误读"的"他视形象"反而常常具有更大的辐射面和影响力。因而，从谋求国家利益角度看，国家形象的定位不仅重要，而且必须同时更为复杂、精致，也更需要艺术。

七 "事实"与"抽象"

国家形象是国家客观存在在认识主体头脑中的反映和抽象。但是，国家形象并不是国家客观存在直观的、简单的、被动的反映。任何一个认识主体所接触的一国客观存在都只能是局部的。那么，他接触到了什么样的局部？通过什么样方式接触到这样的局部？这样的局部在他的头脑中将形成什么样的抽象——甚或说，他在什么样的初始印象和观念形态下进行局部的验证？这样的抽象，包括经过局部验证的抽象，将通过什么样的方式传播并形成群体观念？这一信息传递的链条将自然地引入国家形象定位的问题。它说明，国家形象的形成当然具有历史的和即时的积淀、反映的一面，但同时也可以有主动选择、设计、建构、传播和塑造的一面。面对同一认识对象，不同的认识主体可能形成不同的印象、得出不同的结论。

客观存在固然是不以人的意志为转移的，但客观存在却是纷繁芜杂的，这就决定了面对纷繁芜杂的客观存在，认识主体充满认识上的主观能动性。既然形象只是认识对象在认识主体头脑中的"再现"，形象与认识对象之间存在的就只可能是"相似"，而不可能是绝对的"等同"。特别是在西方所谓的多元化社会里，我们很难确切地说，什么样的外在表征就代表该国国家形象。

就国家形象而言，由于国家作为认识对象本身所具有的无限复杂性，以及认识主体同样所具有的无限复杂性而且认识主体身处其中，因而其形成过程与最终结果就带有更加明显的主观色彩。因此，在一些情况下，甚至分辨哪些"形象"是"真实的形象"，而另外一些"形象"是所谓的"幻象"，这样的论题在理论上实际上已经失去了意义。在个人或群体的意识中，甚至可能建构有关一个国家自我实现式的"想象物"或者"神话"。所以，我们在国家形象研究中更可能做的不过是去深入地探究这个"形象"——实质上更可能是"想象物"或者"神话"——形成和确定的过程和事实基础，而不是试图在所有认识主体中去"统一认识"，确定什么是"绝对的真实"。

由此，如何区分客观存在中所谓的"主流"与"支流"、"真相"与"假象"？如何从客观存在中抽象出代表一国社会发展方向的"本质"特性？如何判断某种发展态势是否符合一国国家利益特别是根本利益？如何认定一国发展的历史方位是否符合世界和时代的潮流？对于这些问题，国家形象建构中具有重要影响力的角色具有能动作用，而且由于他们政治价值观念、利益取向、所处环境、人生经历等各不相同，因而具有不同性质、特点和方向的能动作用。这些不同的能动作用正是共同决定一国国家形象最后形成的矢量。其中，该国相关的主控族群当然力图将从自身立场出发所形成的一国国家形象的认知外化为"国家"的认知。最后形成的有关一国国家形象的定位实际是以该国相关的主控族群为主导的各个矢量的集合。

八　总体印象、群体观念及其模式化

认识对象有着丰富多彩的具体表象，但无论从哪个角度或者哪几个角度观察，也无论接触到什么样的表象，其最终的认识结果都可以导向一国的总体印象。每个个体关于一国的认知是丰富的，但丰富的个体形象建构却最终能够整合成群体观念，包括集体无意识状态下的群体观念。所谓国家形象实际上就是有关一个国家整体面貌的"社会集体想象物"。所以，是否形成关于某国模式化的总体印象和群体观念，是判定这样的具体表象是否可以抽象出或者是否可以成其为一国国家形象重要内容的关键。否则，国家形象概念泛化的问题就可能发生。

这里要强调关于某国总体印象和群体观念的模式化，即无论是在前述的哪种情形——来自直接印象还是来自间接印象，也或者是经历了上述两类性质不同的认识过程的多重反复，形成相对稳定的若干观念形态，比如该国是"进步的"抑或是"压制性的"、"发达的"抑或是"落后的"、

"强大的"抑或是"衰落的"、"开放的"抑或是"封闭的"、"温和的"抑或是"咄咄逼人的","安全的"抑或是"危险的",甚至是"富的"抑或是"穷的"、"大的"抑或是"小的"、"好玩的"抑或是"不好玩的",等等,都是一国在认识主体所在国的国家形象形成的重要标志。

在极端情况下,一个国家具体的政治形态、经济状况、社会生活、历史传统、文化特征、自然面貌等,反而可能被这种模式化的"一言以蔽之"式的印象和观念冲淡甚至扭曲、掩盖。比如在意识形态色彩强烈甚至激烈对抗的年代,一些国家被归类为"资本主义国家",而另一些国家则被归类为"社会主义国家",连"不结盟"的国家也归类成"不结盟运动"或"不结盟组织"的国家。在"冷战"结束以后延续的"冷战"思维中,一些国家"自封"或"被封"为"自由民主国家",而另一些国家则被称作"侵犯人权的国家"、"封闭的国家"、"极权主义国家",甚至被贴上"邪恶国家"、"无赖国家"的标签。

国家形象一定程度被概念化了。

九　国家形象与国家品牌

国家形象概念化的最终结果就是国家品牌。在国家历史与现实的客观存在基础上,认识主体抽象出有关国家形象认知的若干核心领域,并对一个国家在这些领域里可接纳程度做出相对稳定的评判,而后将这样的评判与"国家"这一标识(包括其连带性的标识如国旗、国歌、国徽、国家版图形状、首都名称及其标志性建筑等)连接起来,这样的评判及其与国家标识的连接就是国家品牌。

按照品牌专家西蒙·安霍尔特(Simon Anholt)的说法,国家品牌是人们对国家品牌六边形中六个领域的国家竞争力理解的总和。这六个方面包括出口、文化传统、旅游、政府管理、投资与移民以及人民。有意思的是,西蒙·安霍尔特并不是一个"纯粹的理论家"。他创立的国家品牌指数对一些主要国家进行年度评估,分别从文化、政治、人口、贸易、旅游、环境和教育几方面打分。

当然,由于世界各国政治价值观念、历史文化传统、国际国内环境等各个领域都存在程度不同的差异,因而以同样的评判标准对世界各国的国家品牌进行排名是否具有可行性是值得怀疑的。

例如,在2009年调查中,来自20个发达和发展中国家的两万人对50个国家进行了评估,美国居然从往年的排名第七位提升至第一位,紧随其后的分别是法国、德国、英国和日本。安霍尔特说，美国排名的变化幅度之大是他从事研究国家品牌以来未曾见过的，其原因应该是美国前总统布什执行了不受欢迎的外交政策，而自从奥巴马当选总统后，美国形象大为改善。中国的国家品牌指数则大大得益于成功举办奥运会。安霍尔特说："奥运会之后，中国在旅游和人口方面得分上升，阻止了排名下滑的趋势。"①

但是，一些学者已经对该调查提出了质疑甚至反证，认为安霍尔特的理论和指数调查带有明显的西方色彩。例如，中国在人权和环境方面的得分较低，在文化遗产方面则分数较高，明显是因为具有不同价值观念的认识主体对于同一现象和事实的判断大相径庭。

此外，不同的调查者，其"叙述"角度或许也不一样。例如，2012年10月20日至11月19日，韩国三星经济研究所针对26个国家的1.35万名意见领袖进行了国家品牌指数调查。结果显示，韩国国家品牌排名呈现不断上升势头，而国家品牌形象排名也从以前的第19位上升至第17位。三星经济研究所专家介绍说，"江南Style"的演唱者PSY以及K-pop明星成为宣传韩国现代文化的"名人"。韩国国家品牌排名上升，"江南Style"起到助力作用。②

所以，国家品牌指数调查是一项很复杂的系统工程，至少在目前，很难说哪些指数就更为客观、全面，更不用说能否如有的媒体声称的那样构成了"明确的国家品牌力指数全球评论的唯一'晴雨表'"。

尽管如此，这些实践毕竟推动了各国公众对一个国家的文化、政治、商业、人力资源、投资潜力及旅游吸引力等方面的了解，并在理论上进一步体现了国家品牌及其影响力的客观存在，以及国家品牌形象的影响力和吸引力的可度量性。这样的调查显然并不完善，但对于促进对国家形象的品牌特色和个性的重视，对于当代中国国家形象的定位、建构和国际传播的研究，无疑具有重要借鉴意义。

---

① 西蒙·安霍尔特：《国家品牌：美国大幅反弹中国首次提升》，BBC中文网，2009年10月5日。

② 韩联社，2013年1月10日。

结束语

让中国的"意见领袖"走上国际舞台

题记

本文原载于中国外文局《对外传播》2010 年第 2 期，部分内容引自《从气候变化问题看新时期大国博弈》（载中国国际问题研究基金会、中国国际问题研究所《世界大变革与中国的机遇和挑战——2009 年国际形势研讨会论文集》），在此不另加注。

《让中国的"意见领袖"走上国际舞台》是一篇广为转载的文章，包括国务院新闻办公室官方网站以及新华网等权威媒体。一时间，"意见领袖"也成为传播学界、传播业界以及外宣工作中的热词。

数年回眸，你会发现，本文在"工作方向"部分讨论的若干政策建议，均在不知不觉之间变成了政策实践，而且在进一步扩大实施范围、增强实施力度。

2012 年，环球网正式推出大型公共外交项目——中国互联网意见领袖环球行，其中包括中国互联网意见领袖访美代表团等重要活动和组织形式。该活动通过联合各国驻华使馆，邀请中国知名网络意见领袖和媒体精英出国访问，从而增进中国与受访国之间的相互了解与理解。这种全新的"网民外交"新模式促进了中国网友对外部世界的客观认知，也推动了国外舆论与中国各阶层人士的有效交流。

2015 年年初，中共中央办公厅、国务院办公厅印发《关于加强中国特色新型智库建设的意见》（以下简称《意见》）。《意见》提出，中国特色新型智库是党和政府科学民主依法决策的重要支撑，是国家治理体系和治理能力现代化的重要内容，是国家软实力的重要组成部分。《意见》特别提到："一个大国的发展进程，既是经济等硬实力提高的进程，也是思想文化等软实力提高的进程。智库是国家软实力的重要载体，越来越成为国际竞争力的重要因素，在对外交往中发挥着不可替代的作用。树立社会主义中国的良好形象，推动中华文化和当代中国价值观念走向世界，在国际舞台上发出中国声音，迫切需要发挥中国特色新型智库在公共外交和文化互鉴中的重要作用，不断增强我国的国际影响力和国际话语权。"《意见》确定了建设中国特色新型智库的总体目标："到 2020 年，统筹推进党政部门、社科院、党校行政学院、高校、军队、科研院所和企业、社会智库协调发展，形成定位明晰、特色鲜明、规模适度、布局合理的中国特色新型智库体系，重点建设一批具有较大影响力和国际知名度的高端智库，造就一支坚持正确政治方向、德才兼备、富于创新精神的公共政策研究和决策咨询队伍，建立一套治理完善、充满活力、监管有力的智库管理体制和运行机制，充分发挥中国特色新型智库咨政建言、理论创新、舆论引导、社会服务、公共外交等重要功能。"[①]

可以毫无悬念地说，这样的《意见》或者《决定》或者《实施办法》甚至法律议案等，将进一步进入我们的视野。由此而言，以本文做结束语，似乎反倒意味着，虽然本书到此接近尾声，但是我们面前却延伸着更加广阔的舞台。

积极影响国际舆论，树立良好国家形象，是新时期外宣工作的光荣职责和神圣使命。其中，传播学所谓"意见领袖"理论提示我们，在重大国际议题和重要国际事务中，形成一个能够发得出声音、为人听得进去的舆论引导群体，是外宣工作继续解放思想，营造客观友善的国际舆论环境的重要环节，也可望成为新时期外宣工作的新亮点。

一 理论基础："意见领袖"在舆论形成与管理中的关键作用

20 世纪 40 年代，美国哥伦比亚大学传播学者保罗·拉扎斯费尔德提出了"意见领袖"（opinion leader）概念，指称那些活跃在人际传播网络中，经常为他人提供意见、观点或建议并对他人施加个人影响的人物。

在拉扎斯费尔德的理论中，"意见领袖"更倾向与两级传播的概念相联系，是人群中首先或较多接触大众传媒信息，并将经过自己再加工的信息传播给其他人的人士。但实际上，"意见领袖"概念完全可以超越这样的"中介角色"，更为强调他们具有影响他人态度的能力、使个人经验变为群体经验的能力。这样的能力与其社会地位、社会认同、在特定问题上

---

① 《关于加强中国特色新型智库建设的意见》，新华网，2015 年 1 月 21 日。

的权威性、传播能力和人格魅力等相关。他们常常介入大众传播，同时也运用其他众多传播渠道，包括直接的人际传播，从而加快传播速度，扩大他们自身的，或他们接受的、阐释的、选择的立场的影响。

有关"意见领袖"的理论还指出，在现实传播过程中，人际影响比其他媒介，包括大众传媒更为普遍和有效，更能够保持基本群体中的内部意见和行动一致，这与大多数人的常识似乎恰恰相反。拉扎斯费尔德等人在1940年美国总统大选期间，围绕大众传播的竞选宣传对选民进行调查，其研究结果就证实了这一让人意外的结论。

近年来，我们一直强调推动中国传媒的国际扩张，这当然没有问题，而且应该进一步加强；但是，关于"意见领袖"的认识突破告诉我们，在积极影响国际舆论问题上，同样存在另一条不可或缺的重要战线，那就是形成一个能够发得出声音、为人听得进去的舆论引导群体。

二 现实需求：积极影响国际舆论的课题不可回避

在全球化进程加速演变和中国改革开放事业不断推进的时代背景下，中国日益迎来外部世界或热切、或审视、或疑惑、或挑剔的目光。近20年来西方主流舆论先后出现并持续演变至今的"崩溃论"、"威胁论"、"机遇论"、"责任论"、"管理论"以及近期出现的"同舟共济论"等都是明显的例证。可以预见，随着形势的变化，有关中国国际形象的各种"理论"也将出现新的发展，并且具有在不同时期此消彼长、或明或暗、交替演进的特征。在这样的国际背景下，积极影响国际舆论的课题我们无可回避。

进一步说，对于类似问题也无须回避。问题的关键在于，要用契合普世价值、他国受众熟悉的话语方式，阐释中国立场。对于西方人来说，存在一个站在中国角度去理解这些问题的适应过程；但反过来，我们也要站在西方人的角度帮助他们理解这样的问题。

2005年9月6日，出席第八次中欧领导人峰会的欧盟轮值国主席、英国首相布莱尔在北京机场贵宾室接受了四家中国媒体采访，并就记者有关"西方媒体渲染中国威胁论，你如何看待中国的崛起？"问题发表了自己的见解。这段回答对于今天我们思考中国国家形象的精致化建构仍然具有重要的启发意义，现摘录如下：

"这个问题的关键是，要时刻解释中国的立场，中国要继续对外开放，同时也要理解别人的担心。

对这个问题我和温家宝总理有一次很好的交谈，他说，你要站在中国的角度上去理解这个问题；我说，你也要站在西方的角度上去看这个问题。

人们对他们所不了解的东西都怀有恐惧和怀疑，而对事情越是了解，恐惧感也就越少。中国在政治上享受越多的自由，越是对外开放，别人也就会越了解你。

中国没有任何理由不发展，而中国的发展也是和平的、良性的。但中国也不要觉得别人都应该理解你，中国应该向外界解释自己的立场，给予他们正确的答案。

…………

一个国家变得强大了，人们不免就会问很多的问题，中国要做的就是给予一个正确的答案。中国越是给世界树立一个好的榜样，越是在国际上扮演一个负责任的角色，世界对中国的信心就会越来越大。"[①]

的确，"人们对他们所不了解的东西都怀有恐惧和怀疑"——更何况是中国这样一个 13 亿人口大国的迅速崛起。而如果让人们对事情越是了解，恐惧和怀疑这样的心理状态也就会越来越少。

中国的"意见领袖"应当承担起这样的责任，让世界对中国的信心越来越大，让各国人民更加接受甚至欢迎中国的发展，而不是在中国发展面前越来越感到忧虑和恐惧。

三　工作方向：让中国的"意见领袖"走上国际舞台

由接触，到参与，到影响，直至最后主导，这是中国融入国际体系，积极影响国际舆论的基本路径。伴随这一过程的始终，中国的"意见领袖"即舆论引导群体，应在重要的国际舆论舞台上进一步崭露头角。

第一，进一步瞄准关键领域，加大工作力度，向各主要国际平台输送高级职员、政策顾问、报告起草人（rapporteur）等影响核心理念、议程设置、政策取向的人员，使"中国声音"或与此相近的声音以"国际社会的声音"传播出来。

全球性问题需要全球性解决；而提出核心理念、主动设置议程，特别是将自身关注并具有国际竞争优势的"本国议程"，通过多边机制变成他国接受的所谓"国际议程"或"全球议程"，已经成为大国引领国际政治

---

① 刘婉媛：《布莱尔：欧洲必须融入全球经济》，《中国新闻周刊》2005 年第 34 期。

经济发展、掌控国际政治经济事务、主导国际舆论与价值取向的重要手段。

以气候变化问题为例，欧洲国家始终承担"推手"角色。他们是《京都议定书》等重要国际文件的主要起草者、推动者和履行者，也是"低碳经济"这一概念的提出者、倡导者和推动者。在长达数十年时间里，他们或大张旗鼓，或"悄悄地进攻"，提出核心理念、主动设置议程、引领形势发展、掌控具体事务、主导国际舆论。特别是"低碳经济"概念的提出，使全球气候控制的理念与经济模式转换之间建立起联系，使拯救地球的道德呼唤与实质性的国际行动建立起联系，使关乎人类前途、命运的"高大上"主题与社会流行价值、生活时尚建立起联系。回过头来看所有这些起初看似分散的作为，你才发现他们最终串联成为"完美的"整体。这一演变过程，堪称提出核心理念、主动设置议程、引领国际舆论的经典案例。

探讨这样的问题对中国具有特别意义。一定程度上，中国长期以来是在对一个接一个所谓的"国际议程"做出被动式的"回应"，因而在西方主要大国预制的舆论话题面前常常处于相对被动的状态。

今天，是进一步超越"回应心态"的时候了：在重大国际议题和重要国际事务中，中国不妨主动提出有利于自身的方案，包括具体的要求和抽象的游戏规则，尤其是具体要求隐然其中的抽象游戏规则，通过多边舞台，形成"国际议程"，让他方去研究、去回应，这起码可以形成一种舆论压力。形成舆论压力本身就是设置议程的重要目的之一。

进一步看，如果核心理念为人接受，在主要国际平台上议程设置成功，则"中国声音"便将以"国际社会的声音"出现。甚至结果如何都已在其次，因为它至少使特定的价值观念和议程本身所暗含的前提成为"不言而喻"的"正确舆论导向"。

第二，进一步梳理在当今世界重大议题和重要国际事务中最具影响力的非政府组织，进而主动、积极并善于和他们打交道，组织或协同各有关领域的专业人士与之建立并保持密切的联系、对话和沟通，占领日益兴起的所谓"国际公民社会"这块舆论阵地。

非政府组织的情况很难得到准确统计。在非政府组织最发达的美国，其总数超过200万个，经费数以千亿美元计，工作人员约有千万人。国际性的非政府组织数以万计，其中不少还由联合国经济及社会理事会依据

《联合国宪章》第 71 条赋予了"顾问地位"。联合国经济及社会理事会是联合国 6 个主要机构之一，在联合国大会权力之下，负责协调联合国及各专门机构的经济和社会活动，简称"经社理事会"。经社理事会根据《联合国宪章》于 1945 年 10 月 24 日成立，其理事会会议通常每年举行两次：春季会议在纽约联合国总部举行，着重研究社会问题；夏季会议在日内瓦举行，着重研究经济问题。经社理事会积极倡导与民间社会和非政府组织建立伙伴关系，有数千个非政府组织具有经社理事会咨商地位。经社理事会就其职权范围内的事项征询非政府组织意见。取得咨商地位的组织，则可向经社理事会的公开会议及其附属机构派观察员，并可提交与经社理事会有关的书面声明，还可就共同关心的问题与联合国秘书处进行磋商。①今天，在联合国召开国际会议的同一时间和同一地点，举行同样议题、规模庞大的非政府组织国际论坛，几乎已经成为惯例和一道"独特的风景线"。

特别是生态环境问题全球化导致的环境领域非政府组织大量出现，并演化出复杂的全球网络。一些环境类国际性非政府组织成员及其活动范围遍及全球。这些非政府组织拥有动辄上千万美元，甚至上亿美元的大量经费，动辄数十万，甚至数百万的成员，且组织严密，在世界各地设立分支机构，拥有全球性舆论影响力。2002 年，联合国在南非召开世界可持续发展全球会议，有 3500 多个非政府组织获得与会的资格。

在应对气候变化这一当今"显学"领域，非政府组织的声音越来越具有影响力，甚至成为相关国际法规制定者和执行者，这早已经是不争的事实。1991—1992 年间，共有 70—100 个非政府组织，与 101 个国家、11 个联合国机构、7 个国家间政府组织一起，参加关于缔结《联合国气候变化框架公约》的谈判并成为这一重要国际文件的制定者。而 1992 年在联合国环境与发展大会上签署的这一国际文件，已经成为解决全球气候问题的基石。

类似情况表明，非政府组织常常左右相关领域的国际舆论，甚至在其中扮演一个"诱导型和批评型教师"的角色，将各种行为主体"社会化"到了新的国际规范和价值观念中。美国学者莱斯特·萨拉蒙认为，"各国正置身于一场全球性的'社团革命'之中，历史将证明这场革命对 20 世

---

① 《联合国经济及社会理事会》，中国社会科学网，2014 年 3 月 4 日。

纪后期世界的重要性丝毫不亚于民族国家的兴起对于 19 世纪后期的世界的重要性。其结果是出现了一种全球性的第三部门，即数量众多的自我管理的私人组织，它们不是致力于分配利润给股东或董事，而是在正式的国家机关之外追求公共目标"。[①]

无论我们怎样看待它们，要实现积极影响国际舆论的目标，非政府组织是绕不过去的客观存在。

第三，进一步加强与国际知名思想库的合作，从对外宣传角度，选择一批具有全球影响力的智囊机构，与之建立定期对话机制，组织相关专家学者和他们开展机制化交流，同时进一步打造具有国际影响力的中国思想库。

目前全世界有 5000 多家思想库，其中，美国有 1700 多家思想库。在国际领域，重要思想库常常与重要的非政府组织存在交叉关系。例如在国际环境领域，地球委员会认为，解决全球生态环境问题的关键是使世界各国的民众能够持续地参与环境保护全过程；第三世界网络主要从事研究、信息处理、倡议等活动，所关注的问题有发展、环境以及南北关系；此外，华盛顿的世界资源研究所、世界观察研究所，伦敦的环境与发展国际研究所，日内瓦的高等研究院等都属于这类思想库。

一般认为，思想库的主要功能包括为政府提供新的思想，甚至是可供选择的具体政策方案；通过学者和官员之间、研究者与执政者之间的"旋转门"机制，为政府源源不断地输送人才；在社会公众、专家、政府官员之间搭建沟通平台，推动政治社会化进程，提高公众政治参与热情；等等。

但实际上，思想库还是典型的"意见领袖"——舆论引导群体的富集地。特别是知名思想库的知名专家，常常在各类媒体上发表文章、接受采访、互动交流，在世界各地游历、讲学、从事各种合作研究和学术交流，应邀担任各主要政府间国际组织和国际非政府组织顾问、大会报告起草人（rapporteur）、决议草案起草人，等等，潜移默化地将自己的见解或者是他所代表的社会政治集团的见解，渗透进各主要国际平台的议程设置和具有重要意义的专门报告或特别报告之中，不仅强有力地影响他国和有

---

① 莱斯特·萨拉蒙：《非营利部门的兴起》，转引自何增科主编《公民社会与第三部门》，社会科学文献出版社 2000 年版，第 89 页。

关国际组织的"意见领袖",甚至自己直接承担了影响他国公众舆论和国际舆论的"意见领袖"功能。

2009年7月2—4日,首届全球智库峰会在北京举行。成立于2009年3月的中国国际经济交流中心作为此次峰会主办方宣布,其目标是力争成为一个国际一流的智库。但是,思想库的建设以及如何充分利用思想库在国际上传播自己的声音,这样的课题在中国才刚刚破题。

第四,进一步重视专业性领域里科学家和专家的核心作用,建立有关重大国际议题和重要国际事务的"意见领袖库",建立由相关领域科学家和专家组成的该领域舆情与对策分析机制,主动、及时地将其科学研究成果转化为积极影响国际舆论的外宣资源。

在专业性领域,科学家和专家作为"意见领袖"的作用日益凸显,这就叫作"话语权"。例如,正是拥有扎实的研究成果,发达国家在全球气候控制谈判中才显得"底气十足"。目前,欧盟、美国、日本、加拿大、澳大利亚等国已相继建立了地基、高塔、飞机、航船、卫星等温室气体观测平台。他们的研究成果不仅成为设定全球气候控制目标的主要参考依据,而且成为其他国家对本区域进行相关预测与规划,对碳排放交易市场及交易活动等进行预测和规划的理论根据和出发点。

英国政府于2009年10月22日发布一份"全球气温升高4摄氏度影响图",描述了如果无法遏制全球变暖趋势将可能出现的"灾难性"景象。英国政府首席科学家约翰·贝丁顿说,这份影响图由英国气象局组织专家以最新气候预测模型为基础完成。从这份影响图来看,在全球平均气温上升4摄氏度的情况下,地中海沿岸地区水资源将减少70%,美洲的玉米和谷物产量将减少40%,而亚洲一些国家的水稻产量将减少30%。约翰·贝丁顿说,这样的结果将是"灾难性"的。

当天,在伦敦科学博物馆举办的名为"事实证明"的气候变化展览开幕。博物馆馆长克里斯·拉普利说,这一展览将通过多媒体互动方式,让参观者与哥本哈根会议上的政治家、经济学家、科学家、联合国官员等虚拟人物讨论气候变化问题,把应对气候变化的信息传递给博物馆每年300万人次的现场参观者和1000万人次的网上参观者。

请注意这些科学家们这一系列活动的背景。西方舆论呼吁各国在当年12月举行的联合国气候变化大会上达成有效应对气候变化的协议。英国政府外交大臣戴维·米利班德、能源和气候变化大臣埃德·米利班德当时自然也在"奔走呼号",呼吁各国一道重视气候变化。①

不过事实证明,让科学家和专家用他们的科研成果说话,有时是比"外交大臣"、"能源和气候变化大臣"或者"新闻发言人"更为有效的对外宣传。

第五,进一步在外宣工作中实践中国共产党群众路线的优良传统,"下高楼、出深院",到国际主流社会的媒体、大学和科研机构中去,到国际主流社会的社区和民众中去,用"看得见眼神"的方式去做"面对面的国际思想政治工作"。

法兰克福书展被誉为"全球最大的文化交流平台",2009年有全球100多个国家和地区超过7000家书商参加。作为主宾国的中国参加了数百场活动中的大约一半。100多种中文书籍被翻译成了德文和英文,演讲会、民俗展示等活动将延续近一年。特别是一些中国作家走进德国高校和社区的免费讲演活动受到普通德国人欢迎,尤其值得我们深思。

英国《金融时报》2009年10月14日报道称,对中国来说,它作为世界最大书展的主宾国,其意味远远超越书籍,这是"走出去"政策的一部分;除了加强政治、经济和军事领域的国际交流外,它还通过媒体和文化向世界发出中国的声音。《法兰克福汇报》同日以"中国塑造另一个形象"为题评论道,中国在通过法兰克福书展发起"走向全球"的攻势,提高"软实力",并积极影响世界对中国新的引领世界角色的看法。德国之声此前也曾就中国在法兰克福书展上的表现评论说,北京不仅想征服世界超市,而且想赢得人心。

法兰克福书展期间中国作家们能够做到的事,其他承担对外宣传职责的人员在别的场合和日常工作中也应该能够做到。从这个角度说,我们应当把有关人员在国际主流社会媒体上发表了多少文章、接受了多少采访,到国际主流社会的大学、科研机构、社区和民众中去做了多少次演讲、对话以及在多大程度上建立了对华友好圈子,等等,作为判定他们对外宣传工作成败得失的重要政治标准。

我们不妨由此引申出一个重要的传播学原理:"意见领袖"未必都是"大人物";相反,他们常常是人们生活中所熟悉和信赖的普通人。也正因为他们为人熟悉和信赖,他们的角色才更能够产生传播学所谓的"自

---

① 《英国称全球气温上升4摄氏度将是"灾难性的"》,新华网,2009年10月22日。

己人效果"，他们的意见和观点也才更有说服力。

当你最终"赢得人心"的时候，即使你是一名最普通的对外工作人员，你也能够成为影响你周围人群舆论的"意见领袖"。

新时期的中国外宣，需要千千万万个活跃在各种国际舞台上的"意见领袖"。